역량 평가와 인재 선발을 위한 조직 시뮬레이션

설계와 활용

George C. Thornton III, Rose A. Mueller-Hanson, Deborah E. Rupp 공저

이요행 · 이현용 공역

DEVELOPING ORGANIZATIONAL SIMULATIONS (2nd Edition)

학지사

Developing Organizational Simulations, 2nd Edition:
A Guide for Practitioners, Students, and Researchers
by George C. Thornton III, Rose A. Mueller-Hanson, and Deborah E. Rupp

역자 서문

채용 및 승진 평가에서 공정성과 신뢰성 확보는 오랫동안 중요한 과제로 논의되어 왔습니다. 최근 국내에서는 정부 차원에서 블라인드 채용과 역량 중심 채용을 정책적으로 추진함에 따라, 인사 평가 전반에서의 객관성과 타당성 확보가 그 어느 때보다 중요하게 부각되고 있습니다. 이에 따라 공공기관을 중심으로 평가 센터(Assessment Center: AC)를 도입하는 사례가 증가하고 있으며, 이는 인사평가 체계의 선진화라는 측면에서 바람직한 흐름이라 할 수 있습니다.

평가 센터에서 가장 핵심적인 도구 중 하나는 조직 시뮬레이션(organizational simulation)입니다. 조직 시뮬레이션은 실제 조직과 유사한 과제를 가상의 상황 속에서 수행하도록 함으로써, 피평가자의 행동 특성과 직무 수행 역량을 직접 관찰하고 평가할 수 있게 합니다. 이러한 방식은 전통적인 지식 기반 또는 서류 중심 평가의 한계를 보완하며, 공정하고 타당한 평가를 가능하게 합니다.

이 책 『역량 평가와 인재 선발을 위한 조직 시뮬레이션』은 조직 시뮬레이션의 개념과 유형을 체계적으로 정리하는 한편, 실제 개발 과정에서 요구되는 이론적 근거와 절차적 지침을 단계별로 상세히 제시하고 있습니다. 이 책의 강점은 단순한 개념 소개에 그치지 않고, 설계 · 실행 · 평가 · 피드백 제공에 이르는 시뮬레이션 개발의 전 과정을 포괄적으로 다루고 있다는 점입니다. 따라서 조직 시뮬레이션에 대한 기초적

이해를 필요로 하는 연구자뿐만 아니라, 이를 실제 인사평가나 교육·훈련 과정에 적용하려는 실무자들에게도 유용한 참고 자료가 될 것입니다.

국외에서는 이미 조직 시뮬레이션과 관련한 연구와 서적이 풍부하게 축적되어 있으나, 국내에서는 아직 관련 문헌이 부족한 실정입니다. 이 책의 출간이 국내 독자들에게 조직 시뮬레이션의 학문적 이해와 실천적 적용 능력을 심화시키는 데 기여하기를 기대합니다. 나아가 인사 평가의 공정성과 신뢰성을 제고하고, 평가 센터 활용의 저변 확대를 위한 학술적·실무적 기반을 마련하는 데 도움이 되기를 희망합니다.

끝으로, 제한된 독자층에도 불구하고 출판을 결정해 주신 학지사 김진환 사장님과 원고를 성심껏 검토해 주신 이희주 선생께 깊이 감사드립니다.

2026년 1월

역자 이요행, 이현용

저자 서문

이 책의 초판을 집필한 이후로, 조직 내 업무의 성격이 크게 변화했다. 업무는 점점 더 상호 의존적이고 전 세계로 분산되었으며, 웹을 통한 가상 팀 활용도가 증가하고 있다. IT와 같은 테크놀로지는 이제 가끔 사용하는 도구에서 일을 수행하는 주요 수단으로 발전했다. 동시에 경제적 압박이 증가하면서 보다 더 효과적이고 효율적인 인재 관리 방식에 대한 요구도 높아졌다. 여기에는 조직 내에서 개인을 평가 및 선발하고 개발하는 방식이 포함된다.

이러한 변화들과 평가 관련 연구 및 이론의 발전으로 인해 우리는 조직에서 시뮬레이션을 구성하고 실행하는 방식에 대해 재검토하고 확장할 필요성을 느꼈다. 새로운 이론적 발전들은 행동을 효과적으로 유도하고 기록하고 평가하는 데 더 확실한 기초를 제공했다. 테크놀로지의 발전은 시뮬레이션을 더 효율적으로 관리하고 실행할 수 있게 했다. 게임화는 시뮬레이션을 더 몰입감 있게 만들고, 스태프 개발에 효과적으로 활용할 수 있는 새로운 방법이다. 경험적 연구는 오랫동안 사용되어 온 몇 가지 관행을 계속해서 검증하면서 의문을 제기하고 있다. 법적으로는 시뮬레이션의 가치에 대한 증거를 요구하고 있다. 시뮬레이션에서 구현되는 신뢰도의 범위는 점점 넓어지고 있다. 이는 단순한 상황을 묘사하는 상황 판단 검사 및 인터뷰를 비롯하여 복잡한 전쟁 게임이나 가상 현실 시뮬레이션까지 다양하다. 실무자들은 시뮬레이션의 모든 측면에서 혁신을 도입하고 있다.

이러한 변화에도 불구하고, 어쩌면 이러한 변화 때문에, 시뮬레이션에 대한 수요는 계속해서 증가하고 있다. 따라서 이번 2판에서는 다음과 같은 부분을 더 강조하고 더 깊이 다룬다.

- 테크놀로지를 시뮬레이션의 설계, 전달, 평가, 채점, 피드백 제공에 활용할 수 있는 여러 가지 방법, 그리고 테크놀로지를 통해 시뮬레이션을 더 저렴하고 접근 가능하게 하는 방법
- 평가대상자들이 통합 플랫폼에서 한 과제에서 다른 과제로 이동하는 과정에서 평가 구성 요소(및 시뮬레이션 '유형') 간 경계가 흐려지는 현상
- 시뮬레이션에서 유도할 특정 행동을 확인하고 이러한 행동을 결합하여 보다 정밀하게 평가하고 목표로 하는 역량을 개발하는 방법
- 평가 센터, 상황 판단 검사, 상황 판단 면접, 개인 심리 평가와 같은 다양한 평가 방법에서 시뮬레이션의 사용
- 충실도, 테크놀로지 및 게임화 간의 복잡한 관계 탐구

초판 이후 많은 것이 변했지만, 여전히 시뮬레이션을 구축하는 데 있어 사용자가 쉽게 이해할 수 있는 '실용적인 가이드'가 필요하다고 생각했다. 우리의 목표는 다양한 독자에게 접근 가능한 책을 제공하는 것이었다. 또한 모든 유형의 시뮬레이션을 구성하는 데 도움이 되는 모델을 제공하며, 구체적인 단계, 팁, 실용적인 예시도 제시하고자 했다. 초판에서와 마찬가지로, 이번 2판에도 개인 시뮬레이션 및 그룹 시뮬레이션을 개발하는 방법이 포함되어 있는데, 전형적인 평가 센터에서 실시하는 것 이상으로 확장되었다. 이 책의 전반적인 목표는 시뮬레이션을 개

발하고자 하는 실무자, 연구자, 학생들에게 실용적인 도움을 주고자 하는 것이다. 보다 더 연구 지향적이거나 학문적인 작업을 원하는 독자들은 『Assessment Center Perspectives for Talent Management Strategies (2nd ed.)』(George C. Thornton III, Deborah E. Rupp, & Brian Hoffman 저)와 『Simulations for Personnel Selection』(Michael Fetzer, & Kathy Tuzinski 저)을 참고하길 바란다.

차례

제2부 시뮬레이션의 범주와 유형

제1부

개념과 원리

제1부에서는 다양한 유형의 시뮬레이션을 개발하기 위한 배경, 개념 및 정보를 제공한다. 제1장에서는 시뮬레이션을 다른 평가 기법들과 비교하여 정의하고, 시뮬레이션 사용 방법 및 우수한 시뮬레이션 개발의 중요성을 설명한다. 제2장에서는 시뮬레이션 개발 모델과 시뮬레이션 개발의 구체적 단계를 제공하고, 제3장에서는 몇 가지 개념적 구조와 이 구조가 가지는 효과적인 시뮬레이션 개발을 위한 실제적 의미를 요약한다. 제4장에서는 시뮬레이션 개발과 관련된 이슈를 논의하고 시뮬레이션 시나리오를 작성하기 위한 여러 가지 팁을 제공한다. 여러 문화적 배경에서 사용할 시뮬레이션을 위한 팁 또한 제공한다. 제5장에서는 시뮬레이션의 효과성과 효율성을 향상시키는 데 사용할 수 있는 몇 가지 테크놀로지를 설명한다. 여기에는 테크놀로지가 실행 가능하고 유용한 경우와 그렇지 않은 경우가 포함된다.

제1장

시뮬레이션의 활용

이 책은 인적 자원(Human Resources: HR) 관리자, 산업-조직 심리학자, 컨설턴트, 연구자 및 학생들이 효과적인 조직 성과와 관련된 다양한 속성을 측정 · 개발 · 평가하기 위한 시뮬레이션을 개발하는 데 도움을 주기 위해 제작되었다. 시뮬레이션 개발의 목표는 다음과 같은 평가 과정을 설계하는 것이다.

- 참가자에게 복잡하고 현실적인 상황을 제시한다.
- 참가자가 '정직한' 반응을 보이도록 관여시키고 동기를 부여한다.
- 구체적인 성과 차원 또는 과제 완수와 관련된 행동을 이끌어 낸다.
- 행동에 대한 신뢰성 있고 타당한 관찰과 평가를 도입한다.
- 관리자가 개인과 팀을 평가 · 진단 · 개발할 목적으로 참가자의 수행 효과성을 판단할 수 있도록 돕는다.

이 책의 제1부에서는 기본 용어, 시뮬레이션 개발의 구체적 단계, 시뮬레이션 개발에 실질적 의미를 제공하는 여러 이론 및 개념적 구조, 보다 효과적이고 효율적인 시뮬레이션을 위해 테크놀로지를 사용하는 방안, 다양한 문화적 환경에서 시뮬레이션 설계와 테크놀로지 활용을 위한 많은 실용적인 팁을 제공한다. 우수한 시뮬레이션은 체계적인 계획, 견고한 이론 및 기초 연구에서 나온다는 전제에 기반한다.

이 책의 핵심을 이루는 제2부는 여러 유형의 시뮬레이션을 개발하기 위한 실제 지침을 제공하는 장들로 구성되어 있다. 각 장은 배경을 제공하고, 시뮬레이션 콘텐츠를 개발하는 단계를 설명하며(구체적인 실제적 자료 포함), 시뮬레이션 개발 시 제기되는 특별한 이슈를 논의한다. 또한 각 장에서는 여러 시뮬레이션 유형을 목적에 맞게 사용하는 방법, 그리고 테크놀로지를 해당 유형의 시뮬레이션에 통합하는 방법을 설명한다.

제3부에서는 시뮬레이션을 효과적으로 실시하는 데 필요한 스태프들(관리자, 관찰자/평가자, 역할연기자, 피드백 제공자/코치, 행정/기술 지원 스태프 등)을 교육하는 방법, 시뮬레이션의 효과를 의도된 목적에 맞춰 평가하는 방법, 행동 평가의 한 형태로서 시뮬레이션 사용과 관련된 다양한 전문적 지침, 표준, 규정 및 법률 준수의 중요성에 대한 내용을 설명한다. 마지막 장에서는 이 책 전체에 언급된 핵심 요점을 요약한다. 또한 이 책 전체에는 시뮬레이션 개발과 사용 팁, 성공/실패 사례가 글상자 형태로 제시되어 있다.

이론과 연구, 실무에 근거해 볼 때, 시뮬레이션은 평가 · 훈련 · 연구에 사용되는 다른 기법들보다 많은 이점을 제공한다. 전통적인 검사와 인터뷰가 짧은 행동기술을 사용하는 것에 비해 평가 기법으로서 시뮬레이션은 참가자에게 여러 복잡한 자극 세트를 제시하여 도전할 기회를 제공한다. 시뮬레이션은 선택지가 미리 정해진 형태의 평가에 비해 복잡하고 외현적인 행동 반응을 관찰하고 평가할 수 있게 한다. 인지능력 검사와 성격검사가 전형적인 제한적 속성을 측정하는 것과는 달리, 행동 평가는 복잡한 관리 역량, 리더십 및 대인관계 역량을 평가하고 개발할 수 있는 수단을 제공한다. 결과적으로, 행동 평가는 효과적인 선발 및 승진 결정 그리고 개발 요구 사항에 대한 종합 진단에 기여한다. 훈련에 사용되는 시뮬레이션은 참가자가 새로운 방식으로 일하고 리더십을 발휘해 볼 수 있는, 그리고 실수해도 되는 안전하고 경험적인 학습 환경을 제공한다. 시뮬레이션은 개인이 행동기술을 연습하고 특정 행동의 향상을 포함한 개발적 피드백을 받을 수 있는 기회를 제공한다. 연구 도구로서 시뮬레이션은 과학자들이 현실적이면서도 통제된 환경에서 행동을 관찰하고 실험할 수 있게 해 준다. 이는 비현실적인 실험실 환경과 해석하기 어려운 현실 환경의 복잡성 사이의 절충점이 될 수 있다.

시뮬레이션이란 무엇인가

시뮬레이션은 참가자에게 조직 상황과 유사한 복잡한 자극을 제시하여 복잡한 외현적 행동을 하도록 만드는 행위이다. 복잡한 자극에는 사례 자료, 다른 조직 구성원을 연기하는 역할연기자의 행동, 다른 시뮬레이션 참가자 또는 참가자와 상호작용하는 평가자 등이 있으며, 참가자에게는 인쇄 자료, 컴퓨터로 제시되는 문서, 시각적 또는 대화형 자료, 기타 유형의 도구나 장비의 형태로 제공된다. 외현적 반응으로는 보고서 작성, 그룹 토론 주도, 아이디어 발표, 복잡한 팀 작업에서 다른 사람을 지시하기, 장비를 사용하여 물리적으로 작업하기 등이 있다. 참가자의 행동 반응을 평가하는 방법은 다양하다. 일반적으로 평가자는 참가자의 행동을 관찰하고 그 효과성을 평가한다.

시뮬레이션의 한 예로는 리더 없는 그룹 토론(Leaderless Group Discussion: LGD)이 있다. LGD에는 여러 형태가 있다(제8장과 제9장에서 설명). 4~6명의 참가자에게 조직이 직면한 문제 리스트를 제시하고 핵심 문제를 해결하는 방안을 제시하도록 요청한다. 참가자들은 일정 시간(예: 45분) 동안 개별적으로 아이디어를 발표하고, 다양한 해결책을 제안하고, 해결 방안에 대한 서면 보고서를 작성한다. 평가자는 참가자의 행동을 관찰하여 의사소통, 문제 해결, 리더십과 같은 역량 차원의 기술을 평가한다. 평가자는 제안된 해결책의 질을 평가할 수도 있다.

시뮬레이션은 상황 검사의 한 유형이다. 다른 검사와 마찬가지로 시뮬레이션은 참가자에게서 행동 표본을 이끌어 내고, 정의된 속성을 정량적으로 측정하기 위해 표준화된 절차로 구성된다. 시뮬레이션은 여러 면에서 전통적인 지필검사 또는 온라인 검사와 다르다. 일반적인 검사가 직무에 대한 충실도(fidelity) 수준이 낮은 것과 대조적으로, 시뮬레이션은 평가대상 성과 영역에 대해 중간에서 높은 수준의 충실도를 갖는다. 시뮬레이션 상황은 직무, 조직적 맥락 및 환경과의 유사성 측면에서 특정 문화권의 특정 조직 내 직무와 중간 정도의 유사성에서 매우 높은 유사성까지 다양하다. 대상 직무의 정확한 복제본을 작업 샘플이라고 한다. 시뮬레이션의 충실도는 전통적인 지필 검사 및 온라인 검사보다 높지만 작업 샘플보다는 낮다.

시뮬레이션과 전통적인 검사의 두 번째 차이점은 직무에 대한 응답 충실도 수준이다. 표준화 검사는 언어 또는 수리 문제를 풀거나 자신의 성격에 대한 질문에 응답하는 데 필요한 복잡한 사고 과정을 이끌어 낼 수 있지만, 직무와 관련된 외현적인 행동은 나타나지 않는다. 검사를 사용하면 여러 선택지 중에서 대안을 선택하거나 미리 작성된 진술에 동의하는 간단한 행동만 나타난다. 반면, 행동 시뮬레이션은 초점 직무에 필요한 복잡하고 외현적이며 관찰 가능한 행동(예: 프레젠테이션 또는 다른 사람과의 대화)과 매우 유사한 충실도 높은 행동을 요구한다.

행동 시뮬레이션과 전통적인 검사의 세 번째 차이점은 전통적인 검사가 일반적으로 정답 수를 세거나 성격 특성 항목에 응답한 수를 세어 객관적으로 점수를 매기는 반면, 대부분의 시뮬레이션은 훈련된 평가자가 행동을 관찰하고, 행동을 평가 범주로 분류하고, 각 평가 범주의 능숙도 수준에 대한 판단을 내려야 한다는 것이다. 이 맥락에서 '범주'는 차원(즉, 어떤 인간적 속성)이거나 시뮬레이션에서 완수되는 작업일 수 있다. 차원과 관련된 용어는 '역량'으로, 이 책에서는 이들 단어를 유사한 의미로 사용할 것이다. 인적 자원 관리 문헌에서 역량은 인간적 속성에서 조직의 강점 또는 전략적 목표에 이르기까지 다양한 개념을 의미한다. 이 책에서 역량은 어떤 종류의 인간적 속성을 포함하는 행동의 집합을 말한다. 차원과 과제는 특질(trait)과 다르다. 특질은 일반적으로 행동을 예측하는 기본적이고 인과적인 특성으로 이해되는 반면, 시뮬레이션에서 평가되는 구성 요소는 지식, 기술, 능력 및 기타 속성의 조합을 반영하는 관찰 가능한 행동의 관점에서 정의된다. 행동을 관찰, 분류, 평가하는 과정에는 복잡한 사회적 판단이 필요하기에 관찰자/평가자들을 훈련시키는 것은 매우 중요하다. 제13장에서 평가자를 선발하고 교육하는 과정에 대해 기술하였다.

시뮬레이션 활용 상황

언급했듯이, 평가도구들은 충실도 측면에서 행동 표본부터 잠재 행동까지 다양하다(Wernimont & Campbell, 1968). 이는 [그림 1-1]에 제시되어 있다(제3장에서 더 자세히 논의). '시뮬레이션' 내에서도 충실도 차이(자극 자료, 반응 양식 및 자료 전달 측면에서)가 존재한다는 점에 유의해야 한다.

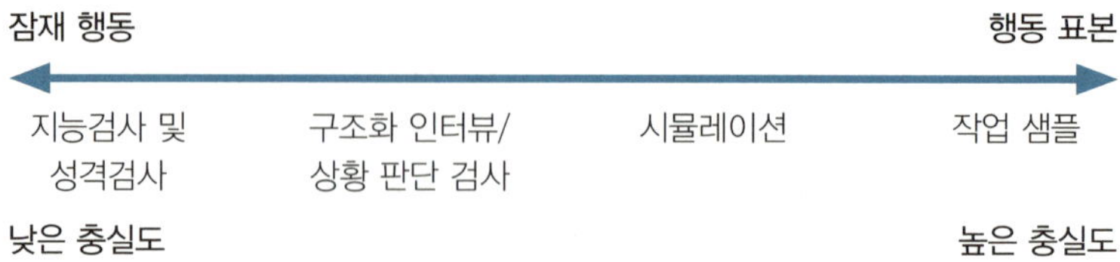

[그림 1-1] **평가 기법의 충실도 연속체**

주요 평가 기법의 비교

〈표 1-1〉에 시뮬레이션과 기존의 여러 평가 기법 간의 비교가 제시되어 있다. 표에 제시된 대로 인지능력검사에 비해 시뮬레이션은 여러 역량을 측정할 수 있으며 부정적인 영향이 적을 가능성이 높다(Kuncel & Beatty, 2013). 자기 보고식 성격검사와 비교할 때 시뮬레이션은 거짓 반응이 어렵고, 참가자들이 더 공정하게 여긴다(Hough & Connelly, 2013). 개인 이력서와 비교해 보면, 시뮬레이션은 지금-여기(here-and-now) 행동을 드러낸다(Schmitt & Golubovich, 2013).

〈표 1-1〉 **시뮬레이션과 기타 평가 방법의 비교**

기존 평가 기법	시뮬레이션
인지능력검사	
• 추론 능력 측정 • 추상적 문제를 제시함 • 응답으로부터 능력을 유추함 • 종종 부정적인 영향을 미침	• 다양한 능력을 측정할 수 있음 • 업무 관련 문제를 나타냄 • 외현적인 행동/능력의 입증을 요구함 • 부정적인 영향이 덜함
성격검사	
• 안정적인 특성을 측정함 • 거짓 반응하기가 쉬움 • 자기-기술 • 안면 타당도가 낮음	• 안정적인 특성과 개발 가능한 기술을 모두 측정할 수 있음 • 거짓 반응이 어려움 • 관찰자가 설명을 제공함 • 참가자는 호의적으로 반응함

개인 이력서	
• 광범위한 경험을 포괄함 • 배경 정보를 수집함 • 개인의 과거는 자신의 통제 밖에 있음	• 지금–여기 행동을 보여 줌 • '할 수 있는' 능력을 보여 줌 • 지원자의 통제하에 있는 행동을 평가함
작업 샘플	
• 직무 수행 능력을 직접 측정함 • 직무에 대한 높은 수준의 충실도 • 초급 직무에 적합함 • 현재 기술을 측정함	• 중간~높은 수준의 충실도 • 모든 직무에 적합함 • 현재 기술과 잠재력을 측정함 • 작업 환경을 정확하게 복제하여 시뮬레이션하지 않기 때문에 내부 및 외부 후보자에게 동등한 경쟁 환경을 제공함
다면 평가(360도 피드백)	
• 직무 수행에 대한 정보를 제공함 • 피드백은 대부분 서면으로 제공됨	• 표준화된 상황에서 수행에 대한 정보 제공 • 평가자는 고강도 교육을 받음 • 피드백은 구두 및 서면으로 제공됨
구조화 인터뷰	
• 광범위한 정보를 수집할 수 있음 • 과거 행동에 대한 자기 보고 • 속이기 가능함 • 관리자와 지원자에게 안면 타당도 있음	• 현재 행동에 대한 관찰 • 후보자는 실제 행동을 나타내 보여야 하므로 속이기 어려움 • 관리자와 참가자에게 안면 타당도 있음

출처: Thornton, Rupp, & Hoffman (2015)에서 발췌.

다면 평가(Hoffman & Baldwin, 2011)와 달리 시뮬레이션은 훈련된 평가자로부터 표준화된 정보를 제공한다. 인터뷰(Dipboye, Wooten, & Halverson, 2004)에 비해 시뮬레이션은 속이기 어려운 현재의 행동기술에 대한 관찰을 제공한다.

시뮬레이션을 사용하는 이유

시뮬레이션을 개발하고 구현하는 것은 어렵다. 신뢰할 수 있고 타당한 시뮬레이션을 개발하고, 이를 관리하고 채점하는 데 필요한 시간과 비용을 감안할 때, 많은 전문가는 이를 기존의 평가, 선발, 교육 및 개발 도구에 추가할 필요성에 의문을 제기할 수 있다. 물론 다른 평가 기법에도 신뢰도와 타당도가 있다. 그러나 시뮬레이션은 다음과 같은 많은 이점을 제공한다.

- 의사소통, 문제 해결, 대인관계, 리더십과 같은 일부 역량은 현실적인 상황에서 복잡한 외현적 행동으로 드러나지 않으면 평가하기 어렵다.
- 시뮬레이션은 일반적으로 단일 속성(예: 성격, 인지능력)이 아닌 여러 행동 차원을 동시에 측정할 수 있도록 한다.
- 잘 개발된 시뮬레이션은 우수한 심리측정적 속성을 가지고 있다(즉, 평가가 신뢰성 있고 미래의 업무 성과를 예측한다). 더욱이, 인지능력검사와 성격검사 이상의 증분 예측 정확도를 제공한다(Hoffman, Monahan, Kennedy, LoPilato, Lance, & Sutton, 2015; Meriac, Hoffman, Woehr, & Fleischer, 2008).
- 시뮬레이션은 전통적인 검사보다 직무와 더 관련이 있다고 여겨지므로 검사 참가자에게 더 잘 수용될 수 있다(Anderson, Salgado, & Hülsheger, 2010).
- 성격검사보다 시뮬레이션을 속이는 것이 더 어렵다.
- 시뮬레이션은 일반적으로 인지능력검사보다 법적으로 보호되는

집단에 대한 부정적인 영향이 적은 것으로 나타났다. 이는 시뮬레이션이 하위 집단 간 점수 차이가 적고, 인지능력 외의 것을 측정하기 때문이다(Pulakos & Schmitt, 1996).

- 시뮬레이션은 선언적 지식(즉, 회의를 원활하게 진행하기 위한 단계를 나열하는 것과 같이 작업을 어떻게 수행해야 하는지 기술하는 능력)과 절차적 지식(즉, 실제로 회의를 원활하게 진행하는 데 필요한 행동을 보여 주는 것과 같은 작업을 수행하는 능력)을 모두 평가한다.
- 시뮬레이션은 평가 외에도 교육, 개발, 연구 등 다양한 목적으로 활용이 가능하다.
- 시뮬레이션은 일반적으로 특정 조직의 요구 사항을 충족하도록 맞춤화된다.

따라서 문제는 전통적인 검사를 사용할지 시뮬레이션을 사용할지 여부가 아니다. 문제는 어떤 상황에서 시뮬레이션을 사용하여 평가 과정을 강화할 것이며, 어떻게 다양한 형태의 검사를 통합할 수 있는가이다. 다음의 사례는 조직에서 관심이 있지만 다른 방법으로는 적절하게 측정되지 않은 속성을 시뮬레이션을 사용하여 측정, 개발 및 평가하는 방법을 보여 준다.

사례 1: 선발을 위한 시뮬레이션

중간 규모의 조직이 영업 및 고객 서비스 담당자를 고용하기 위한 선발 시스템을 개선하고자 했다. 이 조직은 이미 여러 가지 구조화 면접, 성격검사, 철저한 추천인 확인 절차로 구성된 우수한 선발 시스템을 갖추고 있었다. 그러나 이 선발 시스템은 조직 문화에는 적합하나 최적의 영업 기술은 갖추지 못한 사람을 고용하는 결과를 낳았다. 이 조직의 전통적인 문화는 고객을 친절하게 대하고, 고객을 개인적으로 알아 가고, 고객에게 제품과 서비스를 구매하도록 압력을 가하지 않는 데 시간을 사용하는 것에 큰 가치를 두었다. 회사가 성장하고 경쟁이 심화됨에 따라 영업 스태프가 새로운 판매를 시작하고, 기존 고객에게 추가 판매를 성사시키고, 판매를 신속하게 성사시킬 의지와 능력이 있는 것이 더욱 중요해졌다. 따라서 이 조직은 전통적인 고객 서비스에 집중하는 것과 판매를 늘려야 하는 필요성을 균형 있게 조절할 수 있는 사람을 평가할 방법을 찾고 있었다.

직무 분석이 수행되었고, 문제 해결, 신속한 의사결정, 설득력 등의 특성이 영업 및 고객 서비스 직책에 중요한 것으로 나타났다. 이러한 특성을 평가하기 위해 간단한 역할연기에서 복잡한 문제 분석에 이르기까지, 전화 및 대면 영업 상황을 시뮬레이션한 여러 시뮬레이션이 개발되었다. 각 시뮬레이션마다 영업 및 설득 능력을 반영하는 다양한 차원을 평가했다.

시뮬레이션으로 기존 채용 과정을 보강함으로써 조직은 전통적 문화에 적합하면서 판매 기술도 좋은 스태프를 채용할 수 있었다. 또한 지원자들은 판매 기술을 보여 줄 수 있는 공정한 기회였다고 느꼈고, 직무 기대에 대해 배울 수 있었다.

사례 2: 임원 리더십 역량 진단을 위한 시뮬레이션

어떤 대규모 다국적 기업은 다문화 간 비즈니스 요구 변화에 따라 전

세계 중간 관리자의 리더십 역량을 파악하고자 했다. 최고 경영진은 조직을 발전시킬 수 있는 적절한 역량을 갖춘 관리자가 충분하지 않다는 점을 우려했고, 중간 관리자 인재 풀의 강점과 약점에 대한 전체 평가를 수행하기로 결정했다.

첫 번째 단계는 새로운 비즈니스 요구와 해당 산업에서 성공하는 데 필요한 리더십 역량을 연구하는 것이었다. 역량 모델에는 기본적인 인지 및 대인관계 기술, 국제 문제 참여를 통한 성장과 개발에 대한 관심, 그리고 가장 중요한 것으로 전략적 사고 및 변화하는 상황에 적응하고 다른 사람들에게 영감을 주는 역량이 포함되었다.

높은 잠재력을 가진 미래 리더의 교육 및 개발 요구 사항을 진단하기 위한 복잡한 프로그램이 개발되었다. 여기에는 현 직무 수행에 대한 체계적인 검토, 인지능력검사, 성격검사, 심리학자와의 심층 인터뷰, 일련의 시뮬레이션 참여가 포함되었다. 진단의 핵심은 하루 종일 복잡한 '하루 일과(Day in the Life)' 조직 시뮬레이션에 참여하는 것이었다. 이 프로그램의 결과를 가지고 컨설턴트와 심층 검토를 하고, 컨설턴트는 각 개인이 자신의 강점을 기반으로 한 일련의 개발 활동을 계획하도록 돕고, 향상이 필요하다고 평가된 영역에서 개인이 향상을 위한 개발 경험을 할 수 있도록 해 주었다.

사례 3: 중간 관리자 기술 개발을 위한 시뮬레이션

어떤 지방 정부에서 중간 관리자 교육 프로그램을 강화하고자 했다. 기존에 다양한 프로그램이 있었지만, 인사팀은 중간 관리자들이 여전히 스태프 코칭, 갈등 관리, 징계 문제 처리 등 세 영역에서 어려움을 겪고 있는 것으로 판단했다. 인사팀장은 이들 기술을 평가하고, 중간 관리자들의 강점과 개발 필요성을 진단하고, 이들 영역에서 성과 개선을 위한 일련의 시뮬레이션을 개발해 달라고 요청했다.

이 프로젝트의 핵심은 공공 안전, 설비, 유지 관리 및 행정 등 다양한 분야의 중간 관리자에게 적합한 시뮬레이션을 개발하는 것이었다. 이를 위해 여러 차례 인터뷰를 실시하여 행동 차원을 더 잘 정의하고 시뮬레이션을 구성하는 데 사용할 주요 사건을 수집하였다. 인터뷰를 통해 몇 가지 공통된 주제를 발견하고 시뮬레이션에 반영하였다. 예를 들어, 직무 분석 단계에서 인터뷰를 한 직무 전문가(Subject Matter Expert: SME)들은 가장 다루기 어려운 유형의 사람의 특성을 유사하게 보고했다(즉, 기만적이고, 노력을 기울이지 않으며, 자신의 행동에 대한 책임을 지지 않는 스태프).

최종 시뮬레이션은 스태프 코칭, 갈등 관리, 규율 문제 처리의 세 가지 차원을 평가한 두 개의 역할연기 시나리오와 하나의 사례 분석으로 개발되었다. 평가는 1차 중간 관리자를 위한 개발 프로그램으로 설정하여 실시하였다. 평가를 받은 후, 중간 관리자는 자신의 성과에 대한 개별 피드백과 개발에 필요한 추가 교육 제안을 받았다.

사후 인터뷰에서 중간 관리자들은 시뮬레이션이 기존 프로그램에서 제공하지 못한 유용한 피드백을 제공했다고 진술했다. 또한 스태프들의 성과를 개선하기 위해 어떤 조치를 취해야 하는지에 대한 방향이 더 명확해졌다고 말했다.

사례 4: 연구를 위한 시뮬레이션

직장 내 성차별에 관심이 있는 한 사회심리학자는 경영자 MBA 프로그램에 참여한 기업 임원들을 대상으로 서류함 시뮬레이션을 사용하여 경영 의사결정에 잠재되어 있는 편견을 연구했다. 시뮬레이션은 가상의 스태프를 설정하고 CEO가 그를 조직 내에서 매우 인기 있는 특별한 국제적 직책에 추천하는지를 묻는 것이었다. 서류함에는 이 직책의 장단점에 대한 다양한 정보가 있었다. 실험적 조작은 가상 스태프의 성별이었다. 임원의 절반에게는 후보자가 여성이라고 했고, 절반에게는 남성이라고 했다. 자격이 동일했음에도, 남성 후보자가 압도적으로 해당 직책에 추천되었다. 이 시뮬레이션은 성차별 연구임이 드러나지 않게 연구하는 방법을 제공했다.

시뮬레이션의 사용

이러한 사례들은 시뮬레이션의 가장 일반적인 용도, 즉 선발/승진, 진단, 개발 및 연구를 보여 준다. 선발/승진에 사용되는 경우, 시뮬레이션은 조직이 결정을 내리기 전에 후보자의 기술과 역량을 관찰할 기회를 제공한다. 조직에서 두 개 이상의 시뮬레이션을 사용하는 경우, 이 절차를 평가 센터(assessment center)라고 한다(Thornton, Rupp, & Hoffman, 2015). 평가 센터는 여러 평가자가 여러 시뮬레이션에서 직무 관련 역량을 관찰하고 평가하는 방법이다. 이 책에서는 다양한 유형의 시뮬레이션을 구성하는 방법을 설명하며, 이를 사용하여 다양한 성과 차원을 평가할 수 있다. 행동 시뮬레이션의 평가 결과는 이력서, 면접 및 검사와 함께 사용할 수 있다. 평가 센터는 이러한 다양한 기법으로 수집한 정보를 결합하는 방법을 제공한다.

시뮬레이션은 인적 자원 개발에 사용할 때 두 가지 중요한 기능, 즉 강점과 약점을 진단하고 특정 기술을 개발하는 데 유용하다. 진단 정보는 직장 내외에서 개인의 개발 활동을 위한 기초를 형성하거나, 조직 전체에 걸친 더 광범위한 조직 개발을 위해 사용될 수 있다. 시뮬레이션은 또한 참가자들이 전통적 형태의 교육(예: 강의, 독서)을 통해 이미 학습한 개념을 적용해 볼 수 있는 기회를 제공한다. 또한 학습하는 기술에 대한 연습 및 피드백의 기회도 제공한다. 시뮬레이션을 교육 목적으로 사용하려면 개발자는 참가자가 간단한 시뮬레이션을 경험하는 것이 도움이 될지, 복잡한 시뮬레이션을 경험하는 것이 도움이 될지 고려한 다음, 참가자의 개발 준비 상태를 시뮬레이션의 개발 복잡성과 일치시켜야 한다(Avolio & Hannah, 2008). 예를 들어, 비교적 단순 업무에 익숙한 관리자는 간단한 일대일 역할연기 시뮬레이션에서 배울 수 있지만, 복잡하고 다면적인 조직 시뮬레이션에서는 완전히 길을 잃을 수 있다. 반면에 경험이 풍부한 관리자는 역할연기 시뮬레이션이 성장 경험을 제공하기에 너무 단순하다고 생각할 수 있으며, 복잡한 게임에 도전해야 할 수도 있다. 예를 들어, 군대에서 사용되는 복잡한 일주일 시뮬레이션(일부는 이후 장에서 설명)은 다양한 역할에 대한 광범위한 훈련과 많은 준비를 거친 후에만 실시된다. 이러한 고려 사항을 종합하면 개발자가 학습과 훈련 전이를 극대화하기 위해 어떤 수준의 복잡성으로 어떤 유형의 시뮬레이션을 구축할지 결정하는 데 도움이 된다.

연구 목적으로 사용하는 시뮬레이션은 통제된 실험실 실험과 복잡한 상관관계 현장 연구보다 많은 이점을 제공한다. 고전적인 실험 패러

다임에 따라 연구자는 시뮬레이션 시나리오 내에서 정보의 일부를 체계적으로 변경하고 응답자의 후속 행동에 미치는 효과를 검사할 수 있다. 시나리오는 다른 모든 정보를 일정하게 유지하므로, 결과에 대한 다른 잠재적 설명을 통제한다. 시뮬레이션을 사용한 연구의 예는 〈글상자 1-1〉을 참조하라.

글상자 1-1 연구를 위한 시뮬레이션

작업 환경이 작업 만족도에 미치는 영향을 연구하기 위해 낮음, 보통, 높음 수준의 개인-직무, 개인-그룹, 개인-조직 적합성을 조합한 27개의 시나리오를 작성했다(Kristof-Brown, Jansen, & Colbert, 2002). 석사 수준의 경영학 학생들에게 이들 27개 시뮬레이션 상황에서 묘사된 작업 환경에 대한 만족도를 조사하였다. 직무, 그룹, 조직에 대한 적합성은 각각 작업 만족도에 영향을 미쳤지만, 중요한 점은 연구 설계가 참가자가 세 가지 유형의 적합성에 대한 반응을 결합하는 데 사용한 복잡한 전략을 조사할 수 있는 기회를 제공했다는 것이다. 예를 들어, 결과에 따르면 한 유형에 대한 적합성이 낮더라도 다른 유형의 적합성이 좋을 수 있다. 시뮬레이션을 사용하여 다른 연구 방법에서는 불가능했던 '적합성에 대한 인식이 작업 만족도에 미치는 영향'에 대한 통찰력을 얻을 수 있었다. 세 가지 수준의 적합성이 결합된 실제 작업 환경을 찾는 것은 어려울 것이다. 실제 작업 환경을 실험적으로 조작하는 것은 실용적이지도 윤리적이지도 않다.

우리의 경험에 따르면, 시뮬레이션을 여러 목적으로 동시에 사용하는 것은 어렵다(Thornton et al., 2015). 선발/승진 프로그램, 개발 및 훈련 프로그램, 연구 조사에 사용되는 시뮬레이션은 그 자체의 특성과 평가 프로그램에 대한 조직 풍토에서 현저히 다르다. 예를 들어, 선발/승진 프로그램은 공정하고 정확한 결과를 얻기 위해 엄격하고 공식적이며 규정되고 다소 스트레스가 많은 조건을 강조해야 하는 반면, 개발 또는 훈련 프로그램은 참가자가 실험하고 연습하고 새로운 기술을 배울 수 있는 개방적이고 유연하며 편안한 조건을 강조한다.

최소한, 조직은 시뮬레이션 결과를 어떻게 사용할 것인지에 대해 명확하게 밝히고 준수해야 할 직업적 · 윤리적 · 법적 의무가 있다. 시뮬레이션을 사용하는 평가 프로그램은 〈글상자 1-2〉에 설명된 바와 같이, 조직이 결과를 오용하면 실패할 수 있다.

글상자 1-2 결과의 오용

한 제조 회사가 하위 및 중간 관리자의 감독 기술을 개발하기 위해 시뮬레이션을 사용하여 교육 프로그램을 개발했다. 참가자로부터 수집된 정보는 프로그램 오리엔테이션에서 언급한 대로, 개발 목적(즉, 개별 개발 계획 작성, 교육 과정 안내, 경험 격차를 메우기 위한 특별 과제, 자기 개발 활동 자극)으로만 사용해야 했다. 프로그램의 첫해가 끝날 무렵, 거의 모든 감독자와 관리자가 평가를 받고 피드백을 받았다. 이 시기에 조직은 심각한 사업상 손실을 입었고 많은 스태프와 관리자를 해고해야 했다. 상위 경영진은 평가 정보를 사용하여 해고 대상자를 선정했다. 이 시뮬레이션은 '도끼'로 불리게 되었다. 앞으로는 아무도 이 '개발 프로그램'에 참여하지 않을 것이다.

이 책을 활용하는 방법

각 장마다 고유한 아이디어가 제시되어 있기 때문에 이 책 전체를 읽는 것이 유익하다. 시간이 부족하고 특정 개념에만 관심이 있는 독자는 특정 장에 집중하고 싶을 수 있다. 그럼에도 시뮬레이션을 구성하기 위한 개념적 모델 및 시뮬레이션을 개발할 때 따라야 할 특정 단계를 설명하는 제2장, 그리고 주요 이론적 · 개념적 프레임워크의 실제적 의미를 제공하는 제3장은 반드시 읽기를 바란다. 제4장에는 많은 유용한 팁이 포함되어 있지만, 독자는 제2부를 탐구한 후 제4장으로 돌아와서 관심 있는 시뮬레이션 유형을 설명하는 장에만 집중할 수도 있다. 테크놀로지를 어떻게 사용할 수 있는지에 관심이 있다면 제5장이 필수적이다. 평가 자료를 제시하는 데 낮은 수준의 테크놀로지를 사용할 경우 제5장은 건너뛸 수 있다. 여러 유형의 시뮬레이션이 포함된 복잡한 조직 시뮬레이션은 하나의 포괄적인 '하루 일과(Day in the Life)' 경험으로 통합되는데, 제12장에서 설명된다. 제13장에서는 시뮬레이션 평가자에 대해 다룬다. 평가자에게 판단적 평가를 요구하는 시뮬레이션 채점 과정은 시뮬레이션의 핵심이다. 제14장과 제15장은 모든 사용자에게 중요한데, 시뮬레이션의 공정성, 법적 적절성 및 효과를 뒷받침하는 증거 수집에 대한 지침을 제공한다. 마지막으로, 제16장은 핵심 사항을 요약한다.

참고문헌

Anderson, N., Salgado, J. F, & Hülsheger, U. R. (2010). Applicant reactions in selection: Comprehensive meta-analysis into reaction generalization versus situational specificity. *International Journal of Selection and Assessment, 18*, 291-304.

Avolio, B. J., & Hannah, S. T. (2008). Developmental readiness: Accelerating leader development. *Consulting Psychology Journal: Practice and Research, 60*, 331-347.

Dipboye, R. L., Wooten, K., & Halverson, S. K. (2004). Behavioral and situational interviews. In J. C. Thomas (Ed.), *Comprehensive handbook of psychological assessment, Volume 4: Industrial and organizational assessment* (pp. 297-316). Wiley.

Hoffman, B. J., & Baldwin, S. P. (2011). The assessment of managers: A review and integrationof assessment center and multisource performance rating research and practice. In N. Povah & G. C. Thornton III (Eds.), *Assessment and development centres: Strategies for global talent management* (pp. 143-162). Gower.

Hoffnian, B. J., Monahan, E., Kennedy, C. L., LoPilato, A. C., Lance, C. E., & Sutton, A. (2015). A review of the content, criterion-related, and construct-related validity of assessment center exercises. *Journal of Applied Psychology, 100*, 1143-1168.

Hough, L. M., & Connelly, B. S. (2013). Personality measurement and use in industrial and organizational psychology. In K. F Geisinger (Ed.), *APA handbook of testing and assessment: Vol. 1. Test theory and testing and assessment in industrial and organizational psychology* (pp. 501-532). American Psychological Association.

Kristof-Brown, A. L., Jansen, K. J., & Colbert, A. E. (2002). A policy-capturing study of the simultaneous effects of fit with jobs, groups, and organizations. *Journal of Applied Psychology, 87*, 985-993.

Kuncel, N. R., & Beatty, A. S. (2013). Thinking at work: Intelligence, critical thinking, job knowledge, and reasoning. In K. F Geisinger (Ed.), *APA handbook of testing and assessment: ol. 1. Test theory and testing and assessment in industrial and organizational psychology* (pp. 417-436). American Psychological Association.

Meriac, J. P., Hoffman, B. J., Woehr, D. J., & Fleischer, M. (2008). Further evidence for the validity of assessment center dimensions: A meta-analysis of the incremental criterionrelatedvalidity of assessment center ratings. *Journal of Applied Psychology, 93*, 1042-1052.

Pulakos, E. D., & Schmitt, N. (1996). An evaluation of two strategies for reducing adverse impact and their effects on criterion-related validity. *Human Performance, 9*, 241-258.

Schmitt, N., & Golubovich, J. (2013). Biographical information. In K. F Geisinger (Ed.), *APA handbook of testing and assessment: Vol. 1. Test theory and testing and assessment in industrial and organizational psychology* (pp. 437-456). American Psychological Association.

Thornton, G. C., III, Rupp, D. E., & Hoffman, B. J. (2015). *Assessment center perspectives for talent management strategies* (2nd ed.). Routledge.

Wernimont, R. P., & Campbell, J. P. (1968). Signs, samples, and criteria. *Journal of Applied Psychology, 52*, 372-376.

제2장

시뮬레이션 개발의 단계

이 장에서는 시뮬레이션을 구성하기 위한 모델과 구체적인 개발 단계를 제공한다. 이 모델은 전반적인 개념적 프레임워크를 제공하며, 이는 다음 내용의 기초가 된다.

- 시뮬레이션 개발의 구체적인 단계(제2장)
- 시뮬레이션 구성과 관련된 이슈들(제4~5장)
- 다양한 유형의 시뮬레이션에 대한 특별한 고려 사항(제6~12장)
- 시뮬레이션의 품질을 평가하기 위한 제안(제14장)

시뮬레이션 구성을 위한 모델

[그림 2-1]은 시뮬레이션 개발 과정의 여섯 가지 주요 단계(정의, 분석, 설계, 개발, 실시, 평가)를 보여 준다. 일부 단계는 순차적이지만 어떤 단계는 동시에 발생하기도 한다.

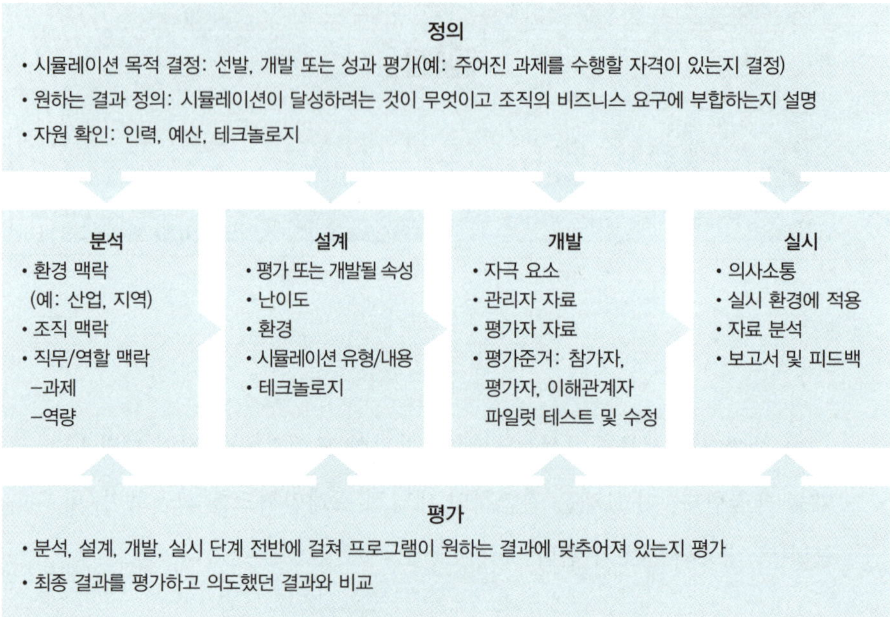

[그림 2–1] **시뮬레이션을 구성하기 위한 모델**

정의

첫 번째 단계는 시뮬레이션의 목적과 원하는 결과를 정의하고, 필요한 자원을 확인하는 것이다. 목적에는 선발/승진, 진단, 개발, 성과 평가 또는 연구가 포함된다. 원하는 결과는 시뮬레이션이 성취하고자 하는 것 그리고 그것이 비즈니스 요구 사항과 얼마나 부합하느냐 하는 것이다. 자원에는 돈, 시간, 인력 및 기술 요구 사항이 포함된다.

분석

두 번째 단계는 환경적 맥락(예: 산업, 지역), 조직적 맥락, 직무 또는 역할 맥락을 분석하는 것이다. 직무와 역할에는 수행해야 할 중요한 과제와 성공에 필요한 역량이 있다. 분석은 기존 직무의 과제와 활동에 대한 연구 이상의 것을 포함한다. 즉, 미래에 성공하는 데 필요한 역량이 무엇인지 고려하는 것도 유용하다. 이들을 종합하면 시뮬레이션의 충실도 수준에 대한 의사결정을 위한 기반이 확립된다(제3장 참조). 분석 단계에서 수집된 정보는 다음 세 단계인 설계, 개발 및 실시의 기초가 된다.

설계

설계 단계에서 시뮬레이션 개발자는 평가할 속성, 시뮬레이션의 난이도, 시뮬레이션 실시 환경, 시뮬레이션 유형(예: In-Basket, 역할연기) 및 필요한 테크놀로지를 포함하여 시뮬레이션 사양을 정의한다. 이러한 각 결정은 앞의 분석 단계의 결과에 따라 이루어진다. 예를 들어, 시뮬레이션 유형은 직무에서 수행하는 과제를 반영해야 한다. 직무에 대인관계 상호작용이 필요하다면 개인 또는 그룹 상호작용 시뮬레이션이 적절할 것이다. 시뮬레이션의 내용은 대상 직무에서 발생하는 문제와 과제 유형(예: 계약 협상, 두 스태프 간의 분쟁 중재 등)도 반영해야 한다. 평가되는 속성은 직무를 성공적으로 수행하는 데 필요한 역량에 따라 결정하는데, 종종 조직 상황이 반영된다. 예를 들어, 경쟁이 심화되면 조직은 혁신과 문화 다양성 역량 같은 새로운 역량을 개발해야 하는 경우가 있을 수 있다.

개발자는 단순히 역량을 명명하는 것 이상을 해야 한다. 역량을 정의하고 대상 조직에서 역량을 나타내는 행동을 포함한 확장된 정의를 제공하는 것이 필수적이다. 확장된 정의는 조직이 외부(예: 컨설팅 회사)의 역량 모델을 채택하는 경우 특히 중요하다. 역량에 붙여진 이름은 맥락에 따라 여러 가지 다른 것을 의미할 수 있다. 예를 들어, 리더십은 일반적이고 복잡한 역량이다. 리더십을 지시적 리더십이나 참여적 리더십으로 정의할 수 있다. 그러나 1차 감독자와 최고 경영진에 대한 리더십의 확장된 정의는 상당히 다를 것이다. 역량 선정과 관련된 문제와 구체적인 지침은 책 전체에 걸쳐 제시되어 있다.

테크놀로지 사용은 작업 환경과 예산, 현실적 상황을 모두 고려하여 결정해야 한다. 제5장에서 이 주제에 대해 자세히 설명하고, 제6~12장에서는 테크놀로지 적용 사례를 제공한다.

시뮬레이션의 난이도는 직무 수준과 조직 및 환경적 맥락에 따라 달라진다. 예를 들어, 임원 평가는 중간 관리자 평가보다 더 복잡하다. 평가의 난이도는 다음 항목에서 반영된다.

- 차원/역량의 행동적 정의
- 평가척도의 앵커
- 평가대상자와 상호작용할 경우 역할연기자와 평가자가 제시하는 과제
- 시뮬레이션에서 자극 자료의 복잡성

마지막으로, 이러한 분석은 시뮬레이션 실시 환경을 반영한다. 예를 들어, 시뮬레이션은 정부 기관, 제조업체, 은행, 레스토랑 등을 묘사할 수 있다. 시뮬레이션 환경을 조직 환경과 동일하게 만드는 것에는 장단점이 있다. 장점은 시뮬레이션이 참가자가 실제로 직장에서 직면할 과제 현실을 더 잘 반영하여 참가자가 더 호의적으로 반응할 수 있다는 것이다. 단점은 이 환경에 익숙한 참가자가 익숙하지 않은 참가자보다 유리할 수 있다는 것이다. 즉, 조직에서 경험이 있는 참가자는 조직에 새

로 온 동등한 기술을 가진 사람보다 더 나은 성과를 거둘 수 있다. 조직 환경에 대한 경험이 성과에 중요한 경우, 환경에 익숙한 후보자의 이점은 평가 점수를 왜곡시킬 것이다. 시뮬레이션을 실시할 장소를 결정하기 전에 이러한 장단점을 신중하게 고려해야 한다.

시뮬레이션 사양을 명확하게 정의하고 개발 과정 초기에 주요 이해관계자의 동의를 얻는 것이 중요하다. 여기에는 최고 경영진, 인사/교육 및 개발 부서, 노조 간부, 관련 컨설턴트 등이 포함될 수 있다. 사양은 평가할 차원, 시뮬레이션의 난이도, 사용할 시뮬레이션 유형, 시뮬레이션의 내용, 시뮬레이션이 묘사할 작업 환경, 시뮬레이션을 개발하고 관리하는 데 필요한 테크놀로지와 같은 평가 과정의 다양한 매개변수에 대한 세부 정보를 제공한다. 사양은 평가 프로젝트에 참여하는 다양한 당사자 간에 명확한 의사소통을 제공하고 시뮬레이션 개발자에게 정확한 로드맵 역할을 하므로 시뮬레이션 개발을 시작하기 전에 자세한 사양을 만들어야 한다.

개발

개발 단계에서는 실제 시뮬레이션 자료를 제작한다. 시뮬레이션 개발자는 설계 단계에서 준비한 사양에 따라 자극 요소, 시뮬레이션 지침 및 평가 도구를 만든다. 참가자에게 제시되는 자극에는 지시, 상황 및 데이터, 조직에 대한 정보, 참가자가 수행해야 할 과제에 대한 설명이 포함된다. 개발자는 또한 진행자, 평가자, 역할연기자를 위한 평가척도 및 정보를 구성한다. 이러한 각각의 개발 활동이 제6~12장에 특정 유형의 시뮬레이션별로 설명되어 있다.

파일럿 테스트

다음으로, 개발자는 시범 집단을 대상으로 시뮬레이션 자료를 파일럿 테스트한다. 파일럿 테스트는 시뮬레이션 스태프들(평가자, 역할연기자 등)에게 역할에 대한 교육을 제공한 후에 실시해야 한다(제13장 참조). 시범 집단은 시뮬레이션 참가 대상자들과 유사해야 하며, 연령, 성, 민족 등에서 참가 대상자들의 다양성을 반영해야 한다. 시뮬레이션이 다문화적으로 사용될 경우, 각 지역/국가의 자료를 해당 문화권 사람들과 검토하여 문화적으로 적절한지, 필요한 경우 언어를 현지화할 수 있는지 확인하는 것이 중요하다(예: 번역하기 어려운 구어체 표현 피하기).

평가(형성 평가)

파일럿 테스트의 목적은 시뮬레이션 자료의 여러 측면에 대한 참가자, 평가자 및 역할연기자의 피드백을 얻는 것이다. 이 정보는 '형성 평가', 즉 시뮬레이션을 구성하거나 형성하는 데 도움이 되는 평가에 기여한다. 참가자에게 다음 사항에 대한 의견을 요청할 수 있다.

- 지시의 명확성
- 시뮬레이션 자료의 문구의 명확성
- 시뮬레이션의 난이도
- 허용된 시간의 적절성

평가자는 다음에 대한 정보를 제공할 수 있다.

- 시범 참가자의 행동에 대한 관찰
- 차원과 관련된 행동을 관찰할 수 있는 기회
- 역할연기자가 차원과 관련된 행동을 이끌어 내기 위해 설계된 단서를 보여 주는지 여부
- 관련 행동을 이끌어 내기 위해 설계된 단서가 실제로 작동하는지 여부
- 평가척도의 적절성
- 평가척도의 차원과 행동 기준이 직무 요구 사항과 일치하는지 여부
- 시뮬레이션의 내용이 직무 활동과 일치하는지 여부

이들은 또한 시범 참가자의 행동에 대한 평가를 제공할 수도 있는데, 이는 합의 또는 신뢰도의 초기 증거로 사용될 수 있다(제14장 참조).

역할연기자는 다음에 대한 정보를 제공할 수 있다.

- 참가자와 상호작용하기 위해 제공된 지침의 적절성
- 차원과 관련된 행동을 이끌어 내기 위해 설계된 단서를 표현할 수 있었는지 여부

실시

개발자는 시범 참가자, 평가자 및 역할연기자의 정보를 바탕으로 시뮬레이션을 수정한 후 실시 단계로 나아갈 수 있다. 실시는 일회성 이벤트가 아닌 지속적인 과정이다. 후보자, 관리자, 잠재적 평가자, 조직 이해관계자와 의사소통하고, 시뮬레이션을 참가자에게 전달하고, 평가자의 평가 결과를 분석하고, 결과를 보고하고, 후보자 및 이해관계자에게

피드백을 제공한다.

평가(종합 평가)

실시 중에 두 번째 평가인 '종합 평가'를 수행할 수 있다. 이 평가는 시뮬레이션이 의도한 결과를 달성하고 있는지 여부를 조사한다. 참가자에게 시뮬레이션에 대한 반응에 대해 질문하고 심리측정 연구를 수행할 수 있다. 심리측정 연구에는 신뢰도와 타당도 평가가 포함된다. 이상적이기는 하지만, 단기 준거 관련 타당도 정보를 얻을 수 있는 경우도 있다. 동시에 개발자는 차원의 직무 요구와의 관련성 그리고 시뮬레이션 내용의 직무 과제와의 관련성에 대해 지속적인 판단을 통해 다른 평가 단계를 수행할 수 있다. 또한 시뮬레이션에서 수행의 평가에 대해 분석할 수 있다(제14장 참조).

[그림 2-1]에서 보듯이, 평가는 분석, 설계, 개발 및 실시 단계 전반에 걸쳐 이루어진다. 이 과정은 미래의 어느 시점까지 기다려 평가하는 것보다 더 역동적이고 신속하다. 문제가 발견되면 의도한 목표를 충족하지 못할 시뮬레이션에 자원을 투자하기 전에 해결할 수 있다.

시뮬레이션 개발 단계

〈표 2-1〉은 시뮬레이션을 개발하는 데 따라야 할 구체적인 단계 목록이다. 이 장에서 일부 단계는 자세히 설명하고, 다른 몇 단계는 후속 장에서 더 자세히 설명할 것이므로 간략하게 다룬다.

〈표 2-1〉 **시뮬레이션 개발 단계**

과정	단계
정의	1. 시뮬레이션 목적 결정
	2. 원하는 결과 정의 및 사용 가능한 자원 확인
분석	3. 환경, 조직 및 직무 맥락 분석
설계	4. 설계 특성 구체화
개발	5. 참가자용 자극 자료 준비
	6. 평가자 및 진행자용 지원 자료 준비
	7. 평가자 훈련
	8. 파일럿 테스트 및 수정
실시	9. 목적과 원하는 결과에 적합한 방식으로 실시
평가	10. 과정 평가
	11. 최종 결과 평가

1단계: 시뮬레이션 목적 결정

앞서 언급했듯이, 시뮬레이션은 스태프 선발/승진, 잠재력이 높은 스태프 확인 및 승계 계획, 교육 요구 분석, 전문성 개발 그리고 연구를 포함한 다양한 목적으로 사용될 수 있다. 시뮬레이션의 궁극적인 용도는 시뮬레이션의 특징을 결정한다. 따라서 시뮬레이션의 목적을 미리 기술하는 것이 중요하다. 모든 시뮬레이션에는 많은 공통 특징이 있지만, 각각의 시뮬레이션은 목적에 따라 다소 다르게 설계될 수 있다.

2단계: 원하는 결과 정의 및 사용 가능한 자원 확인

시뮬레이션의 목적이 결정되면 개발자는 시뮬레이션에서 원하는 결과를 명확하게 제시해야 한다. 시뮬레이션 결과를 효과성 또는 효율성 개선과 같은 비즈니스 요구 사항과 연결할 수 있다면 시뮬레이션 개발을 위해 비즈니스 사례를 구축하는 것이 더 쉬울 것이다. 예를 들어, 시뮬레이션 성과로 신규 경영진 채용의 질을 향상시키고, 새로운 과제를 해결하기 위해 관리자들의 기술을 개발하거나, 잠재력이 높은 스태프를 파악하여 조직이 미래에 상위 경영진으로 승진할 가능성이 가장 높은 사람들에게 자원을 투자하도록 하는 것 등이 있다.

시뮬레이션의 목적과 원하는 결과에 따라 개발자는 비즈니스 사례를 구축하고, 이해관계자의 승인을 받고, 시뮬레이션을 구성하고 실시하는 데 필요한 자원(예산 및 인력)을 확보할 수 있어야 한다. 인력 자원에는 다음이 포함될 수 있다.

- 상황 분석을 위해 정보를 수집할 주제 전문가(이하 SME)
- 시뮬레이션 설계자 및 개발자
- 관찰자/평가자
- 역할연기자
- 평가를 실시하고 결과를 수집하는 진행자 등

인력 자원 외에 테크놀로지 자원도 과정 초기에 파악해야 한다. 테크놀로지 자원은 구축하거나 구매하는 데 비용이 많이 들고 시간이 오래 걸릴 수 있기 때문이다. 시뮬레이션 실시, 응답 수집, 응답 평가, 참가자 피드백 제공 등에 테크놀로지가 필요하다. 테크놀로지 활용 방안에 대해서는 제5장에서 더 자세히 설명할 것이다.

개발자는 또한 시뮬레이션 사용에 적용될 정책을 이해해야 한다. 이 단계에서 고려해야 하는 사항은 다음과 같다.

- 시뮬레이션과 함께 사용될 다른 평가 도구와 시뮬레이션은 어떻게 통합되는가?
- 어떤 유형의 결과 피드백이 제공되고 누가 피드백을 받게 되는가?
- 누가 결과에 접근할 수 있는가?
- 개인을 재평가할 수 있는가? 그렇다면, 얼마간의 기간 후에 어떤 조건에서 재평가할 수 있는가?

이러한 고려 사항들은 개발자가 분석 단계에서 수집하는 정보 유형에 큰 영향을 미치고 시뮬레이션에 대한 명확한 사양으로 이어질 것이다. 예를 들어, 시뮬레이션을 장기 개발 프로그램에 참여할 잠재력이 높은 신규 스태프를 선발하는 목적으로 사용할 경우, 시뮬레이션은 비판적 사고와 같은 개발하기 어려운 영역, 그리고 비즈니스 통찰력(경력이 쌓이면서 차근차근 개발되는)과 같은 개발할 수 없는 속성을 평가해야 한다. 시뮬레이션이 특정 과제를 즉시 수행할 준비가 된 사람을 선발하는 데 사용되는 경우, 개발자는 특정 직무 관련 지식과 기술을 반영하는 영역을 선택해야 한다.

3단계: 환경, 조직 및 직무 맥락 분석

앞에서 설명한 바와 같이, 분석에는 환경적 맥락(예: 산업 또는 지역), 조직적 맥락, 직무 또는 역할 맥락이 포함된다. 직무 및 역할 맥락 시뮬레이션에서 개발자는 대상 직무의 주요 작업 활동과 이러한 활동을 효과적으로 수행하는 데 필요한 역량 및 기타 역량을 모두 고려해야 한다. 분석을 시작하기 전에 개발자는 직무 분석 또는 역량 모델링이 최근에 완료되었는지 확인해야 한다. 그렇다면 시간과 노력을 절약할 수 있다.

개발자는 다른 인적 자원(HR) 관리 활동을 위해 분석된 자료가 시뮬레이션 개발에 적합한지도 유의해서 살펴야 한다. 예를 들어, 상위 조직 개발을 위해 수행된 역량 모델링은 환경 또는 조직적 맥락에 대한 유용한 정보를 제공할 수 있지만, 공정하고 효과적인 시뮬레이션을 개발하기에 충분한 직무별 정보를 제공하지는 않는다.

개발자는 시뮬레이션을 개발하는 데 필요한 아이디어와 정보를 제공할 출처를 찾아야 한다. 여기에는 조직에 대한 정보와 대상 직무에 종사하는 개인이 직면하는 일반적인 문제에 대한 정보가 포함된다. 이 정보는 내외부 SME에게 얻거나, 직업 정보 네트워크(O*NET, https://www.onetonline.org/)와 같은 공공 정보에서 확보할 수 있다.

SME와 만나기 전에 개발자는 시뮬레이션 자료에 포함될 정보의 개요와 질문을 준비하고, 문제에 영향을 미칠 수 있는 다양한 관점(예: 재무 자료, 인적 자원 문제, 생산 및 공정 운영, 법적 문제)을 고려해야 한다. 업계, 조직 및 직무에 대한 기존 정보를 검토해서 소통되는 용어에 익숙해지는 것이 도움이 된다.

SME와의 논의 초반에 시뮬레이션 개발자는 정보의 보안과 조직의 상호를 위장할지에 대한 기본 규칙을 수립해야 한다. 현실적인 시뮬레이션을 구축하기 위해 개발자는 실제 조직에서 발생한 특정 문제에 대한 세부 정보를 제공해 줄 수 있는 여러 SME를 인터뷰해야 할 수 있다. 개발자는 SME로부터 기존 보고서, 가능한 문제 해결 사례, 결과와 같은 광범위한 서면 자료를 수집할 수 있다. SME가 만족스럽게 '해결'된 최근 문제에 대해 이야기하는 것이 도움이 될 수 있다.

이러한 분석의 목적은 시뮬레이션의 개발, 실시 및 평가 전반에 사용될 정보를 얻는 것이다. 따라서 이러한 활동을 신중하게 수행하고 모든 과정와 결론을 철저히 문서화하는 것은 아무리 강조해도 지나치지 않다.

4단계: 설계 특성 구체화

분석 단계에서 개발자는 시뮬레이션의 설계 특성을 구체화하는 데 필요한 정보를 작성한다. 첫 번째 고려 사항은 시뮬레이션에서 평가할 차원과 수행 난이도 설정이다. 작성해야 하는 차원의 명세는 다음과 같다.

- 평가할 차원의 수: 평가자가 시뮬레이션당 3~5개 정도의 차원을 관찰하고 평가하는 것이 적절하다.
- 차원의 특성: 능력(즉, '할 수 있는' 변인)을 평가할 것인가, 아니면 동기와 흥미(즉, '할 의지가 있는' 변인)를 평가할 것인가?
- 차원이 기본적인 적성(예: 판단력)인지 아니면 잘 개발된 기술(예: 재무 분석 수행 능력)인지 여부
- 차원의 범위: 차원은 매우 광범위할 수도(예: 일반적인 문제 해결) 또는 좁을 수도 있다(예: 근본 원인 분석, 창의성, 의사결정 분석).
- 차원의 유연성: 선발 맥락(예: 신규 채용, 승진, 잠재력이 높은 스태프 편별)에서는 판단력, 정서 지능 또는 세밀함과 같은 고정된 차원(즉, 개발하기 어려운 차원)을 평가하는 것이 좋다. 개발 맥락에서는 참가자가 실천 가능한 피드백을 얻을 수 있도록 더 가변적인 차원(예: 의사소통, 직무 지식)을 평가하는 것이 더 유용하다.
- 차원의 난이도: 초보자 수준의 기술을 기대하는가, 전문가 수준의 기술을 기대하는가?

차원 명세의 예는 다음과 같다.

- '고객 서비스 담당자가 직무를 담당할 때 가져야 하는 네 가지 속

성, 즉 언어 의사소통, 공감, 추진력, 문제 해결 능력을 평가한다.'
- '회사에서 판매하는 특정 제품에 대한 기술적 지식은 평가하지 않는다.'

차원을 정의하기 위한 개념적 프레임워크에 대한 자세한 내용은 제3장에 나와 있다.

측정해야 할 차원을 지정한 후 시뮬레이션 개발자는 이러한 속성을 어떻게 측정해야 하는지 결정해야 한다. 고려 사항은 다음과 같다.

- 시뮬레이션 유형: 개인인가, 그룹인가? 구두 평가인가, 서면 평가인가?
- 시뮬레이션 문제의 내용: 시뮬레이션에 기술, 구조, 재무, 마케팅, 판매 또는 인적 자원 문제가 포함되어야 하는가?
- 시뮬레이션되는 직무 또는 직업
- 조직이 속한 산업
- 시뮬레이션의 개념적 난이도
- 시뮬레이션 실시 과정에 테크놀로지를 활용한 정도
- 시뮬레이션 시간 길이

이 단계의 예는 다음과 같다.

- '시나리오는 고객 서비스 담당자가 고객과 상호작용할 때 직면하는 최소 세 가지의 다른 문제와 기회를 묘사한다. 여기에는 약간 화난 컴플레인과 끼워 팔기의 어려움이 포함된다.'
- '참가자의 시뮬레이션 참여 시간은 1시간을 넘지 않아야 한다.'

시뮬레이션 시간 제한 설정 방법

개발자는 시뮬레이션 시간을 여러 가지 방법으로 설정할 수 있다. 한 가지 방법은 기존의 평가 또는 교육 프로그램에서 사용한 시간을 설정하는 것이다. 이 경우, 사용 가능한 시간은 60~90분 정도일 것이다. 따라서 시뮬레이션 자료는 사용 가능한 시간 내에 합리적으로 소화할 수 있는 양으로 제한해야 한다. 대상 집단에 적합한 자료의 양은 경험을 통해 알 수 있으므로, 개발자는 초안을 가지고 파일럿 테스트 후 자료를 보강하거나 축소할 수 있다. 물론 채점 기준은 참가자가 시뮬레이션 작업에 소요된 시간을 고려하여 조정할 수 있다. 시간 제한으로 인해 철저한 분석이 불가능한 경우에는 참가자의 수행에 대한 기대치를 낮춰야 한다.

두 번째 방법은 시뮬레이션을 개발한 다음 시범 작업을 거쳐 과제를 완료하는 데 필요한 시간을 도출하는 것이다. 파일럿 테스트 결과에 따라 제한 시간을 설정하는 것은 참가자가 완료해야 하는 수행 요구 사항을 명확하게 갖고 있는 경우에 적합하다. 이러한 수행 요구 사항에 기초하여 시뮬레이션을 구성하고 채점 기준을 설정한다. 파일럿 테스트 결과로 시뮬레이션에 할당해야 하는 시간을 알 수 있다. 제6~12장에서 다루는 각 유형의 시뮬레이션에 제안된 제한 시간은 과거 경험을 기반으로 한 것이므로 상황에 따라 조정해야 한다.

시간 제한을 설정하는 세 번째 방법은 시간 할당을 개방형으로 하는 것이다. 참가자가 자신이 원하는 시간에 시뮬레이션을 끄고 켜서 자신의 시간에 작업할 수 있는 경우, 시간을 제한하지 않는 것이 적절하다. 예를 들어, 평가 프로그램을 참가자에게 온라인으로 오후 4시에 배포하고 보고서를 다음 날 아침 8시까지 제출하도록 할 수 있다. 어떤 참가자는 2시간 안에 작업을 완료할 수도 있고, 다른 참가자는 밤늦게까지 작업할 수도 있다. 이 방법은 과제 수행 시간을 표준화하지 않아도 참가자의 작업 스타일에 대한 고유한 통찰력을 제공할 수 있다. 참가자의 분석과 보고서의 성과 차이는 문제 해결 능력의 차이뿐만 아니라 작업 패턴 및 동기 부여의 행동 차이에서 비롯될 수 있다.

5단계: 참가자용 자극 자료 준비

전형적인 참가자용 자료는 다음과 같다.

- 현 상황이 발생한 시점(날짜, 현재 또는 미래의 어느 날), 조직 이름, 주요 인사의 이름 등 기본 정보
- 조직의 배경 정보(예: 제품 및 서비스, 위치, 규모, 과거 판매 정보, 수익성)
- 시뮬레이션의 초점 문제 기술
- 참가자가 시뮬레이션을 진행하는 동안 관련되는 세부 정보를 제공하는 보조 자료 및 자원(예: 생산 단위, 가격, 고객 불만 목록)
- 문제에 대한 정보와 추천 사항을 제공하는 다른 당사자의 편지 및 메모
- 참가자가 수행해야 할 일에 대한 지시(예: 서면 보고서 작성 및 프레젠테이션). 지시는 참가자에게 폭넓은 자유를 주기 위해 모호할 수도 있고, 사고 과정이 명확하게 보이도록 하기 위해 매우 구체적일 수도 있다(예: '세 가지 대안과 그 이유/비용 결과를 제시하시오.').
- 문제와 직접 관련이 없지만 근무 중 겪는 사소한 것들과 유사한 방해 자료[또는 유사한 작업(예: 회사 야유회 참석 여부 회신 요청 메모)]
- 참가자가 수행을 완료해야 하는 시간

6단계: 평가자 및 진행자용 지원 자료 준비

참가자에게 주어지는 '검사'는 서면 자료뿐만이 아니다. 다른 많은 요소가 참가자의 평가 점수에 영향을 미친다. 여기에는 다음이 포함된다.

- 진행자의 지시
- 역할연기자가 제시한 과제
- 평가자가 제기한 질문

이들 모두가 시뮬레이션에 참여하는 모든 사람과 상호작용하는 것은 아니지만, 상호작용한다면 그들의 행동은 시뮬레이션 자체의 일부이다. 평가자가 사용하는 채점 지침도 최종 평가에 영향을 미칠 수 있다. 따라서 개발자는 관련된 모든 당사자를 위해 지원 자료를 신중하게 준비해야 한다.

진행자는 구두 지시를 내릴 수 있고, 평가자는 시뮬레이션을 소개하고 후속 질문을 할 수 있으며, 역할연기자는 참가자에게 질문과 의견을 제시할 수 있다. 이러한 모든 상호작용은 참가자가 반응해야 하는 복잡한 자극의 일부이다. 이러한 자극은 가능한 한 모든 참가자에게 표준화되어야 한다. 개발자는 진행자가 읽을 수 있도록 명확한 지침을 작성하거나 지침을 제공하는 표준 녹음/비디오를 준비해야 한다. 평가자에게는 각 시뮬레이션의 시작 부분에서 지시해야 할 것을 기술한 원고를 제공할 수 있다. 역할연기자를 위한 지침은 특히 중요하며, 제8장에서 더 자세히 다룬다. 역할연기자에게는 참가자가 묻는 질문에 답하는 데 사용할 자세한 정보와 시뮬레이션에서 묘사되어야 하는 캐릭터의 특성에 대한 일반적인 지침을 제공해야 한다.

평가자 자료의 중요한 구성 요소는 평가되는 차원(역량, 작업 등)의 정의이다. 평가자들은 차원명을 서로 다른 의미로 받아들인다. 따라서 명확한 정의가 필요하다. 차원의 의미는 최소한 세 가지 형태로 표현할 수 있다. 차원명, 간략한 정의, 확장된 정의이다. 차원명은 '계획 및 조직화 능력' 또는 '판단력'과 같이 한두 단어로 표현된 명칭이다. 간략한 정의에는 한두 개의 문구가 포함된다. 예를 들면 다음과 같다.

- '계획 및 조직화 능력은 특정 목표를 달성하고 인력 및 기타 자원을 적절히 할당하기 위해 자신과 다른 사람의 적절한 행동 방침을 효율적으로 수립하는 능력이다.'
- '판단력은 문제에 대한 대안 문제 해결을 개발하고, 행동 방침을 평가하고, 논리적인 결정에 도달하는 능력이다.'

차원명과 간략한 정의는 모두 일반적이며 모든 직무에 적합하다. 반면, 확장된 정의는 특정 대상 직무에 대해 작성된다. 대상 직무에서 차원의 구체적인 의미와 차원이 특정 조직 및 환경에서 수행되는 방식을 설명한다. 예를 들어, 계획 및 조직화 능력은 1차 제조 감독자에게는 근로자가 병가를 신청할 경우 작업을 할당하는 방법을 아는 것일 수 있는 반면, 상위 관리자에게는 6개월 후에 출시될 신제품을 제조할 작업 팀을 고용할 과정을 설정하는 것일 수 있다.

평가자가 관찰한 행동을 평가하는 데 도움이 되는 지원 자료는 다음과 같다.

- 시뮬레이션의 주요 문제에 대한 팁
- 시뮬레이션 문제에 대한 '예상되는' 또는 '올바른' 해답에 대한 지침

- 효과적인 행동과 비효과적인 행동 체크리스트
- 한 차원상에서 다양한 수행 수준의 행동 사례를 나타내는 행동 기준 평정척도

이러한 자료와 기타 지원 자료는 제6~12장에서 설명한다.

7단계: 평가자 훈련

평가자는 시뮬레이션에서 수행을 평가할 수 있도록 훈련받아야 한다. 평가자 훈련에는 일반적으로 다음 주제가 포함된다.

- 목표 직무 및 조직 환경에 대한 설명
- 평가할 차원/역량/과제와 이들이 갖는 목표 직무 내에서의 의미에 대한 지식
- 시뮬레이션의 내용
- 행동을 관찰하고, 기록하고, 행동을 각각의 차원으로 분류하고, 관찰된(그리고 관찰되지 않은) 행동을 기반으로 차원 숙달 정도에 대한 평정
- 필요한 경우 실시 진행
- 참가자와 상호작용
- 필요한 경우 보고서 준비
- 필요한 경우 피드백 제공
- 실시 및 보정

제13장에서 평가자 훈련에 대한 자세한 내용을 제공한다.

8단계: 파일럿 테스트 및 수정

시범 집단은 인구 통계적으로 다양해야 하며, 평가 예정자들과 유사해야 한다. 시범 참가자들을 구하는 데 한 가지 어려움은 특히 선발 및 승진 평가에서 요구되는 보안 문제이다. 예를 들어, 어떤 경찰 관할권 내에서 시범 집단이 일부 승진 후보자에게 콘텐츠를 누설할 우려가 컸기 때문에 파일럿 테스트를 수행할 수 없었다. 콘텐츠 유출을 방지하기 위한 안전 조치가 있었지만, 동료의식이 너무 강해 조직 내에서 파일럿 테스트를 실시할 수 없었다. 대안으로, 대학교 환경에서 파일럿 테스트를 실시했다.

파일럿 테스트의 목적은 시뮬레이션 자료의 여러 측면에 대한 피드백을 얻는 것이다. 이 정보는 '형성 평가', 즉 시뮬레이션을 형성하거나 형상화하는 데 기여한다. 참가자에게 다음과 같은 여러 질문에 대한 답변을 수집할 수 있다.

- 지시가 명확했는가?
- 실습 내용을 이해했는가?
- 과제가 무엇인지 알았는가?
- 과제를 완료하는 데 추가 정보가 필요했는가?
- 시간이 충분했는가?
- 이해할 수 없는 단어가 있었는가?
- 불쾌하거나 부적절하거나 편향된 내용이 있었는가?

또한 개발자는 평가자와 역할연기자(시범에서 사용된 경우)로부터 피드백을 구할 수 있다. 평가자는 평가척도의 적절성과 시범 참가자의 행동에 대한 관찰 정보를 제공하고, 역할연기자는 참가자와 상호작용하는 데 사용한 지침의 적절성에 대한 정보를 제공할 수 있다.

9단계: 목적과 원하는 결과에 적합한 방법으로 실시

시뮬레이션은 설계된 목적에 맞게 실시해야 한다. 목적 적합성을 달성하기 위한 중요한 단계는 시뮬레이션 사용을 위한 매뉴얼 또는 가이드라인을 준비하는 것이다. 매뉴얼은 시뮬레이션의 다양한 적용에 대한 정책과 실행을 기술해야 한다. 이는 시뮬레이션이 오용될 가능성을 최소화하고 의도된 목적대로 사용되도록 하기 때문에 중요하다. 시뮬레이션이 선발이나 승진과 같은 행정적 의사결정에 사용되는 경우, 개발자와 사용자는 시뮬레이션이 공식적 사양을 엄격히 준수하여 실시되는지 확인해야 한다. 평가 기법을 실시할 때 표준화된 절차를 따르지 않으면, 결과 점수와 이를 기반으로 내린 결정의 신뢰도와 타당도가 위협받을 수 있으며, 조직이 법적 감사를 받을 위험에 처할 수도 있다(Schmitt, Schneider, & Cohen, 1990).

매뉴얼에는 다음 사항이 포함되어야 한다.

- 시뮬레이션의 목적
- 시뮬레이션 시행 지침
- 시뮬레이션의 대상(즉, 참가자)
- 참가자에게 시뮬레이션 참여에 대한 정보를 제공하는 방법
- 평가자는 누구이며 어떻게 교육할 것인가?
- 참가자가 피드백을 받을지 여부, 피드백의 형태(예: 구두, 서면) 및 피드백 전달자

- 재평가 정책
- 시뮬레이션 결과를 다른 정보와 함께 사용하는 방법
- 시뮬레이션 자료 및 결과에 접근할 수 있는 사람
- 시뮬레이션 자료를 안전하게 보관하기 위한 조치

10단계: 과정 평가

파일럿 테스트 참가자의 반응 이외에 참가자의 반응을 수집하기 위해 지속적으로 노력해야 한다. 시범 참가자가 호의적인 반응을 보였더라도, 시뮬레이션 참가자는 다른 인식을 가질 수 있다. 게다가, 시뮬레이션은 시간이 지남에 따라 노후화되어 한때 허용 가능하고 직무와 관련이 있었던 것이 더 이상 그렇지 않을 수 있다.

모든 시뮬레이션 참가자로부터 반응을 얻는 것은 현실적으로 어려울 수 있다. 시뮬레이션을 통과하여 채용된 지원자에게 나중에 오리엔테이션이나 직무 중에 자연스럽게 설문을 받을 수 있다. 그러나 채용되지 않은 지원자에게 연락하여 선발 시스템에 대한 반응을 얻으려고 시도하는 것은 비실용적이고 현명하지 못할 수 있다. 이 딜레마에 대한 한 가지 해결책은 시뮬레이션을 완료한 직후(합격 불합격이 결정되기 전) 참가자에게 설문 조사를 하는 것이다. 참가자는 익명으로 반응을 제공할 수 있으므로, 합격하기 위해 긍정적으로 편향된 피드백을 제공해야 한다는 강박감을 느끼지 않도록 할 수 있다. 또한 조직은 시뮬레이션 중 또는 직후에 지원자가 제기한 의문이나 우려 사항을 파악할 수 있다.

개발자는 평가 절차 이후 다음을 포함한 다양한 질문을 하는 것이 좋다.

- 시뮬레이션은 어려웠는가, 또는 스트레스가 많았는가?
- 절차가 공정했는가?
- 진정한 능력을 수행할 기회를 가졌는가?
- 시뮬레이션이 자신의 능력을 측정하는 타당한 방법이라고 생각하는가?
- 피드백이 도움이 되었는가?
- 피드백을 어떻게 활용할 계획인가?
- 진행자와 평가자가 공정하게 대우했는가?

참가자의 프로그램 타당도에 대한 인식은 그들의 수행에 영향을 줄 수 있으며, 이는 평가자의 평가, 궁극적으로 점수와 합격자 결정의 타당도에 영향을 미칠 수 있다. 시뮬레이션이 개발을 위한 것이고 참가자가 결과와 그에 따른 피드백을 수용한다면, 그는 피드백의 권고를 따르고 개발 목표를 달성하기 위해 노력할 가능성이 더 크다.

11단계: 최종 결과 평가

이상적으로, 시뮬레이션의 통계적 심리측정 평가는 실시 전에 이루어져야 한다. 그러나 대부분의 실시 환경에서는 엄밀한 신뢰도 및 타당도 분석을 수행하기에 충분한 데이터를 수집하기 어렵다. 예를 들어, 개발자는 시뮬레이션 평가 및 직무수행 준거를 사용할 수 있는 다수의 표본을 거의 가질 수 없다. 이러한 어려움에도 불구하고 개발자는 시뮬레이션 평가의 신뢰도를 검증해야 하고, 특히 시뮬레이션이 선발 또는 승진에 사용되는 경우 내용 타당도 및 준거 관련 타당도 증거를 수집하기 위해 최선을 다해야 한다.

현실적으로 신뢰도를 파악하는 가장 가능한 방법은 평가 점수의 평가자 간 일치도를 조사하는 것이다. 타당도를 검증하는 실현 가능한 방법은 대상 직무 및 환경과 관련하여 자극 자료의 내용 대표성에 대한 증거를 수집하는 것이다. 신뢰도 및 타당도 증거를 수집하는 방법은 제14장에 설명되어 있다.

참고문헌

Schmitt, N., Schneider, J. R., & Cohen, S. A. (1990). Factors affecting the validity of a regionally administered assessment center. *Personnel Psychology*, *43*, 1-12.

제3장

시뮬레이션 개발의 이론, 원리 및 개념적 프레임워크

> "좋은 이론만큼 실용적인 것은 없다."
>
> –Kurt Lewin (1951)

이 장에서는 조직 시뮬레이션 구축을 위한 몇 가지 실질적인 의미를 제공하는 이론, 원칙 및 개념적 프레임워크를 제시한다. 이 장의 주요 내용은 다음과 같다.

- 행동은 개인과 상황의 상호작용이다.
- 개인의 특성은 역량 분류법으로 요약할 수 있다.
- 상황적 특성은 특징 분류법으로 요약할 수 있다.
- 고충실도 시뮬레이션은 개인 특성과 관련된 행동을 이끌어 낸다.
- 충실도를 구성하는 몇 가지 구별되는 측면들이 있다.
- 평가자는 행동을 관찰, 기록, 분류 및 평가하는 체계적인 과정을 훈련받을 수 있다.
- 게임화 원리는 시뮬레이션 관여를 향상시킨다.
- 심리측정 원리를 따르면 신뢰성 있고 타당한 결과를 산출하는 표준화 측정도구를 만들 수 있다.

〈표 3-1〉 **시뮬레이션 구성과 관련된 이론의 실제적 의미**

이론	요점	실질적 의미
상호작용 이론	행동은 개인 특성과 상황 특성의 함수이다.	• 평가하고자 하는 개인의 역량과 상황의 특성을 명확하게 구체화한다. • 역량, 상황 및 상황 내에서의 역량에 대한 결과를 보고한다.
역량 분류	수행 효과성을 나타내는 행동은 몇 개의 역량으로 군집화할 수 있다.	• 일반적으로 수용되는 역량 세트를 채택하고 적용한다. • 조직의 언어로 역량을 정의한다.
상황 분류	무한한 수의 상황적 특성을 관리 가능한 군집으로 묶을 수 있다.	• 일반적으로 수용되는 일련의 상황을 채택하고 적용한다. • 시뮬레이션을 조직에서 수용 가능한 환경에 배치한다.
충실도의 요소	충실도의 요소에는 자극, 반응, 난이도, 맥락, 심리적 측면 등이 있다.	• 시뮬레이션에 적절한 각 충실도 요소의 수준을 결정한다.
특질 활성화 이론	특질과 관련된 행동은 그 특질을 요구하는 상황에서 유발되는 경우에만 나타난다.	• 평가하려는 역량/차원과 관련된 행동을 이끌어 내기 위한 시뮬레이션 자극을 설계한다. • 시뮬레이션의 목표를 달성하기 위해 자극의 강도를 설정한다.
현실적 정확성 모델	평가 과정에는 다음이 포함된다. (a) 평가대상자의 행동을 이끌어 내기, (b) 평가자는 행동을 관찰하고 분류하고 평가하기	• 역량과 관련된 행동을 이끌어 내기 위해 시뮬레이션을 구축한다. • 평가자가 행동을 관찰할 수 있도록 시뮬레이션을 설정한다. • 평가자에게 과부하를 주지 않는다. • 참조 틀 방법을 사용하여 평가자가 행동을 관찰 · 기록 · 분류하고, 행동을 기초로 성과 평가를 내리도록 훈련한다.
게임화	게임 요소는 참가자의 관여를 높인다.	• 미디어를 적절하게 사용하여 시뮬레이션을 풍부하고 경쟁력 있게 만든다. • 적절한 경우, 참가자에게 피드백을 제공한다.
심리측정 이론	유용한 평가는 표준화되어 있으며, 신뢰성 있고 타당한 점수를 산출한다.	• 시뮬레이션 시행 절차에 대한 사전 규정을 만든다. • 다양한 측정도구를 사용한다. • 측정이 직무와 관련이 있고 점수가 의도된 준거를 예측할 수 있도록 한다. • 평가자에게 일관된 평가를 내리도록 교육한다.

이 장에서는 각 이론에 대해 기술하고 효과적인 시뮬레이션 구축을 위한 함의를 제공한다. 다양한 유형의 시뮬레이션에 관한 핵심적인 장들 전반에 걸쳐, 개념들이 시뮬레이션의 정확성과 효율성을 향상시키는 데 어떻게 사용되는지 보여 준다. 〈표 3-1〉에 핵심 요점이 요약되어 있다.

상호작용 이론

심리학의 기본 이론은 행동이 상호작용하는 개인과 환경의 함수라는 것이다(Mischel, 1973; Mischel & Shoda, 1995). 이 원리는 종종 B = f(P × E)로 표현된다. 즉, 개인의 특성과 상황의 특징이 모두 행동에 영향을 미친다. 예를 들어, 수줍은 사람은 대부분의 상황에서 외향적인 사람보다 말을 더 적게 할 것이다. 한편, 대부분의 사람은 공적인 상황보다 친숙한 가족 상황에서 말을 더 자주 할 것이다.

상호작용은 '+'가 아니고 '×'라는 점에 유의하라. 이는 둘을 더하는 것이 아니라 개인과 상황 특성이 상호작용한다는 것을 의미한다. 상호작용은 개인의 두드러진 특성 프로파일이 상황마다 다르다는 것을 의미한다. 예를 들어, 어떤 매우 성실한 사람이 직장에서는 결과 지향적이지만 집에서 집안일을 하는 데는 느긋할 수 있다.

이 이론의 첫 번째 함의는 평가할 역량과 시뮬레이션에서 묘사할 상황 모두가 설계 단계에서 명확하게 설정되어야 한다는 것이다. 개발자는 역량들(또는 상황들)이 서로 유사하면 고유한 정보를 얻을 가능성이 낮다는 점을 명심해야 한다. 이 경우, 예측/선발이 목적인 평가에서 전체 성과 영역을 고려하지 못하거나, 진단/개발이 목적인 평가에서 강점과 개발 요구 프로파일을 생성할 수 없는 오류를 범하게 된다.

두 번째 함의는 채점 및 보고에서 다음 사항을 고려해야 한다는 것이다.

- 각 역량에 대한 전반적인 평가(상황 전반)
- 각 상황에 대한 전반적인 평가(역량 전반)
- 각 역량에 대해, 상황에 따른 개인의 능숙도 패턴(즉, 상황에 따른 개인의 일관성)

역량 분류

시뮬레이션을 통해 지식, 기술, 능력 및 기타 성격 변인과 같은 매우 많은 인간적 특성을 평가할 수 있다. 기존 이론과 연구에 따르면, 이러한 특성들은 처리 가능한 수의 역량으로 군집화할 수 있다. 세 가지 개념적 역량 세트가 경영 및 리더십 평가/개발에 널리 사용된다. 첫 번째로, Arthur, Day, McNelly와 Edens(2003)는 34개의 경험적 평가 센터 연구로부터 168개의 차원을 확인하고 이들 차원을 체계적으로 7개의 차원으로 축소했다. 이 결과가 〈표 3-2〉에 제시되어 있으며, 괄호 안에 일반적으로 사용되는 차원명이 제시되어 있다. 두 번째로 Bartram(2005)은 '주요 8대 역량(The Great Eight)'으로 불리는 여덟 가지 역량이 보편적으로 중요하다는 증거를 제시했다. 이 역량들은 〈표 3-3〉에 나와 있다. 세 번째 모델은 '리더십 잠재력 청사진(Leadership Potential Blueprint)'으로, 많은 조직에서 '리더의 리더'를 평가하고 개발하는 데 사용된다. 이 모델은 세 가지 차원 범주(기초, 성장, 경력 차원;

Church & Silzer, 2014; Silzer & Church, 2009)를 설명한다. 이 모델은 [그림 3-1]에 나와 있다.

이들 프레임워크의 몇 가지 공통 역량과 고유 역량은 조직 시뮬레이션 설계자에게 유용한 기초를 제공한다.

〈표 3-2〉 **일반적으로 평가되는 차원**

차원	정의
조직화 및 계획	개인이 효율적인 과제 완수를 위해 자신의 업무 및 자원을 체계적으로 조정하는 정도, 개인이 미래를 예측하고 준비하는 정도(통제, 위임, 계획 및 조직화)
문제 해결	개인이 정보를 수집하는 정도, 관련 기술 및 전문 정보를 이해하는 정도, 데이터와 정보를 분석하는 정도, 실행 가능한 옵션, 아이디어 및 문제 해결을 생성하는 정도, 행동 방침을 선택하는 정도, 창의적인 문제 해결을 생성하는 정도(분석, 창의성, 결단력, 판단력, 실질적 학습, 관심의 범위, 기술적/전문적 지식)
주도성	개인이 높은 활동 수준을 개시 및 유지하고, 높은 성과 기준을 설정하고, 자신의 업적을 고수하며, 더 높은 직무 수준으로 진출하고자 하는 욕구를 표현하는 정도(경력 야망, 에너지, 주도성, 직무 동기, 인내심, 업무 기준)
의사소통	개인이 구두 및 서면 정보를 전달하고 질문과 도전에 응답하는 정도(구두 의사소통, 구두 발표)
배려/인식	개인의 행동이 타인의 관계와 요구를 고려하는 정도, 조직 내부/외부의 구성 요소에 관련된 결정의 영향과 의미에 대한 인식을 반영하는 정도(조직 외부 인식, 조직 외부 민감성, 조직 인식, 조직 민감성, 안전 요구 인식, 민감성)
타인에 대한 영향력	개인이 원하는 '결과'를 얻기 위해 다른 사람들을 설득하여 무언가를 하게 하거나 관점을 채택하게 하는 정도, 다른 사람들의 의견보다 자신의 신념이 지배적인 영향을 미치는 행동을 취하는 정도(독립성, 정직성, 리더십)
스트레스/불확실성에 대한 내성	개인이 다양한 정도의 압력, 반대, 실망에 직면하는 다양한 상황에서 효과성을 유지하는 정도(적응력, 회복력, 위험 감수, 스트레스 내성)

*각 차원에 대한 일반적인 용어는 각 정의 뒤에 괄호로 제시되어 있다.
출처: Arthur et al. (2003)에서 수정.

〈표 3-3〉 주요 8대 역량

역량 분야명	정의
주도 및 결정	통제권을 잡고 리더십을 행사한다. 행동을 시작하고, 방향을 제시하고, 책임을 진다.
지원 및 협력	타인을 지원하고 사회적 상황에서 존중과 긍정적인 관심을 보인다. 사람을 우선시하고 개인과 팀, 고객, 스태프와 효과적으로 협력한다. 조직의 가치를 충족시키는 명확한 개인적 가치로 일관되게 행동한다.
상호작용 및 소통	효과적으로 소통하고 네트워크를 구축한다. 다른 사람을 성공적으로 설득하고 영향을 미친다. 자신감 있고 편안한 방식으로 다른 사람과 관계를 맺는다.
분석 및 해석	명확한 분석적 사고의 증거를 보인다. 복잡한 문제와 이슈에 대한 해석의 핵심에 접근한다. 자신의 전문 지식을 효과적으로 적용한다. 새로운 테크놀로지를 빠르게 받아들인다. 문자로 효과적으로 소통한다.
창의성 및 개념화	새로운 아이디어와 경험에 대한 개방성이 필요한 상황에서 효과적으로 작업한다. 학습 기회를 찾는다. 혁신과 창의성으로 상황과 문제를 처리한다. 광범위하고 전략적으로 생각한다. 조직 변화를 지원하고 추진한다.
조직화 및 실행	미리 계획하고 체계적이고 조직적인 방식으로 일한다. 지시와 절차를 따른다. 고객 만족에 집중하고 합의된 기준에 따라 양질의 서비스나 제품을 제공한다.
적응 및 대처	변화에 잘 적응하고 대응한다. 부담감을 효과적으로 관리하고 어려움에 잘 대처한다.
적극성과 수행 능력	결과와 개인적 업무 목표 달성에 집중한다. 업무가 결과와 밀접하게 연관되어 있고 개인적 노력의 영향이 분명할 때 가장 효과적이다. 사업, 상거래, 금융에 대한 이해를 보여 준다. 자기 개발과 경력 발전의 기회를 찾는다.

출처: Bartram (2005)에서 수정.

잠재적 리더십 청사진

경력차원	**리더십 역량** • 다른 사람에게 영감을 주는 것 • 팀 개발 • 글로벌 마인드셋	**기능/기술** • 운영 우수성 • 사업 통찰력 • 산업 지식
성장차원	**학습** • 높은 이해력 • 개방성 • 적응력	**동기** • 의욕 • 에너지와 추진력 • 커리어 열망
기초차원	**성격** • 특질 • 선호 • 부적응	**인지능력** • 지능 • 전략적 • 개념적

[그림 3-1] **잠재적 리더십 청사진**

출처: Church & Silzer (2014); Silzer & Church (2009)에서 수정.

설계자는 역량 차원을 새롭게 개발할 필요가 없다. 이러한 역량은 분석 단계에서 직무 관련성에 대한 증거가 나타나고 대상 조직 및 직무의 맥락에 따라 정의되기만 하면 새로운 프로그램에 맞게 채택하여 조정할 수 있다. 앞에서 인용한 역량 차원의 정의는 특정 조직의 용어로 수정·보완할 수 있다. 예를 들어, 리더십은 단순히 '다른 사람에게 영향을 미치는 능력'으로 정의될 수 있지만, 특정 조직에 적합한 리더십 유형과 행동을 기술하는 것이 유용하다.

상황 분류

상황 특성의 수는 개인 특성의 수보다 훨씬 많다. 두 가지 상황 분류법은 시뮬레이션 설계자가 활용할 수 있는 틀을 제공한다. 첫 번째 분류법은 몇 년 전 미국 군대에서 만들어 낸 약어인 VUCA(Stiehm & Townsend, 2002; Whiteman, 1998)로, 다음을 의미한다.

- 변동성(Volatility)
- 불확실성(Uncertainty)
- 복잡성(Complexity)
- 모호성(Ambiguity)

최근에는 이러한 상황적 특성이 글로벌 비즈니스 환경을 설명하는 데 사용되었다(Bennett & Lemoine, 2014). 변동성은 여러 원인으로 인한 빠른 변화를 말한다. 불확실성은 예측 가능성이 낮은 것을 말한다. 복잡성은 혼란을 야기하는 여러 가지 영향력을 말한다. 모호성은 현실에서 원인과 결과에 대한 혼돈을 말한다.

두 번째 분류법은 일상 생활의 상황을 표현하는 유사어를 체계적으로 연구한 결과를 종합하여 상황 특성을 일곱 가지로 분류한 것이다. 이를 CAPTION 모델이라고 한다(Parrigon, Woo, Tay, & Wang, 2016).

- 복잡성(Complexity; 학문적, 기술적, 복잡한)
- 역경(Adversity; 피곤한, 스트레스가 많은, 어려운)
- 긍정적 가치(Positive valence; 특별한, 훌륭한, 즐거운)
- 전형성(Typicality; 규칙적인, 정상적인, 표준적인, 예측 가능한)
- 중요성(Importance; 유용한, 효과적인, 필수적인, 중대한)
- 유머(Humor; 어리석은, 유머러스한, 재미있는, 장난스러운)
- 부정적 가치(Negative valence; 반발적인, 사악한, 잔인한, 비인간적인)

두 모델에서 유사점과 차이점을 볼 수 있다. '복잡성'은 두 모델 모두에 있다. CAPTION의 '전형성'은 VUCA의 '불확실성'과 '모호성' 요소를 결합한 것으로 보인다. VUCA의 '변동성'과 직접 비교할 수 있는 요소가 CAPTION에는 없다. CAPTION의 '복잡성' '역경' '긍정적 가치' '중요성' '유머' '부정적 가치'는 VUCA에서 직접 비교할 수 있는 요소가 없다.

이러한 관점이 시뮬레이션 개발자에게 시사하는 바는, 분석 단계에서 초점 직무와 조직/산업 맥락에서 핵심적인 상황적 특성을 파악하기 위한 노력이 필요하다는 것이다. 기존의 분류법들은 이러한 특성을 찾아내는 데 도움이 될 수 있다. 특성이 파악되면 직무와 가장 관련있는 상황적 특성을 시뮬레이션에 반영할 수 있다. 이러한 요소들은 차원과 관련된 행동의 상황적 단서 역할을 하거나, 상황적 숙련도를 차원적 숙련도와 함께 평가하는 단위로 활용될 수 있다.

충실도의 요소

제1장에서 시뮬레이션은 다른 평가 기법에 비해 실무자나 연구자가 관심 있는 직무나 성과 영역에 비교적 높은 충실도를 가지고 있다고 설명했다. 충실도의 개념은 실제로 매우 복잡하므로 여기서 좀 더 자세히 논의한다. 시뮬레이션에 충실도가 있다고 말하는 것은 시뮬레이션의 여러 요소가 직무의 요소를 모방한다는 것을 의미한다. 이 분야의 이론과 연구(Lievens, DeCorte, & Westerveld, 2015; Thornton & Kedharnath, 2013; Thornton, Rupp, & Hoffman, 2015)는 타당한 시뮬레이션을 성공적으로 구축하기 위해 다음과 같은 충실도 유형을 고려해야 한다고 제안했다.

- 참가자에게 제시된 자극의 충실도: 전달 매체, 문제, 지시를 포함한다. 예를 들어, 참가자는 부하 직원으로부터 정보를 어떻게 얻는가(예: 서면, 구두)?
- 참가자에게 요구되는 응답의 충실도: 참가자가 보여야 하는 행동 및 작성해야 하는 결과물을 포함한다. 예를 들어, 참가자는 결과물을 어떻게 제출하는가(예: 파일 또는 자필)?
- 문제의 실질적 내용 충실도: 예를 들어, 영업 직무 시뮬레이션에는 화난 고객 상대하기, 마케팅 계획 준비하기 등 소매 판매에서 발생하는 일반적인 과제가 포함될 수 있다.
- 상황에서 과제가 제시하는 난이도 수준의 충실도: 예를 들어, 시뮬레이션된 문제의 복잡성이 직장에서 직면한 상황의 복잡성과 일치하는가?
- 산업, 조직 풍토, 지역의 문화를 포함한 조직 및 환경적 맥락의 충실도: 예를 들어, 대상 직무가 보험 산업의 영업 직무인 경우, 시뮬레이션은 보험 영업 또는 유사한 업종의 영업을 묘사할 수 있다.
- 평가되는 구성 개념의 충실도: 예를 들어, 리더십이 필요한 직무의 경우, 시뮬레이션에는 일반적으로 수용되는 리더십 행동 또는 해당 조직 환경에서 주어지는 과제에 적합한 특정 리더십 행동을 요구할 수 있다.

시뮬레이션을 구축할 때 이러한 각 요소를 개별적으로, 그리고 서로 결합하여 고려해야 한다. 어떤 시뮬레이션에서 각 요소는 낮음, 보통 또는 높음의 충실도를 가질 수 있다. 예를 들어, 자극 충실도는 높지만 응답 충실도는 낮을 수 있다. 이러한 구성은 비용 제약으로 인해 자유로운 서면 또는 구두 응답보다 객관식 응답이 요구될 때 적절할 수 있다.

반면에 자극 및 응답 충실도는 높지만, 환경은 대상 직무와 상당히 다른 회사나 산업일 수 있다. 이러한 구성은 후보자들이 대상 직무를 경험한 양이 서로 다를 때 적절할 수 있다.

Fluckinger, Dudley와 Seeds(2014)는 다양한 요소의 충실도 수준을 혼합한 시뮬레이션의 예를 제공한다. 참가자는 고객과 콜센터 담당자 간의 4개 시뮬레이션 통화를 듣고 고객과 통화 대기열에 대한 정보를 모니터링하여 평균 대기 시간과 통화 수가 지정된 임곗값을 초과하는지 확인했다. 참가자는 정보를 업데이트하고, 대기열이 임곗값을 초과하면 버튼을 눌러 통화 대기열을 재설정했다. 시뮬레이션은 통화 내용, 작업 시간, 고객 정보를 입력하고 버튼을 활성화하는 작업에서 실제 직무와 유사한 높은 충실도를 보였다. 반면에 시뮬레이션은 참가자와 고객 간의 대인관계 상호작용이 부족한 점에서 낮은 충실도를 보였다. 실제 언어적 의사소통이나 문제 해결은 이루어지지 않았으며, 이는 직무와 상당히 달랐다. 이 시뮬레이션은 직무 수행 예측에서 개인의 경력과 세 가지 성격 척도 이상의 증분 타당도를 보여 주었다. 이 시뮬레이션의 특징은 시뮬레이션을 '고충실도' 또는 '저충실도'라고 말하는 것이 부정확하며, 어떤 충실도 요소가 높고 낮은지 분석해야 함을 시사한다.

특질 활성화 이론

사회과학자들은 오래전부터 사람의 행동은 개인의 특성(예: 성격과 능력)과 상황의 특성에 의해 '유발'된다는 것을 알고 있었다. Mischel(1973)은 강한 상황과 약한 상황을 구분했다. 강한 상황이란 너무 강력해서 개인의 차이를 억압하는 상황을 말한다. 예를 들어, 대부분의 사람은 다른 때는 아무리 활기차더라도 장례식에서는 조용하고 차분하다. 장례식은 행동에 대한 강력한 사회적 규범을 생성하기 때문에 개인의 행동 차이를 관찰하기 어렵다. 반면, 약한 상황은 행동에 대한 규범적 기대가 거의 없는 상황으로, 성격의 개인 차이를 쉽게 관찰할 수 있다. 예를 들어, 격식 없는 칵테일 파티는 약한 상황으로 간주될 수 있다. 어떤 사람들은 사교적이고, 어떤 사람들은 조용하고 내성적일 것이다. 그러나 일반적으로 상황이 약한 경우에도 행동에 대한 일정한 규범은 존재한다. 예를 들어, 시간을 매우 잘 지키는 사람이라도 칵테일 파티에는 남들처럼 늦을 수 있다. 따라서 상황은 보편적으로 강하거나 약하다기보다는 오히려 개인의 특질이나 차원에 대해 강하거나 약할 수 있다.

이러한 원칙은 시뮬레이션 설계와 직접적인 관련이 있다. 시뮬레이션은 일반적으로 개인이 여러 차원(예: 리더십, 의사소통 기술, 대인관계 민감성)에서 어떻게 다른지 평가하도록 설계된다. 따라서 시뮬레이션의 상황은 개인 차이가 드러날만큼 충분히 약해야 하지만, 성격 특질과 관련된 행동이 유발되지 않을 정도로 너무 약하지 않도록 주의해야 한다.

이 개념과 밀접한 관련이 있는 것은 특질 활성화(Tett & Guterman, 2000)라는 아이디어이다. 특질 활성화 이론에 따르면, "특질의 행동적 표현은 특질과 관련된 상황적 단서에 의한 그 특질의 각성을 필요로 한다"(Tett & Guterman, 2000, p. 398). 다시 말해, 개인이 행동을 통해 특정한 성격 특질을 보여 주려면 상황이 그 특질을 표현할 수 있는 환경이어야 한다. 가령, 조직에서 구두 의사소통을 평가하고자 하는 경우 평가대상자는 시뮬레이션이 어떻게 구성되는지에 따라 이 능력을 더 많게 또는 더 적게 보여 줄 수 있다. 예를 들어, 역할이 지정되지 않은 그룹 토론 시뮬레이션의 경우(제8장에 이 유형의 시뮬레이션에 대한 자세한 내용이 나와 있음), 평가자는 구두 의사소통 기술과 관련된 행동을 관찰할 기회가 있을 수도 있고 없을 수도 있다. 그룹에 매우 공격적이고 수다스러운 참가자가 몇 명 있어서 이들이 대화를 지배하면 조용한 참가자의 의사소통 기술을 관찰할 기회가 거의 없을 수 있다. 이 시뮬레이션은 구두 의사소통을 이끌어 내지 못하고 지배력을 이끌어 낸 것이다. 시뮬레이션을 재설계하여 그룹 구성원들에게 각자 5분짜리 프레젠테이션을 하게 하고, 토론 시작 전에 자신의 입장을 밝히는 것으로 구두 의사소통을 이끌어 낼 수 있다.

따라서 시뮬레이션 개발자는 평가 차원들을 결정하면 이들 차원과 관련된 행동이 유발되도록 시뮬레이션을 신중하게 설계해야 한다. 시뮬레이션은 차원을 유발하기 위한 단서를 제공하도록 구성되어야 한다. 리더십 행동과 관련된 차원을 유발하기 위한 시뮬레이션을 설계하는 방법의 초기 사례는 제2차 세계대전 중 전략 사무국(OSS Assessment Staff, 1948)이 스파이 요원을 평가하기 위해 사용한 건축 시뮬레이션이다([그림 3-2] 참조). 후보자들은 조수 역할을 하는 두 명의 역할연기자인 Kippy와 Buster를 감독하여 기둥과 블록으로 구조물을 짓도록 지시받았다. Kippy는 수동적이고 느렸고, 구체적인 지시 없이는 아무것도 하지 않았다. Buster는 공격적이었고 비실용적인 제안을 내놓았으며 후보자를 비판했다. 이들이 보여 준 행동은 스파이 요원의 자격과 관련된 차원인 리더십, 정서적 안정, 에너지, 주도권과 관련된 행동을 유발하도록 설계된 '단서'이다. 평가자들은 후보자들이 이러한 단서에 어떻게 반응하는지 관찰하도록 훈련을 받았다.

[그림 3-2] OSS 건축 시뮬레이션

출처: The OSS Assessment Staff. (1948).

또 다른 단서는 시뮬레이션에 대한 지시에서 나온다. 그룹 토론 참가자들에게 구두 의사소통 기술이 평가되므로 토론에 적극적으로 참여해야 한다고 말하면 참여할 가능성이 더 높아진다. 연구에 따르면, 평가될 차원에 대한 정보를 더 많이 제공하면 차원 관련 행동의 표현이 증가한다(Kleinmann, Kuptsch, & Koller, 1996). 더욱 중요한 것은, 최근 연구에서 Lievens 등(2006)은 시뮬레이션 참가자에게 단서를 제공하면 시뮬레이션의 타당도가 증가한다는 것을 발견했다.

현실적 정확성 모델

Funder의 현실적 정확성 모델(2012)은 평가자가 참가자의 성격 특질에 대한 정확한 판단을 내리기 위한 4단계를 제시한다.

1. 참가자는 판단되는 특질과 관련된 방식으로 행동해야 한다.
2. 특질과 관련된 행동은 평가자가 관찰 가능해야 한다.
3. 평가자는 특질과 관련된 행동이 무엇인지 알아야 한다.
4. 평가자는 행동을 정확하게 사용하고 해석해야 한다.

이러한 단계는 성과 차원을 평가하기 위한 시뮬레이션을 개발하고 구현하는 과정에 직접 적용된다. 시뮬레이션은 평가되는 차원과 관련된 행동을 유도하도록 설계되어야 한다. 관련 행동을 유도할 수 있는 설계 기능에는 지침, 사례 자료, 역할연기자의 질문, 후속 질문 등이 있다. 시뮬레이션 참가자는 관련 행동을 보일 기회가 있어야 한다. 예를 들어, 그룹 토론 시뮬레이션에서 모든 참가자 각각은 완전하게 참여할 기회가 있어야 한다. 평가 상황은 특정 참가자를 관찰하도록 지정된 평가자가 해당 참가자가 차원 관련 행동을 보이거나 빠뜨리는 것을 관찰할 수 있도록 구성되어야 한다. 시뮬레이션이 진행되는 동안 평가자는 참가자가 무엇을 하고 말하는지 보고 들을 수 있을 만큼 가까이 있어야 한다(오프라인이든 온라인이든). 참가자가 많이 움직이는 복잡한 그룹 시뮬레이션에서는 관찰 기회가 부족해질 수 있다. 평가자는 주목해야 할 차원 관련 행동이 무엇인지 알도록 훈련을 받아야 한다. 평가자 훈련에서 차원에 대한 명확한 정의(차원에 대한 다양한 수준의 능숙도에 대한 상세한 행동 예 포함)를 제공해야 한다. 평가자는 평가대상자의 행동을 관찰한 후, 평가되는 차원에 해당되는 행동의 효과를 평가하는 방법을 알아야 한다. 행동으로 표현된 평가척도와 같은 평가기준 교육 자료가 이와 관련된 지침으로 유용하다.

Funder(2012)에 따르면, 이 과정은 다음과 같은 조건이 충족될 때 정확한 성격 판단으로 이어질 가능성이 높다.

- '좋은 대상'이 있다. 즉, 평가하기 쉬운 사람이 있다. 어떤 사람들은 더 투명하고 일관된 행동을 더 많이 제공한다. 예를 들어, 어떤 사람들은 표현에 더 개방적이다. 시뮬레이션 참가자는 평가되는 차원과 관련된 행동을 보여 주는 데 가능한 한 개방적이고 협조적이어야 한다. 참가자가 소극적이거나 회피적이라면 평가가 정확하지 않을 수 있다.
- '좋은 특질'이 평가되고 있다. 외향성과 친화성과 같은 특성은 기분 변화나 기만성과 같은 특성보다 판단하기 쉽다. 어떤 차원은 다른 차원보다 더 '평가 가능'하다. 예를 들어, 표준적인 시뮬레이션에서 구두 의사소통 및 대인관계 효과성과 같은 차원에 대한 정확한 평가를 얻는 것이 경력 야망 차원보다 훨씬 쉽다.
- '좋은 정보'가 제공된다. 즉, 평가자에게 더 고품질의 정보가 제공될 때 평가 정확도가 더 높아진다. 시뮬레이션은 참가자가 차원과 관련된 여러 행동을 나타내도록 여러 단서를 제공해야 한다. 이는 더 많이 관찰할수록 신뢰도가 향상된다는 심리측정 원리와 관련이 있음을 의미한다.
- '훌륭한 평가자'가 있다. 이는 가능한 한 개방적이고 표현이 풍부해질 수 있도록 편안한 분위기를 조성하는 잘 훈련된 평가자를 말한다. 평가자는 참가자가 편안하고 위협을 느끼지 않도록 훈련되어야 한다. 선발 및 승진을 위한 고부담 평가는 본질적으로 스트레스가 많지만, 진행자와 평가자는 전문적이고 위협적이지 않은 방식으로 행동해야 한다.

Lievens, Schollaert와 Keen(2015)은 Funder의 현실적 정확성 모델이 4단계의 평가 절차를 설명하는 방식을 제안했다. 즉, 평가대상자가 행동을 보인다. 평가자는 행동을 관찰할 수 있어야 한다. 평가자는 행동을 관찰하고 이를 범주(역량)로 분류한다. 평가자는 이렇게 분류된 행동을 바탕으로 역량 능숙도에 대한 성과 평가를 내린다. 이 모델은 행동을 이끌어 내는 시뮬레이션 과정와 행동을 평가하는 평가자의 과정을 구별한다.

현실적 정확성 모델은 조직 시뮬레이션을 사용하여 평가를 개선하는 두 가지 방법을 제안한다. 첫째, 평가 차원과 관련된 행동을 잘 유도하기 위해 참가자와 상호작용하는 역할연기자 등 관련자들은 참가자가 차원 관련 행동을 보여 주도록 유도하는 단서를 제공하도록 훈련받아야 한다. 예를 들어, 역할연기자가 각 후보자에게 답변의 근거를 설명하도록 요청하는 방식으로 시뮬레이션을 설계할 수 있다. 둘째, 행동 평가를 개선하기 위해 평가자는 시뮬레이션에 설계된 행동 단서(예: 역할연기자의 특정 행동)에 대한 훈련을 받아야 한다. 이를 통해 평가자는 평가 차원과 관련된 행동에 주목하게 된다.

게임화

게임화는 참가자의 동기 부여와 참여를 강화하기 위해 비게임 상황에 게임 메커니즘과 역학을 적용하는 것을 말한다. 게임과 게임화의 차이는 게임이 플레이어를 즐겁게 하는 것이 유일한 목적인 반면, 게임화는 다른 목표(예: 심층 평가, 행동변화, 새로운 기술 개발, 혁신 촉진)를 달성하기 위해 비엔터테인먼트 맥락에 적용된다는 것이다. 게임화된 문제 해결이 반드시 게임 세계와 유사하지는 않다. 대신, 실제 세계에서 진행되는 활동 위에 게임 메커니즘을 얹는다. 예를 들어, 가상 조직에서 시뮬레이션이 진행되더라도, 시뮬레이션된 조직은 참가자가 실제 활동을 하는 현실 세계의 조직과 닮아야 한다(Burke, 2014). 이 점은 충실도와 관련된 것이다. 게임화의 원칙은 '환상적인' 환경을 창조하는 데 있는 것이 아니고 시뮬레이션 설계가 평가대상자가 시뮬레이션된(그러나 직무와 관련된) 맥락에 몰입하는 정도를 높일 수 있도록 설계되어야 한다는 것이다.

게임화는 최근에 많은 주목을 받고 있는데(Burke, 2014; Duggan & Shoup, 2013; McGonigal, 2011), 주로 비즈니스와 교육 분야에서 그렇다(Reiners & Wood, 2015). 채용, 선발, 교육, 성과 관리와 같은 HR 업무에도 게임화가 어느 정도 적용된다(Armstrong, Landers, & Collmus, 2016). 게임화의 이점은 참여도 및 집중도 증가, 동기 부여, 행동 변화이다. Burke(2014)는 게임화가 참가자를 거래적 수준이 아닌 정서적 수준에서, 그리고 외재적 동기가 아닌 내재적 동기에 의해 참가하게 만들고, 참가자와 조직 간의 공동 목표 달성을 동기 부여한다고 제안한다.

게임화 요소의 포괄적인 목록은 Bedwell, Pavlas, Heyne, Lazzara와 Salas(2012), Landers, Bauer, Callan과 Armstrong(2015), Reiners와 Wood(2015)에 의해 제공된다. 일반적으로 언급되는 요소는 풍부한 언어, 평가 및 피드백, 갈등/도전, 통제, 가상 환경, 가상 게임 세계, 개인 간 상호작용, 몰입, 규칙/목표 등이다. 게임화 메커니즘에는 포인트 획득 및 축적, 레벨 진급, 보상 배지, 최고 득점자 또는 득점자 순위를 보여 주는 리더보드 등이 있다.

인사 선발의 맥락에서 Geimer와 O'Shea(2014)는 게임의 속성(예: 도전, 피드백), 게임의 메커니즘(예: 포인트, 리더보드), 게임의 역학(예: 경쟁,

보상) 등을 포함하여 검사와 평가에서 게임화의 유용성을 극대화하기 위한 여러 가지 설계 고려 사항을 제시했다. 실험 결과, 칭찬 피드백은 동기 부여, 수행 기회, 집중력을 증가시키고 불안을 줄이는 것으로 나타났다(Geimer, Sanderson, & Popp, 2015). 그리고 게임화된 조건은 신뢰도나 평균 검사 점수에 영향을 미치지 않았다.

여러 면에서 조직 시뮬레이션은 이미 '게임화'되어 있다. 즉, 조직 시뮬레이션은 판타지(가상 상황), 도전, 그리고 어떤 경우에는 자존감이나 사회적 자본과 같은 내재적 보상과 같은 게임화의 일부 요소를 포함한다. 그러나 신체 동작, 즉각적인 피드백, 리더보드 또는 성취 수준과 같은 게임화 요소는 가지고 있지 않다.

게임화 요소는 시뮬레이션 목적에 따라 다양하게 적용할 수 있다. 중요한 평가에 사용되는 시뮬레이션에는 수행에 대해 포인트 형태로 알려 주는 기능을 포함할 수 있다. Attali(2015)에 따르면, 포인트는 응답 속도와 호감도를 높이지만 응답 정확도에는 차이를 야기하지 않는다. 훈련/개발에 사용되는 시뮬레이션에는 참가자가 문제에 대한 여러 문제 해결을 시도하게 하는 것, 여러 지점에서 피드백을 제공하는 것, 실수로부터 배우고 후속 시도에서 더 잘할 수 있는 능력에 초점을 맞추는 것과 같은 요소가 포함될 수 있다.

테크놀로지의 활용은 기술 개발을 촉진하기 위한 게임화에 여러 가지 새로운 가능성을 열어 준다(Wood, Teras, Reiners, & Gregory, 2013). 여기에는 다음이 포함될 수 있다.

- 되감기: 이전 지점으로 돌아가서 다시 시작할 수 있게 해 준다. 이를 통해 참가자는 처음에 실패하더라도 돌아가서 다시 시도할 수 있다는 것을 알고 '안전한' 환경에서 실험할 수 있다.

- 고스트: 사전 녹화된 시도를 환경과 겹쳐 보여 줌으로써 플레이어가 무슨 일이 일어났는지, 무슨 일이 일어나고 있는지 확인할 수 있다. 전문가의 예시도 겹쳐 보여 주어 플레이어가 벤치마킹하고 배울 수 있다.
- 포인트 축적과 반복 플레이: 평가대상자는 최종 목표를 달성하기 위해 여러 번 시도할 수 있다.
- 슬로우 모션: 플레이어는 특정 순간을 자세히 분석할 수 있다.

게임화에 테크놀로지가 반드시 필요하지 않지만, 테크놀로지는 게임화의 많은 요소(예: 즉각적인 피드백)를 적용할 수 있게 해 준다. 게임화 시뮬레이션을 개발하는 전체적인 방법[유용한 참고 문헌으로 Burke(2014)가 있다]은 이 책의 범위를 벗어나므로, 시뮬레이션에 게임화를 포함할 때 다음과 같은 일반 원칙을 제안한다.

- 게임화의 목적을 명확히 하고 상황에 적합한지 확인하라. 즉, 단지 오락을 위해, 그리고 경험에 표면적인 '장식'을 제공하기 위해 게임화를 추구하지 말라. 더 높은 수준의 참여를 통해 무엇을 달성하기를 바라는지 신중하게 생각하고 게임화가 실제로 이 목표를 달성하는 데 도움이 될지 확인하라.
- 비즈니스와 플레이어의 목표에 대해 심층적으로 이해하라. 비즈니스와 플레이어의 목표가 일치할수록 성공한다(예: 후보자의 기술을 평가하고 후보자에게 작업에 대한 현실적인 미리보기를 제공함으로써 조직이 자신에게 적합한지를 판단하여 결정을 내릴 수 있도록 함).
- 목표가 현실적이고 달성 가능하며 성공을 위한 지표를 포함하는지 확인하라.

• 대상 그룹 토론과 관련성이 높은 정서적 경험을 설계하라.

또한 다양한 목적에 따라 게임화의 일부 요소를 활용하는 데는 여러 가지 잠재적인 단점이 있다(Callan, Bauer, & Landers, 2015). 예를 들어, 게임화된 평가는 측정을 오염시킬 수 있다. 게임 요소가 조직의 실제 요소를 모방하지 않으면 평가의 내용 타당도가 위협받을 수 있고, 조직의 특성에 대한 잘못된 기대를 설정하고 직무에 대한 현실적인 이해를 제공하지 못할 수 있으며, 불안을 높이고 집중을 방해할 수 있다(Geimer et al., 2015). 마찬가지로, 게임화된 교육/개발 맥락은 시뮬레이션의 보상에 의존하게 해서 외적 동기를 높이지만 내적 동기를 낮출 수 있고, 결과적으로 잘못된 행동을 강화할 수 있다. 참가자가 의미 있는 성과 대신 게임 메커니즘(예: 포인트, 배지 등)에 초점을 맞추면, 그는 시뮬레이션이 이끌어 내려는 근본적인 행동이 아닌 단순한 보상을 위해 노력하게 될 수 있다.

심리측정 이론

지난 수십 년 동안 심리측정 이론은 검사와 측정의 지침이 되었다(Ghiselli, Campbell, & Zedeck, 1981; Nunnally & Bernstein, 1994). 세 가지 핵심 원칙이 시뮬레이션의 개발과 실시에 관련된다.

표준화는 실시 및 채점의 일관성을 말한다. 측정의 표준화는 모든 참가자에게 동일한 질문과 검사 조건 및 응답 옵션이 제시되어야 한다. 시뮬레이션에서 표준화는 다음의 일관성을 의미한다.

- 지시
- 자료
- 제한 시간
- 진행자, 역할연기자 및 평가자와의 상호작용
- 행동 반응을 관찰, 기록 및 분류하는 방법
- 평가자의 판단 기준

신뢰도는 측정의 일관성과 반복성에 대한 증거이다. 다른 진행자가, 또는 다른 시간에 어떤 역량에 대해 동일한 수준의 숙련도를 가진 개인을 검사하더라도 동일한 결과를 제공하는 경우 신뢰도가 있다고 할 수 있다. 또한 평가자 간 일치도는 동일한 행동을 관찰한 평가자들에게서 동일한 결과가 나온다는 증거이다. 신뢰도는 일반적으로 측정 항목이 많을수록 높아진다. 단순하게 설명하면, 신뢰도는 유사한 문항이 많을수록, 또는 관찰 수가 더 많을수록 증가한다(예: 문항 품질이 비슷하다고 가정할 때, 10개 문항 검사는 일반적으로 1개 또는 2개 문항 검사보다 더 신뢰할 수 있음). 많은 시뮬레이션에서 평가자가 행동에 대한 판단을 내려야 하기 때문에 평가자 간 신뢰도/일치도가 특히 중요하다. 신뢰도/일치도는 여러 명의 잘 훈련된 관찰자와 평가자를 통해 향상될 수 있다.

타당도는 검사/평가 방법이 측정하려는 것을 실제로 측정한다는 증거이다. 이러한 증거는 내용 타당도, 준거 관련 타당도, 구성 타당도 등의 형태로 제공될 수 있다. 각 타당도를 추정하는 방법은 이 장의 범위를 넘어서는 복잡한 과정이다. 간단히 설명하면, 내용 타당도는 검사 문항과 질문의 내용이 관심 영역(일반적으로 직업 또는 조직)의 내용과 직접 관련이 있다는 것을 보여 주는 것이다. 준거 타당도는 평가 점수와 평가 맥락 외부의 준거(일반적으로 직무 수행) 점수 간의 관계를 보여 주는 결과를 제시하는 것이다. 준거 점수를 검사 시점에 수집하면 동시 타당도, 검사 이후에 수집하면 예측 타당도이다. 구성 타당도는 일반적으로 측정 또는 평가에서 나온 점수가 유사한 구성의 다른 검사에서 나온 점수와 관련이 있다는 증거(수렴 타당도), 또는 다른 구성의 검사에서 나온 점수와 관련이 없다는 증거(변별 타당도)를 데이터 형태로 보여 주는 것이다. 타당도 또한 신뢰도와 마찬가지로 중복 측정으로 높아질 수 있다(예: In-Box의 내용이 많을수록 관리자가 직면하는 상황에 대한 더 나은 사례를 제공할 가능성이 높음).

표준화, 신뢰도, 타당도는 서로 관련이 있지만, 그 관계가 항상 일정하지는 않다. 일반적으로 표준화 조건이 신뢰도와 타당도를 강화한다. 예를 들어, 역할연기 시뮬레이션이 끝난 후, 모든 평가자가 모든 후보자에게 표준화된 동일한 질문만 해야 하는 경우 평가에 포함될 수 있는 왜곡이 제거된다. 반면, 각 평가자가 후보자들에게 자유롭게 후속 질문을 할 수 있다면 후보자 각각에 대한 보다 심층적인 이해가 가능하고 이는 평가의 범위를 넓혀 결과적으로 타당도를 높일 수 있다. 이와 유사하게, 평가자 간 일치를 강제하면 후보자의 진정한 능력 전체에 대한 고유한 통찰력이 배제될 수 있다. 오래된 속담이 여기에 적합하다. 코끼리의 코, 어금니, 꼬리, 다리만을 만진 사람들은 코끼리에 대한 서로 다른 정확한 설명을 제공할 것이다. 결국 완벽한 일치는 신뢰도를 높일 수 있지만 타당도 측면에서는 완벽하지 않을 수 있다. 평가자들 간 완벽한 일치를 보인다면 왜 두 명 이상의 평가자가 필요하겠는가?

요약

심리학 이론, 관찰, 판단 및 측정 이론은 시뮬레이션을 구성하고 실시하는 과정에 대한 중요한 통찰력을 제공한다. 〈표 3-1〉은 이러한 이론에서 나온 몇 가지 실용적인 팁을 제공한다. 조직 시뮬레이션 개발자는 이러한 권장 사항을 참조하는 것이 도움될 것이다.

참고문헌

Armstrong, M. B., Landers, R. N., & Collmus, A. B. (2016). Gamifying recruitment, selection, training, and performance management: Game-thinking in human resource management. In D. Davis & H. Gangadharbatla (Eds.), *Handbook of research on trends in gamification* (pp. 140-185). IGI Global.

Arthur, W., Jr., Day, E. A., McNelly, T. L., & Edens, P. S. (2003). A meta-analysis of the criterion-related validity of assessment center dimensions. *Personnel Psychology, 56*, 125-154.

Attali, Y. (2015). Gamification in assessment: Do points affect test performance? *Computers and Education, 83*, 57-63.

Bartram, D. (2005). The great eight competencies: A criterion-centric approach to validation. *Journal of Applied Psychology, 90*, 1185-1203.

Bedwell, W. L., Pavlas, D., Heyne, K., Lazzara, E. H., & Salas, E. (2012). Toward a taxonomy linking game attributes to learning: An empirical study. *Simulation and Gaming: An Interdisciplinary Journal, 43*, 729-760.

Bennett, N., & Lemoine, G. J. (2014). What VUCA really means for you. *Harvard Business Review, 92*(1/2), 27.

Burke, B. (2014). *Gamify: How gamification motivates people to do extraordinary things*. Gartner.

Callan, R. C., Bauer, K. N., & Landers, R. N. (2015). How to avoid the dark side of gamification:Ten business scenarios and their unintended consequences. In T. Reiners & L. C. Wood (Eds.), *Gam fication in education and business* (pp. 553-568). Springer.

Church, A. H., & Silzer, R. (2014). Going behind the corporate curtain with a blueprint for leadership potential: An integrated framework for identifying high-potential talent. *People & Strategy, 36*, 51-58.

Duggan, K., & Shoup, K. (2013). *Gamification for dummies*. Wiley.

Fluckinger, C. D., Dudley, N. M., & Seeds, M. (2014). Incremental validity of interactive multimedia simulations in two organizations. *International Journal of Selection and Assessment, 22*, 108-112.

Funder, D. C. (2012). Accurate personality judgment. *Current Directions in Psychological Science, 21*, 177-182.

Geimer, J. L., & O'Shea, P. G. (2014, May 16). *Design considerations to maximize the utility of gam fication for selection*. Paper presented at the Society for Industrial and Organizational Psychology, Honolulu.

Geimer, J. L., Sanderson, K., & Popp, E. (2015, April 23). *Effects of gamification on test performance and test taker reactions*. Paper presented at the Society for Industrial and Organizational Psychology, Philadelphia.

Ghiselli, E. E., Campbell, J. P., & Zedeck, S. (1981). *Measurement theory for the behavioral sciences*. Freeman.

Kleinmann, M., Kuptsch, C., & Koller, O. (1996). Transparency: A necessary requirement for the construct validity of assessment centers. *Journal of Applied Psychology, 45*, 67-84.

Landers, R. N., Bauer, K. N., Callan, R. C., & Armstrong, M. B. (2015). Psychological theory and the gamification of learning. In T. Reiners & L. C.Wood (Eds.), *Gamification in education and business* (pp. 165-186). Springer.

Lewin, K. (1951). *Field theory in social science*. Harper.

Lievens, E., Chasteen, C. S., Day, E. A., & Christiansen, N. D. (2006). Large-scale investigation of the role of trait activation theory for understanding assessment center convergent and discriminant validity. *Journal of Applied Psychology, 91*, 247-258.

Lievens, E., DeCorte, W., & Westerveld, L. (2015). Understanding the building blocks of selection procedures: Effects of response fidelity on performance and validity. *Journal of Management, 41*, 1604-1627.

Lievens, E., Schollaert, E., & Keen, G. (2015). The interplay of elicitation and evaluation of trait-expressive behavior: Evidence in assessment center exercises. *Journal of Applied Psychology, 100*, 1169-1188.

McGonigal, J. (2011). *Reality is broken: Why games makes us better and how they can the world*. The Pegasus Press.

Mischel, W. (1973). Toward a cognitive social learning reconceptuali-zation of personality. *Psychological Review, 80*, 252-283.

Mischel, W., & Shoda, Y. (1995). A cognitive-affective system theory of personality: Reconsidering situations, dispositions, dynamics, and invariance in personality structure. *Psychological Review, 102*, 246-268.

Nunnally, J. C., & Bernstein, I. H. (1994). *Psychometric theory* (3rd ed.). McGraw-Hill.

Office of Strategic. Services. (1948). *Assessment of men: Selection of personnel for the Office of Strategic Services*. Rinehart.

Parrigon, S., Woo, S. E., Tay, L., & Wang, T. (2016). CAPTION-ing the situation: A lexically-derived taxonomy of psychological situation characteristics. *Journal of Personality and Social Psychology, 112*(4), 642-681. https://doi.org/10.1037/pspp0000093

Reiners, T., & Wood, L. C. (Eds.). (2015). *Gam fication in education and business*. Springer.

Silzer, R., & Church, A. H. (2009). The pearls and perils of identifying potential. *Industrial and Organizational Psychology, 2*, 130-143.

Stiehm, J. H., & Townsend, N. W. (2002). *The U.S. Army War College: Military education in a democracy*. Temple University Press.

Tett, R. P., & Guterman, H. A. (2000). Situation trait relevance, trait expression, and cross-situational consistency: Testing a principle of trait activation. *Journal of Research in Personality, 34*, 397-423.

Thornton, G. C., III, & Kedharnath, U. (2013). Work sample tests. In K. F. Geisinger (Ed.), *APA handbook of testing and assessment in psychology: Vol. 1. Test theory and testing and assessment in industrial and organizational psychology* (pp. 533-550). American Psychological Association.

Thornton, G. C., III, Rupp, D. E., & Hoffman, B. J. (2015). *Assessment center perspectives for talent management strategies* (2nd ed.). Routledge.

Whiteman, W. E. (1998). *Training and educating army officers for the 21st century: Implications for the United States Military Academy*. Defense Technical Information Center.

Wood, L., Teras, H., Reiners, T., & Gregory, S. (2013). The role of gamification and gamebased learning in authentic assessment within virtual environments. *Research and Development in Higher Education: The Place of Learning and Education, 36*, 514-523.

제4장

시뮬레이션 개발 관련 일반 이슈 및 구체적인 팁

이 장에서는 시뮬레이션 개발과 관련된 여러 가지 일반적인 문제와 구체적인 세부 사항을 논한다. 제6~12장에서 다루는 다양한 유형의 시뮬레이션을 개발하는 과정을 시작하기 전에, 개발자는 먼저 다음과 같은 여러 가지 문제를 고려하는 것이 좋다.

- 시뮬레이션에 어떤 충실도 요소를 얼마나 반영할 것인가?
- 시뮬레이션에 어떤 테크놀로지를 얼마나 활용할 것인가?
- 두 가지 이상의 시뮬레이션 유형을 사용하는 경우, 각 시뮬레이션을 서로 구분할 것인가, 아니면 하나의 내러티브로 통합할 것인가?
- 시뮬레이션에서 얼마나 많은 역량을 평가할 것인가?
- 시뮬레이션은 최대 수행을 평가할 것인가, 전형적인 수행을 평가할 것인가? 그리고 이는 평가 역량에 따라 어떻게 다른가?
- 평가 역량과 관련된 행동을 유도하기 위해 지시 및 기타 자료는 얼마나 명확해야 하는가?
- 시뮬레이션 내용에서 왜곡될 위험이 있거나 사용하지 말아야 할 언어는 무엇인가(예: 이름, 관용구, 전문 용어, 약어)?
- 시뮬레이션의 읽기 난이도 수준은 어느 정도여야 하는가?

- 시뮬레이션에서 어떤 조직, 산업, 국가, 노조를 묘사해야 하는가?
- 시뮬레이션을 여러 문화적 배경을 가진 참가자들에게 적용하기 위해 번안이 필요한가?

시뮬레이션 개발자는 이러한 질문에 깔린 이슈를 이해하고, 개발 단계별로 정보를 수집하기 전에 각 질문을 어떻게 처리할 것인가에 대해 결정해야 한다. 개발자는 주제 전문가(SME)와 토의할 때 이러한 문제를 명확하게 염두에 두고 정확하고 완전한 정보를 수집해야 한다. 그렇지 않으면 개발자는 필요한 정보를 수집하기 위해 현장으로 돌아가야 할 수도 있다.

다양한 유형의 충실도 수준

제3장에서는 충실도라는 복잡하고 다면적인 주제를 논의했다. 시뮬레이션의 충실도는 일반적으로 시뮬레이션이 조직에서 실제로 발생하는 일과 얼마나 유사한지를 의미한다. 시뮬레이션의 충실도는 실제 작업 환경과 거의 동일한 것(종종 '작업 샘플'이라고 함)에서 실제 작업과 약간 유사한 것(종종 저충실도 시뮬레이션이라고 함; 제11장 참조)까지 다양하다. 핵심 문제는 '시뮬레이션이 대상 작업과 얼마나 유사해야 하는가?' 하는 것이다. 답은 충실도의 어떤 요소를 고려하는지, 시뮬레이션을 무엇에 사용할지, 참가자가 누구인지에 따라 달라진다.

시뮬레이션이 교육 목적으로 사용되는 경우, 모든 충실도 요소가 높은 것이 적절할 수 있다. 반면, 시뮬레이션이 대상 직무에 대한 정보가 많지 않은 참가자를 대상으로 선발 또는 승진 목적으로 사용되는 경우,

중간 수준의 충실도가 적절할 수 있다. 또한 시뮬레이션이 참가자의 직무, 산업 또는 조직에 대한 지식을 평가하는 경우 높은 수준의 충실도가 필요하지만, 참가자에게 그러한 지식이나 사전 경험이 없을 것으로 예상되는 경우 더 낮은 수준의 충실도가 바람직하다. 제3장에서 언급했듯이, 시뮬레이션은 자극 자료, 요구되는 응답 유형, 문제의 내용, 난이도 및 조직 환경 등 대상 직무의 여러 측면과 다양한 수준의 유사성을 갖도록 구축할 수 있다. 시뮬레이션의 충실도는 각 요소별로 다를 수 있다. 예를 들어, 제시된 문제가 직무에서 실제로 마주치는 과제일 때 문제 충실도는 높을 수 있으나 산업과 관련해서는 충실도가 낮을 수 있다.

시뮬레이션 개발자는 각 평가 상황에 적합한 충실도 수준을 결정해야 한다. 일부 요소에서 높은 충실도는 일부 상황에 적합할 수 있지만 다른 상황에는 적합하지 않을 수 있다. 사실, 일부 요소에서 높은 충실도가 없는 것이 적절할 수 있다. 예를 들어, 새로운 직무에 대한 수행 능력을 개발하기 위해 개인의 장기적 잠재력을 평가하는 경우, 대상 직무와 다른 산업, 조직 또는 환경을 배경으로 시뮬레이션을 개발하는 것이 적절할 수 있다. 대상 직무의 충실도가 높으면, 잠재력이 높지만 대상 직무에 구체적인 경험이 없는 사람에게는 불리할 수 있다. 반면, 시뮬레이션에 묘사된 직무에 최근 경험이 있는 사람은 직무에 대한 지식이 있지만 장기적으로 발전할 잠재력이 없을 수 있다. 따라서 모든 참가자에게 익숙함 측면에서 중립적인 환경의 시뮬레이션을 캐스팅하여 모든 참가자가 시뮬레이션된 직무의 세부 사항과 관련하여 동등한 입장에 서도록 하는 것이 좋다.

테크놀로지 활용

제5장에서 시뮬레이션 구축에 활용할 수 있는 여러 가지 유형의 테크놀로지를 설명한다. 행동 평가 프로그램에 다양한 테크놀로지를 구현하는 데에는 타당한 이유가 있다. 기본적인 수준에서 시뮬레이션은 직무에 사용되는 것과 동일한 테크놀로지 유형과 수준을 갖춰야 한다고 생각할 수 있다. 〈표 4-1〉은 직무에 사용되는 테크놀로지와 시뮬레이션에 사용되는 테크놀로지가 일치하거나 불일치하는 방식을 나타낸다. 셀 1과 2는 직무 테크놀로지와 시뮬레이션 테크놀로지 간의 일치를 보여 준다.

반면, 셀 4는 직무에 사용되는 테크놀로지가 시뮬레이션보다 더 많다. 이러한 불일치는 재정 또는 장비의 제한 때문일 수 있다. 예를 들어, 어떤 중요한 승진 프로그램에서 200명 이상의 지원자를 50명의 평가자가 평가했다. 모든 시뮬레이션은 보안이 보장되는 환경에서 3일 이내에 실행되어야 했다. 일부 직무 수행에 컴퓨터 및 기타 특수 장비가 필요했지만, 시뮬레이션 장소인 호텔 콘퍼런스 센터에서 이러한 기술을 사용하는 것은 불가능했다. 대신 지필 자료가 사용되었다.

셀 3의 경우는 직무 자체가 많은 테크놀로지를 포함하지 않는 반면 시뮬레이션이 테크놀로지를 포함하고 있는데, 이는 비용 대비 효과와 같은 실질적인 이유가 있을 수 있다. 여기서 문제는 테크놀로지 적용이 측정을 왜곡시키는지 여부이다. 즉, 시뮬레이션을 완료하는 데 직무 수행과 관련이 없는 지식이나 기술이 필요한가? 예를 들어, 컴퓨터 사용이 직무 수행에 필수적이 아닌데 참가자에게 컴퓨터를 능숙하게 다루도록 요구하는 경우, 컴퓨터 기술은 없지만 조직에 필요한 다른 모든 역량을 갖춘 참가자에게는 불리할 수 있다.

〈표 4-1〉 **직무 및 시뮬레이션에서의 테크놀로지 일치 또는 불일치**

		직무에서의 테크놀로지 수준	
		낮음	높음
시뮬레이션에서의 테크놀로지 수준	높음	3	1
	낮음	2	4

분리형 시뮬레이션 vs. 통합형 시뮬레이션

분리형 시뮬레이션(separate simulations)은 단독으로 사용하도록 개발된 시뮬레이션이다. 참가자가 과제를 완료하는 데 알아야 할 모든 내용이 해당 시뮬레이션의 자료에 포함된다. 시뮬레이션이 여러 개 있는 경우, 각 시뮬레이션에 대해 별도의 배경 자료가 필요할 수 있다. 이것의 장점은 시뮬레이션을 어떤 순서로든 완료할 수 있다는 것이다. 분리형 시뮬레이션은 모두 동일한 기본 시나리오 또는 시뮬레이션된 조직을 사용할 수 있지만, 한 과제의 정보는 다른 시뮬레이션을 완료하는 데 필요하지 않다.

이와 대조적으로, 통합형 시뮬레이션(integrated simulations)은 공통적인 배경 정보와 상호 연결된 플롯 라인으로 서로 연결된 두 개 이상의 시뮬레이션으로 구성된다. 여기에는 각 과제에 사용될 시뮬레이션된 조직에 대한 자세한 정보 세트가 있을 수 있으며, 시뮬레이션을 연결하여 한 과제 중에 얻은 정보가 후속 시뮬레이션을 완료하는 데 필요할 수 있다. 예를 들어, In-Box 시뮬레이션에는 조직이 직면한 지속적인 문제에 대한 여러 정보가 포함될 수 있으며, 이 문제는 뒤이은 리더 없는 그룹 토론 시뮬레이션에서 논의될 수 있다. 이를 한 단계 더 발전시킨 것이 '하루 일과(Day in the Life)' 시뮬레이션으로, 참가자는 대상 직무를 수행하는 재직자의 하루(또는 압축된 1주 또는 1개월)를 시뮬레이션하도록 설계된 일련의 작업을 완료한다. 예를 들어, 관리자 후보자에게 In-Box를 통해 하루 과제를 시작하게 한 후 하루 종일 전화 통화와 방문객으로 방해를 받게 하는 시뮬레이션이 있을 수 있다. 이 기법은 제12장에서 더 자세히 설명한다.

분리형 또는 통합형 시뮬레이션 중 어떤 것을 사용할지 결정하는 것

〈표 4-2〉 **분리형 시뮬레이션과 통합형 시뮬레이션의 장단점**

	분리형 시뮬레이션	통합형 시뮬레이션
장점	• 시뮬레이션을 서로 독립적으로 개발할 수 있다. • 시뮬레이션을 순서에 관계없이 완료할 수 있다. • 각 시뮬레이션은 행동에 대한 독립적인 측정이다. 평가는 여러 독립적인 관찰을 기반으로 할 때 더 정확하다. • 참가자는 각 시뮬레이션마다 '새롭게 시작'한다. 한 시뮬레이션에서 성과가 좋지 않아도 다른 시뮬레이션에서 불이익이 없다. • 분리된 과제가 포함된 직무를 정확하게 반영할 수 있다.	• 대부분의 직무가 일련의 관련된 과제 및 상호작용으로 구성되어 있다는 점에서 현실을 더 잘 반영한다. 개인은 한 상호작용의 정보를 다른 상호작용에서 사용한다. • 참가자가 시간이 지남에 따라 얻은 정보를 활용하는 능력을 측정할 수 있다. • '안면 타당도'가 높아 참가자의 수용성이 더 높다. • 배경 자료는 한 세트만 필요하다.
단점	• 여러 시뮬레이션이 서로 분리되어 있고 연관성이 없는 것처럼 보인다. • 대상 작업을 정확하게 반영하지 못할 수 있다. • 각 시뮬레이션에 대해 별도의 배경 정보를 개발해야 한다.	• 시뮬레이션을 독립적으로 개발할 수 없다. 원활한 통합을 위해 개발 시간이 더 필요할 수 있다. • 통합형 시뮬레이션은 규정된 순서에 따라 완료해야 하며, 이는 실시 일정을 어렵게 만들 수 있다. • 전체 성과를 측정하려면 참가자가 시뮬레이션을 모두 완료해야 한다.

은 시뮬레이션을 개발하는 데 사용할 수 있는 자원, 평가할 역량, 평가 목적, 대상 직무의 특성, 각 접근 방식의 장단점 등 여러 요인에 따라 달라진다. 〈표 4-2〉에 분리형 시뮬레이션과 통합형 시뮬레이션의 장단점이 간략하게 제시되어 있다.

시뮬레이션의 목적이 단일 요소만을 평가하는 것이라면, 시뮬레이션을 단일 과제(예: 분석 수행 및 결과 작성)만 포함하도록 설계할 수 있다. 이 과제를 구두 발표 또는 그룹 토론 과제와 결합하면 개인의 문제 분석 기술을 평가하기 어려울 수 있다. 이렇게 결합된 시뮬레이션에서의 낮은 성과는 문제 해결 기술뿐 아니라 구두 발표 또는 토론 능력의 부족 때문일 수 있다.

역량의 수

역사적으로 평가자는 시뮬레이션에서 참가자의 행동을 관찰한 후 최대 10~12개의 역량을 평가하도록 요구받았다(Thornton & Byham, 1982). 그러나 연구에 따르면, 평가자는 그렇게 많은 수의 성과 차원을 구분하지 못할 수도 있다(Gaugler & Thornton, 1989). 평가 센터 비판에서는 사회 인지 이론을 적용하여 복잡한 행동을 관찰하는 데 필요한 인지적 요구로 인해 소수 이상의 성과 차원을 의미 있게 구별할 수 없다고 지적했다(Lievens & Klimoski, 2001). 심리측정학적 증거와 이론은 차원의 수가 5~7개 이상이 되면 성과의 분산을 거의 예측하지 못함을 시사한다. 실제로 많은 수의 역량을 포함시키면 개발 및 평가자 교육 과정이 상당히 힘들어진다.

이러한 이론적 고려, 연구 결과 및 현실적 제약의 결과로, 최근에는 시뮬레이션 개발자가 평가자에게 요청하는 평가 역량의 수가 제한되고 있다. 평가 센터 평가의 구성 타당도를 높이는 방법에 대해 Lievens(1998)는 역량의 수를 제한해야 하며, 개념적으로 서로 구별되어야 하며, 구체적이고 직무 관련 방식으로 정의되어야 한다고 결론지었다. 실제로 이로 인해 많은 시뮬레이션에서 3~7개의 차원을 평가하게 되었다(단일 시뮬레이션에서는 3개, 평가 센터 내에서와 같은 여러 시뮬레이션에서는 7개 정도이다).

요약하면, 우리의 조언은 평가자가 요청받는 평가 역량의 수를 시뮬레이션당 3~4개로 제한하라는 것이다. 또한 이들 역량은 개념적으로 서로 구분되어야 한다. 두 역량 간의 개념적 구분에 대한 한 가지 검사는 한 역량에서 높은 점수를 받은 참가자가 두 번째 역량에서 낮은 점수를 받을 수 있는지 묻는 것이다. 예를 들어, 시뮬레이션 연습에서 참가자가 효과적인 언어 의사소통을 보여 주었지만 문제를 효과적으로 해결하지 못했거나 그 반대라면, 언어 의사소통은 문제 해결과 개념적으로 구별되는 것으로 간주될 수 있다. 일부 평가 역량은 어느 정도 자연스럽게 서로 상관관계가 있을 것이다. 그럼에도 불구하고, 검사가 역량을 개념적으로 잘 구별한다면 참가자가 역량별로 독립적인 능숙성을 나타내는지를 평가할 수 있다.

최대 수행 vs. 전형적 수행

최대 수행이란 개인이 수행할 수 있는 수준을 말한다. 예를 들어, 짧은 지필 인지능력검사는 최대 수행 검사로 간주된다. 피검사자가 최선을 다하려고 노력하면, 점수는 그 사람의 능력을 반영한다. 대부분의 개인은 짧은 시간 동안만 최대 수준에서 수행할 수 있다. 전형적 수행이란 한 사람이 일상적으로 보이는 평균적인 수행 수준을 말한다. 일반적인 전형적 수행 검사는 오랜 시간 동안 여러 가지 행동 사례를 관찰하는 것이다. 예를 들어, 감독자의 스태프 성과 평가는 스태프의 행동을 일정 시간 동안 관찰하여 이루어지기 때문에 전형적 행동 검사이다. 시뮬레이션은 최대 수행 또는 전형적 수행을 평가하도록 설계할 수 있다. 어떤 유형의 수행을 평가할 것인지는 평가 목적에 따라 달라진다.

어떤 경우에는 조직이 최대 수행을 평가하는 데 관심이 있을 수 있다. 이는 수행의 일관성보다 가끔씩 뛰어난 산출물이 더 중요한 경우에 유용하다. 예를 들어, 조직이 연구 개발 분야에서 일하는 스태프를 평가하고자 하는 경우, 하나의 좋은 아이디어, 혁신 또는 발명(즉, 최대 성과의 한 사례)이 1년 전체의 산출물(여러 개의 나쁜 또는 실패한 아이디어를 포함할 수 있음)과 관련된 평균 수준의 창의성 또는 혁신보다 더 큰 가치가 있을 수 있다. 반면에 개인이 매일매일 일관되게 일해야 하는 직무의 경우(예: 외과 의사), 최대 수행보다는 일반적인 수행을 평가하는 데 관심이 있을 것이다.

단일 시뮬레이션은 일반적으로 전형적 수행보다는 최대 수행을 평가한다. 이는 개인이 매일 할 수 있는 일이 아니라 단시간에 할 수 있는 일을 평가한다. 그러나 ① 여러 시뮬레이션을 사용하여 시간 경과에 따른 여러 가지 행동을 관찰하는 경우, ② 긴 시뮬레이션을 사용하여 시간 경과에 따라 어떻게 수행하는지 평가하는 경우, ③ 지침이 개방형이어서 평가대상자가 시뮬레이션에 얼마나 많은 노력을 기울일지 선택할 수 있는 경우에는 시뮬레이션이 전형적인 수행을 평가할 수 있다.

최대 수행 대 전형적 수행과 밀접하게 관련된 개념은 능력 또는 동기 평가이다. 개인의 능력은 일반적으로 그 개인의 최대 수행 수준, 즉 그 사람이 할 수 있는 일을 결정한다. 반면, 개인의 동기는 그 개인의 전형적 수행 수준, 즉 그 사람이 매일 하는 일에 큰 영향을 미친다. 능력을 평가하기 위해서 시뮬레이션에는 기대되는 것에 대한 매우 구체적인 지침이 포함되어야 한다. 예를 들어, In-Basket 과제에서 참가자는 특정 메모에 응답하라는 지시를 받을 수 있다. 모든 사람이 메모에 응답해야 하기 때문에 응답의 질은 응답 의지나 동기보다는 응답 능력과 더 관련이 있다. 동기를 평가하기 위해 시뮬레이션은 참가자가 할 수 있는 일에 대한 선택권을 제공해야 한다. 예를 들어, 참가자에게 특정 메모를 처리하는 방법에 대한 구체적인 지침이 제공되지 않을 수 있다. 참가자는 메모에 직접 응답하거나, 응답을 위임하거나, 무시할 수 있다. 응답 방법의 선택은 참가자의 동기를 나타낸다.

단어 선택: 적절한 언어

부적절한 언어는 문화적 또는 인구통계적으로 편향된 정보를 제공하거나, 평가나 직무 수행에 불필요한데도 전문적인 용어나 약어를 사용하여 대상자가 이를 이해하는 데 선행 지식이 필요하게 만드는 경우, 또는 너무 격식적이거나 비격식적이거나 지나치게 단순하거나 복잡하여 대상 청중에게 적합하지 않은 경우에 해당한다.

인구학적 편향에는 성별, 인종 및 민족적 정체성, 성적 지향, 연령에 대한 표현이 포함된다. 모호한 사람을 언급할 때는 성별 중립을 위해 '그 또는 그녀' 또는 복수형을 사용하는 것이 좋다(예: '모든 스태프는 일을 시작하기 전에 손을 씻어야 한다.'). 많은 저자가 단수 대명사(예: '스태프는 손을 씻어야 한다.') 대신 '그들' 또는 '그들의'를 사용하기로 했지만,

이는 문법적으로 올바르지 않다. 『미국 심리학회 출판 매뉴얼』(APA, 2015)에는 집단에 불쾌감을 주지 않는 언어에 대한 몇 가지 훌륭한 제안이 있다.

시뮬레이션을 개발하거나 이전 시뮬레이션을 수정할 때 과거에는 수용 가능한 것들이 현재에는 불쾌하다고 여겨지는 부분이 있는 것을 보면, 수용 가능한 규범은 앞으로도 계속 진화할 것임을 알 수 있다. 조직은 시뮬레이션 자료가 (시간이 지남에 따라) 명백하든 미묘하든 불쾌한 언어가 없도록 주의해야 할 의무가 있다. 성차별 · 인종차별 · 외국인 혐오적 또는 정체성에 대한 무감각한 의견이나 유머, 비판적 발언, 욕설, 심지어 미묘한 풍자조차도 부적절하며 시뮬레이션의 질을 떨어뜨린다. 〈글상자 4-1〉은 의도치 않은 성적 편견에 대해 경고한다.

글상자 4-1 시뮬레이션이 실패하는 이유: 근거 없는 성 편향

한 시뮬레이션이 성적으로 편향되었다는 주장이 제기되었는데 그 이유는 일부 '문제 스태프'를 늦게 출근하고 과도한 휴식을 취하는 여성들로 묘사했기 때문이었다. 다른 '문제 스태프'들이 남성이었고 이들도 작업 관련 나쁜 습관이 있는 것으로 묘사되었음에도 불구하고, 이 시뮬레이션은 광범위하게 비판받았다.

부적절한 언어를 걸러 내는 가장 좋은 방법은 시뮬레이션 개발과 관련이 없는 사람에게 시뮬레이션 자료를 모두 읽게 하는 것이다. 개발자는 개발 완료 과정에 가까울수록 미묘한 문제를 놓칠 수 있다. 이상적으로는 이 외부 검토자는 개발자와 다른 성별, 인종, 민족적 배경을 가진 사람이어야 한다. 조직 외부에서 시뮬레이션을 개발한 경우, 내부에서 언어가 전반적인 조직 문화와 동기화되어 있는지 검토해야 한다.

조직 또는 산업별 전문 용어 사용은 피해야 한다. 전문 용어를 사용하면 조직 또는 산업에 익숙한 참가자에게 유리하고, 전문 용어에 익숙하지 않지만 평가하는 역량에 우수한 지원자가 시뮬레이션에서 좋은 성과를 거두지 못할 수 있다. 산업 또는 조직별 용어를 사용해야 하는 경우 배경 자료에 나열하고 정의해야 한다.

시뮬레이션 자료는 보편적으로 수용되지 않거나 대상자에게 적합하지 않은 약어가 있는지 검토해야 한다. 예를 들어, 대부분의 장기 미국 거주자는 IRS가 국세청(Internal Revenue Service)을 의미한다는 것을 알고 있을 것이다. 그러나 그러한 약어를 사용하는 것은 미국에 장기간 거주하지 않은 사람들에게 불공정할 수 있다. 반면, 특정 분야에 있는 모든 개인이 알아야 할 약어도 있을 수 있다. 이러한 약어는 일부 시뮬레이션 맥락에서 적절하게 사용될 수 있다.

시뮬레이션에서의 캐릭터 이름

시뮬레이션에서 '역할연기자' 캐릭터를 개발할 때 다양성과 중립성을 포함하는 것도 중요하다. 성별 중립적인 이름은 남성이나 여성 모두가 역할연기자가 될 수 있다는 장점이 있으며, 시뮬레이션이 부정적인 고정관념을 강화하지 않는 데 도움이 된다. 시뮬레이션에 언급된 모든 캐릭터에 대해 남성과 여성 이름을 혼용하고 다양한 민족적 전통을 반영하는 이름을 혼용하면 시뮬레이션된 조직과 대상 조직 모두에서 근로자들의 다양성을 반영할 수 있다. 그러나 개발자는 여성이나 소수 민족과 연관된 이름을 그들 집단에 대한 부정적인 고정관념을 반영하는 특성에 지정하는 실수를 저지르지 않도록 시뮬레이션 내러티브 내에서 캐릭터를 신중하게 분배해야 한다.

전반적인 독해력 수준

MS-Word와 같은 많은 워드 프로세싱 프로그램에서 제공하는 도구를 사용하면 자료의 독해 수준을 쉽게 확인할 수 있다. 독해 용이성의 한 가지 지표는 Flesch Reading Ease Score이다. 이 점수는 0~100이며 숫자가 낮을수록 난이도가 더 높다. 다른 독해력 측정에는 Flesch-Kincaid 등급 수준이 있다. 시뮬레이션의 독해 수준은 업무 자료에 필요한 독해 수준과 일치해야 한다. 13학년 이상의 독해 수준은 많은 조직 환경에서 너무 어려우므로(Harvey, 1997), 일부 직무에는 더 낮은 수준이 적합할 수 있다.

환경에 대한 고려

모든 참가자가 공감할 수 있는 산업, 조직 및 환경을 선택하는 것이 좋다. 예를 들어, 대학 경영학 전공자의 교육 및 개발을 위한 시뮬레이션 환경으로 스키 매장과 호텔을 사용했다. 이러한 산업 환경은 모든 참가자에게 친숙했으며 일부는 일해 본 적도 있었다. 그러나 시나리오가 충분히 일반적이어서 이러한 산업에서 업무 경험이 있는 참가자가 특별한 이익을 얻지는 못했다. 환경은 일반적으로 중립적이어야 하며 특정 산업이나 조직에 익숙한 참가자에게 특별한 이점을 제공하지 않아야 한다. 매우 특수한 문화가 있는 환경(예: 군 비행단)은 시뮬레이션이 해당 환경에서 교육 또는 개발에 사용되지 않는 한 피해야 한다. 또한 원하는 충실도의 정도를 고려하는 것이 좋다. 환경이 실제 조직과 유사할수록 충실도는 더 커지지만, 이는 평가 목적에 따라 바람직할 수도 있고 바람직하지 않을 수도 있다.

마지막으로, 노조 활동과 관련된 사건을 사용할지 여부를 고려하는 것이 좋다. 이는 일부 조직에는 적합하지만 노조가 없는 조직에서는 허용되지 않을 수 있다. 노조와 관련된 시나리오는 인사 담당자와 관리자가 노동 문제를 처리하는 방식을 평가하는 훌륭한 방법이 될 수 있다. 그러나 이러한 시나리오를 작성하기 전에 조직 문화와 노조에 대한 경영진의 태도를 더 잘 이해하는 것이 현명하다. 이러한 경우, 시뮬레이션 자료를 개발하고 검증할 때 노조 지도자를 SME로 사용하는 것도 적절할 수 있다.

문화적 고려

시뮬레이션이 여러 국가에서 사용될 경우, 설계 및 구현 시 다양한 문화 간 문제를 고려해야 한다(International Taskforce on Assessment Center Guidelines, 2015). 다국적자에게 시뮬레이션을 적용할 경우, 시뮬레이션을 지역 문화에 맞게 조정해야 할 수도 있고 그렇지 않을 수도 있다. 많은 국가에서 동일한 유형의 시뮬레이션을 사용한다(예: 분석, 역할연기, 프레젠테이션). 반면, 시뮬레이션의 다른 측면을 조정해야 할 수도 있다. 여기에는 공통 차원의 정의, 평가척도에 포함된 행동 사례, 과제의 내용, 수용 가능하고 신뢰할 수 있는 평가자, 피드백을 제공하는 사람 등이 포함될 수 있다.

결론

시뮬레이션을 준비하기 전에 개발자는 이 장의 앞 부분에 제기된 세부적 질문, 즉 평가할 역량, 자극 자료의 특징, 제공해야 할 지침, 캐릭터의 이름 및 시뮬레이션 환경 등을 확인해야 한다. 이 장에서 이러한 질문에 답하고, 잘못된 단어 선택과 편향된 프레젠테이션을 피하는 데 도움이 되는 몇 가지 구체적인 팁을 제시하였다.

참고문헌

American Psychological Association. (2015). *Publication manual* (7th ed.).

Gaugler, B. B., & Thornton, G. C., III (1989). Number of assessment center dimension as a determinant of assessor accuracy. *Journal of Applied Psychology, 74*, 611-618.

Harvey, V. S. (1997). Improving readability of psychological reports. *Professional Psychology: Research and Practice, 28*, 271-274.

International Taskforce on Assessment Center Guidelines. (2015). Guidelines and ethical considerations for assessment center operations. *Journal of Management, 41*, 1244-1273.

Lievens, F. (1998). Factors which improve the construct validity of assessment centers: A review. *International Journal of Selection and Assessment, 6*, 141-152.

Lievens, F., & Klimoski, R. J. (2001). Understanding the assessment center process: Where are we now? In C. L. Cooper & I. T. Robertson (Eds.), *International review of industrial and organizational psychology* (Vol.

16, pp. 245-286). Wiley.

Thornton, G. C., III, & Byham, W. C. (1982). *Assessment centers and managerial performance*. Academic Press.

제5장

테크놀로지와 시뮬레이션

이 장에서는 시뮬레이션의 설계, 채점, 실시 및 평가에 테크놀로지를 활용할 수 있는 여러 가지 방법을 검토한다. 특히 다음에 중점을 둔다.

- 시뮬레이션 개발자에게 유용한 테크놀로지 정교함의 범위
- 통합할 테크놀로지의 형태와 수준에 대한 결정
- 보다 정교한 형태의 테크놀로지 사용에 대한 주의 사항
- 과정의 모든 단계에서 보다 진보된 테크놀로지가 사용되는 방법의 예
- 행동 평가/시뮬레이션에서 테크놀로지 사용과 관련된 전문적 지침 및 표준

테크놀로지의 유형

우리는 테크놀로지가 급속도로 발전하는 시대에 살고 있다. 소셜 미디어와 애플리케이션(일명 '앱')이 일반화되었으며, 비디오 기반 의사소통이 개별 소비자에게 접근한다. 이러한 지속적인 테크놀로지 발전은

확실히 시뮬레이션의 개발, 제공 및 검증에 영향을 미쳤다. 일부 독자는 모든 시뮬레이션이 지필 형식으로 제공되던 시대를 상상하기 어려울 수 있다. 이 시대에는 사용된 '테크놀로지'가 종이, 펜, 사람에 불과했다! 시뮬레이션 진행자/스태프, 참가자 및 평가자는 지정된 장소에 도착하고, 참가자는 인쇄된 지침과 자극 자료를 받아 서면(예: In-Box) 또는 상호작용형(예: 역할연기) 과제를 수행하고, 평가자는 행동을 관찰하고 관찰 노트를 손으로 써서 작성한 후 행동 체크리스트 또는 평가 양식을 작성한다. 참가자가 여러 시뮬레이션에 참여하는 평가 센터에서 평가자는 시뮬레이션이 끝난 후 모여서 개별적으로 관찰한 결과와 평가 결과를 논의하고 평가 차원에 대한 각 후보자의 전체 점수에 대한 합의를 도출한다. [그림 5-1]과 [그림 5-2]는 미국의 전략사무국[OSS: 현재의 미국 중앙정보부(CIA)]가 수행한 최초의 평가 센터 중 한 장면으로, 평가자들은 다양한 시뮬레이션에서의 평가자의 점수를 기록한 페그보드 주위에 모여 있다.

오늘날의 기준으로 보면 이러한 기법은 매우 '수준 낮은 기법'으로 간주될지도 모른다. 그러나 이러한 기법은 여전히 존재한다. 많은 지역에서 평가 센터가 40년 전과 매우 유사한 방식으로 효과적으로 운영되고 있다는 점에서 이러한 기법을 폄하해서는 안된다. 상황에 따라 조직은 앞에서 설명한 입증된 절차를 사용하도록 제약을 받을 수 있다[예: 조직 규모, 평가할 후보자 수, 제한된 예산, 높아진 보안 우려, '고감도(high-touch)' 프로그램에 대한 요구, 조직 맞춤형 자료 요구]. 사실, 이러한 시뮬레이션에 기반한 광범위한 타당도 증거에 비해 '하이테크' 응용 프로그램에 대한 연구는 적다.

[그림 5-1] OSS 스태프 회의

출처: The OSS Assessment Staff. (1948).

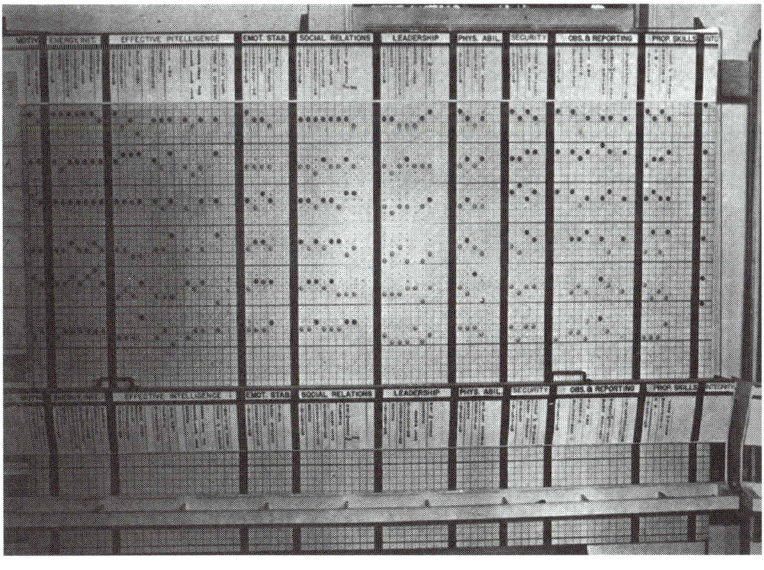

[그림 5-2] OSS 평가 보드

출처: The OSS Assessment Staff. (1948).

독자들은 이미 시뮬레이션을 보다 효율적으로 구현하는 데 컴퓨터 테크놀로지를 적용하는 방법을 알고 있을 것이다. 예를 들면 다음과 같다.

- 일정 관리 애플리케이션은 평가대상자, 평가자, 역할연기자 및 기타 스태프에게 시뮬레이션 일정을 알리고 상기시키는 데 사용될 수 있다.
- 평가자는 노트북이나 태블릿을 사용하여 행동 관찰 노트를 작성하고 행동 체크리스트나 평가 양식을 전자적으로 작성한다. 이 기기들을 사용하면 기록 보관이 용이하고 평가자들 간 평가 및 시뮬레이션 간 평가를 보다 효율적으로 집계할 수 있다.
- 스프레드시트는 후보자에 대한 평가 점수 범위를 도표로 나타내어 효율적인 논의 · 집계 · 통합에 유용하다.
- 비디오 기반 의사소통(예: 화상 회의)으로 평가자와 평가대상자 모두가 같은 장소에 있지 않고도 원격으로 모일 수 있다.
- 평가대상자의 시뮬레이션 작업 과정을 오디오/비디오로 녹화하여 평가자에게 제공하면 평가자가 시뮬레이션에 실시간으로 참석할 필요성을 줄일 수 있다.
- 평가대상자의 시뮬레이션 수행을 녹화하여 평가자 교육에 사용할 수 있다[준거 틀 훈련(frame-of-reference training)을 통해 평가자 간 신뢰도/일치도 향상].
- 평가대상자의 시뮬레이션 수행을 녹화하여 피드백/코칭 세션에서 평가대상자의 강점과 개발 필요 영역을 설명하는 데 사용할 수 있다.

[그림 5-3]은 평가자가 관찰과 평가를 기록할 수 있는 컴퓨터 네트워크 플랫폼의 예이다.

이런 종류의 테크놀로지 응용 프로그램은 행정적 측면의 지원이다. 즉, 조직이 시뮬레이션 등의 프로그램을 촉진하고 관리하는 데 도움이 된다. 그러나 행동 평가의 맥락에서 테크놀로지를 사용할 수 있는 다른 방법도 있다. 첫째, 테크놀로지를 시뮬레이션 자체에 통합할 수 있다. 즉, 평가대상자는 시뮬레이션 과제를 수행할 때 다양한 종류의 테크놀로지와 상호작용할 수 있다. 시뮬레이션을 수행하기 위해서 평가대상자는 이메일을 통해 작업하고, 소셜 미디어 애플리케이션을 사용하고, 화상 회의에 참여해야 할 수 있다. 둘째, 테크놀로지는 평가자 평가 및 보고서를 저장하고 전송할 때(때로는 국경을 넘나들며) 활용할 수 있다. 셋째, 테크놀로지는 평가자가 직접 관찰하기 어려운 행동을 포착하고

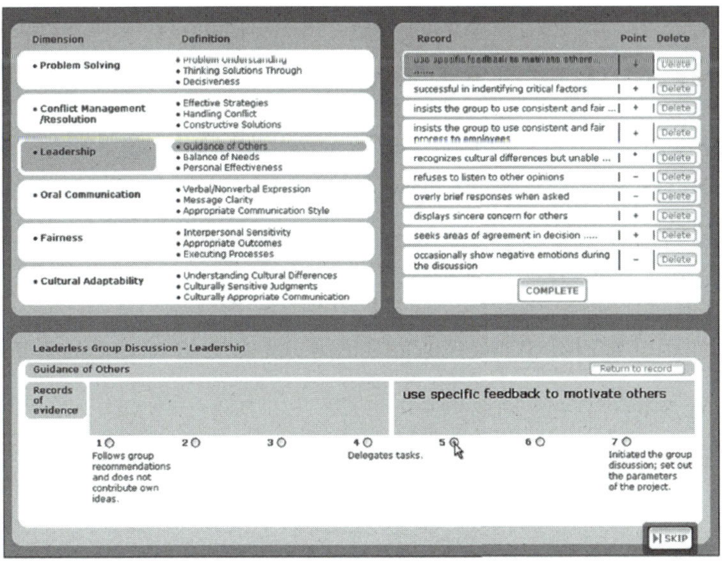

[그림 5-3] 컴퓨터화된 평가자 네트워크 플랫폼의 예

출처: Rupp (2008); Rupp, Kim & Gibbons (2006); Assessta 제공.

추적하기 위해 '배경'에서 사용되어 추가 정보를 제공하고 평가를 심리측정학적으로 향상시킬 수 있다(예: Guidry, Rupp, & Lanik, 2013).

테크놀로지 도입 시 중요한 고려 사항

테크놀로지 도입이 행정적이든, 시뮬레이션 맥락의 실질적인 측면이든, 또는 본질적으로 심리측정적이든, 초기에 여러 가지를 고려하는 것이 중요하다(예: 설계 단계 중, [그림 2-1] 참조). 이러한 고려 사항은 다음과 같은 여러 전문적 · 법적 표준, 지침 및 규정에서 비롯된다(Reynolds & Rupp, 2010; Thornton, Rupp, & Hoffman, 2015).

- 국제 검사 위원회(The International Test Commission, 2006)의 시험, 검사 및 기타 평가의 보안에 대한 지침(Guidlines on the Security of Tests Examinations and Other Assessments)
- 컴퓨터 기반 및 인터넷 제공 검사에 대한 국제 검사 위원회 지침
- 인터넷 심리검사에 대한 미국 심리학회 보고서(Naglieri et al., 2004)
- 평가 센터 지침에 대한 국제 태스크포스[The International Taskforce on Assessment Center Guidelines(2015)]의 평가 센터 운영에 대한 지침 및 윤리적 고려 사항(Guidelines and Ethical Considerations for Assessment Center Operations)
- 유럽 연합의 데이터 보호 지침(EU Directive 95/46/EC), 새로운 일반 데이터 보호 규정(EU 2016/679) 및 미국/유럽 연합 개인정보 보호[무효화된 Safe Harbor framework(U.S.−E.U. Safe Harbor, 2000)를 대체]
- World Wide Web Consortium의 Web Accessibility Initiative

- 장애인의 테크놀로지 이용을 촉진하는 미국「1973년 재활법(The Rehabilitation Act of 1973」)의 section 508(종종 '508 compliance'라고 함.)

이들을 종합하면 전달 방법, 데이터 저장 및 전송, 공정성 측면에서의 문제를 지적하는데, 이러한 모든 문제는 모든 시뮬레이션 구축 과정의 설계 단계에서 검토되어야 한다.

평가 목적과 관련된 전달 방법

시뮬레이션 설계자는 시뮬레이션의 목적과 함께 가능한 모든 전달 방법을 고려해야 한다. 전달 방법이란 평가대상자에게 지시와 자극 자료를 전달하는 매체, 평가대상자가 시뮬레이션된 작업 요구 사항이나 역할연기자에 '반응'하는 매체, 시뮬레이션 콘텐츠, 반응 및 평가 등급을 전송하고 저장하는 방법을 의미한다. 목적이란 시뮬레이션이 선발/승진의 맥락인지, 교육/개발 프로그램의 맥락(또는 승계 관리와 같은 그 중간 단계)에서 실시되는지를 의미한다. 평가 맥락의 '이해관계'가 높을수록 테크놀로지 표준은 더 엄격해야 한다. 즉, 평가 프로그램의 결과가 인사 결정(예: 선발 그리고/또는 승진)과 어떤 식으로든 연결되어 있는 경우, 공정성과 법적 적절성을 보장하기 위해 여러 가지 보호 장치가 있어야 한다. 또한 클라이언트 조직으로부터 시뮬레이션을 인가받은 모든 컨설팅 회사는 이러한 보호 장치를 상세히 설명하는 정보 보안 정책을 갖추어야 한다.

평가대상자 신원 확인

첫 번째 고려 사항은 평가대상자의 신원 확인이다. 시뮬레이션에서 평가대상자가 조직이나 외부 검사 시설에 직접 보고해야 하는 경우, 하나 이상의 공식 신분증을 제시하도록 하여 신원을 확인하는 기존 방식을 사용할 수 있다. 그러나 평가대상자가 선택한 장소에서 온라인 시뮬레이션을 완료하도록 허용하는 경우, 이는 불가능하다. 일회용 사용자 ID나 비밀번호를 제공하거나, 공식 스태프 자격 인증을 거쳐 로그인하도록 하더라도 이 정보를 다른 사람과 공유할 수 있으므로 후보자의 신원을 완전히 검증하지 못할 수 있다. 이것이 승진과 같은 이해관계가 민감한 평가의 경우에 공식화된 평가대상자 검증 프로토콜이 없는 온라인 평가를 권장하지 않는 이유이다. 시뮬레이션이 전문성 개발만을 목적으로 하는 경우에는 좀 더 느슨한 평가대상자 검증 정책이 허용될 수 있다. 시뮬레이션의 목적과 관계없이 평가대상자가 원격으로 시뮬레이션에 로그인하도록 허용하는 경우, 평가대상자의 신원을 검증하는 일부 과정(엄격하든 느슨하든)을 설계 단계에서 명확하게 정의하고 문서화해야 한다.

검사 내용 보안

평가대상자가 로그인하여 어디에서나 평가를 받을 수 있는 인터넷 시뮬레이션의 두 번째 위험은 시뮬레이션 콘텐츠가 공개적으로 유출될 위험이 있다는 것이다. 시뮬레이션이 자기 개발만을 위한 것이라면 큰 문제가 되지 않을 수 있지만, 이 경우에도 개발자는 저작권 및 기타 콘텐츠 보호 조치를 통해 지적 재산을 보호할 계획을 세워야 한다. 그러나 시뮬레이션의 목적이 개인에 대한 인사 결정을 내리고 미래 성과를 예측하는 것이라면, 시뮬레이션 콘텐츠의 '유출' 정보(예: 시뮬레이션에 내재된 구체적인 수행 과제)는 그러한 정보를 가진 사람에게 불공정한 이점을 제공할 뿐만 아니라 시뮬레이션 자체의 타당도와 수용성을 위협할 수 있다. 이 모든 것은 인사 결정을 위해 시뮬레이션 평가를 사용하는 이점을 감소시킬 것이다.

콘텐츠 보안 위반의 형태는 평가대상자가 기억한 것을 유출하거나, 시뮬레이션의 지침과 자료를 복사하는 것에서부터 시뮬레이션 콘텐츠, 평가 및 기타 데이터가 저장된 서버를 '해킹'하는 것까지 다양하다. 유출된 콘텐츠의 배포는 동료 간의 비공식적인 의사소통에서부터 집단적 · 협력적인 정보 수집, 공식 인터넷 게시판 그리고 검사 코칭(수익 사업) 목적으로 사용되는 검색 가능한 데이터베이스까지 다양할 수 있다.

따라서 시뮬레이션 개발자는 콘텐츠와 데이터를 보호하기 위한 보호 장치를 마련할 계획을 세워야 한다. 시뮬레이션을 제시하는 소프트웨어 내에서 복사/붙여넣기 또는 인쇄 기능을 비활성화하는 방법(이러한 제한을 해결하는 방법도 여러 가지가 있지만), 시뮬레이션 콘텐츠, 평가자 평가/보고서, 평가대상자 정보 및 데이터 백업을 별도의 서버에 저장하는 다중 서버 구성 방법 등이 있다. 클라우드 저장소를 사용하는 경우(현장 하드웨어 대신에), 여기에는 이러한 다양한 구성 요소를 공개 및 비공개 클라우드 환경(각각 다른 수준의 데이터 보안 적용)에 저장하는 것이 포함된다. 또한 조직은 시뮬레이션에 접근을 차단하는 방화벽을 설치해야 하며, 추가로 평가대상자와 저장된 자료를 차단하는 방화벽을 설치해야 한다. 시뮬레이션을 제공하는 소프트웨어도 정기적으로 유지 · 보수하고 업데이트하여 버그 및 보안 취약점(예: 백도어)을 확인하고 수정 · 제거하여 평가 프로그램의 보안을 강화해야 한다.

표준화

셋째, 시뮬레이션 설계자는 원격 평가가 평가 수행의 표준화를 (아이러니하게도) 어렵게 한다는 점을 알아야 한다. 예를 들어, 시뮬레이션을 온라인으로 제공하면 평가대상자는 데스크톱 컴퓨터, 랩톱 컴퓨터, 태블릿, 스마트폰 등을 통해 로그인할 수 있다. 이러한 경우 평가대상자마다 사용 시스템의 여러 기능이 크게 다를 수 있다(Hawkes, 2013). 여기에는 평가대상자의 화면 크기, 해상도, 마우스, 트랙패드 또는 키보드, 운영 체제, 인터넷 속도, 음질, 인터넷 브라우저 등이 있다. 또한 일반적인 작업 조건과 작업 중 타인의 존재가 참가자마다 다를 수 있다. 다시 말하지만, 자기 개발 맥락에서와 같이 평가대상자가 서로 비교되지 않는 경우 관련성이 적을 수 있다. 그러나 시뮬레이션이 인사 결정을 위한 것이라면 이러한 표준화의 결여는 잠재적으로 평가의 공정성과 타당도에 영향을 미칠 수 있다. 목적과 테크놀로지의 정교함의 수준에 관계없이 시뮬레이션 설계자는 시뮬레이션 제공 방식을 어떻게 표준화할 것인지 지정해야 한다. 여기에는 사용해야 하는 브라우저, 최소 화면 해상도, 오디오 요구 사항(예: 스피커, 헤드폰), 모바일 기기에서 로그인이 허용되는지 여부, 마우스와 키보드가 필요한지 여부에 대한 자세한 지침을 제공하는 것이 포함될 수 있다. 관련이 있는 경우, 참가자가 시뮬레이션을 진행하는 동안 혼자 있어야 하는지, 시뮬레이션을 일시 중지할 수 있는지 아니면 한 번에 완료해야 하는지와 같은 최소 환경 기준도 설명해야 한다.

국제 데이터 법률과 규정

테크놀로지를 사용하면 시뮬레이션을 원격으로 제공할 수 있으므로 평가대상자, 평가자, 역할연기자 및 기타 스태프가 모두 같은 시간에 같은 장소에 있을 필요가 없다. 이를 통해 '글로벌' 평가가 가능하므로 한 국가에서 운영되는 조직이 다른 국가의 후보자를 평가할 수 있는 역량을 가질 수 있다. 원격 평가는 평가대상자가 평가를 받기 위해 국경을 넘을 필요가 없지만, 이들에게 전달하는 데이터와 시뮬레이션 과제에 대한 답변은 전자적으로 국경을 넘는다. 또한 평가자가 평가대상자 또는 평가를 주최하는 조직과 다른 국가에서 평가 결과를 제출하는 경우 평가 데이터도 국경을 넘는다.

국가 간 개인에 대한 데이터의 전송 및 저장을 규제하는 여러 국제법이 있다. 시뮬레이션 개발자가 이러한 법률을 인식하고 준수하는 것이 중요하다. 예를 들어, 유럽 연합의 데이터 보호 이니셔티브와 일반 데이터 보호 이니셔티브는 EU 시민의 개인 데이터 처리에 대해 엄격한 규정을 두고 있다. 합법적이고 효율적인 데이터 이동을 허용한 미국과 EU 간의 이전 Safe Harbor 프레임워크는 2015년 미국 정부의 외국 시민 데이터 처리 유출 및 후속 수사에 따라 무효화되었다. 이후 유럽연합 집행위원회와 미국 상무부 간에 새로운 협정인 Privacy Shield가 체결되었으며, 이는 Safe Harbor와 동일한 목표를 가지고 있지만 개인정보 보호를 위한 더 많은 조항과 요구 사항을 포함하고 있다.

공정성과 편의성

마지막으로, 시뮬레이션에 테크놀로지를 활용할 때 공정성과 편의성의 문제도 고려해야 한다. 예를 들어, 시뮬레이션이 인터넷을 통해서만 제공된다면 인터넷 접속을 할 수 없는 개인은 어떻게 할 것인가? 컴퓨터 문해력이 낮은 평가자는 어떻게 할 것인가? 그들은 어떤 방식으로 불이익을 받게 되는가? 시력, 청력 또는 운동 기능 장애가 있는 지원자는 어떻게 할 것인가? 접근성 기준을 충족하기 위해 시각장애인용 화면 판독기 및 기타 적응 테크놀로지와 같은 장비가 필요한가? 시뮬레이션으로 인해 의도치 않게 불공정한 차별이 발생하는가? 이러한 문제는 시뮬레이션 개발자와 조직이 시뮬레이션을 포함하는 평가 프로그램을 설계할 때 준수해야 할 법적 · 사회적 책임에 영향을 미친다. 다시 말하지만, 이는 시뮬레이션에 테크놀로지를 활용하는 것과는 관계없는 중요한 고려 사항이다.

시뮬레이션 설계 시 공정성, 차별 및 필요한 조정 문제를 고려할 때, 설계자는 시뮬레이션 제공을 위해 선택한 테크놀로지 매체를 통해 의도치 않게 추가적인 편향이 도입될 수 있다는 점도 고려해야 한다. 〈글상자 5-1〉은 개발자가 사용자 인터페이스 문제에 주의를 기울이지 않으면 시뮬레이션이 실패할 수 있음을 시사한다.

글상자 5-1 치명적 오류: 사용자 인터페이스를 고려하지 않은 사례

자동화에 익숙하지 않은 평가 개발자는 콘텐츠 개발에만 집중하고 효과적인 사용자 인터페이스 문제는 간과하기 쉽다. 평가대상자는 인터페이스가 사용하기 어렵거나 매력적이지 않거나 익숙하지 않은 것이라면 평가를 거부할 것이다. 시뮬레이션 개발 중에 사용자 인터페이스 전문가와 상의해서 사전 검사해 보는 것이 중요하다. 사소해 보이지만 중요한 문제들(예: 이메일이 전송되는 속도)이 검사해 보기 전에는 드러나지 않는 경우가 많다.

실질적인 여러 문제

앞에서 법률 및 전문 규정과 지침에서 권장하는 사항과 관련된 주요 고려 사항을 나열했다. 이 외에도 시뮬레이션의 실시 · 전달 · 채점 · 평가에 테크놀로지를 활용할 때 고려해야 할 실질적인 문제가 있다.

첫 번째는 하이-테크놀로지 시뮬레이션과 로우-테크놀로지 시뮬레이션의 상대적 비용이다. 이는 복잡한 문제이다. 시뮬레이션 소프트웨어의 개발 또는 구매, 유지 · 관리에는 비용이 많이 들 수 있지만, 개발자는 이 가격을 로우-테크놀로지 옵션과 비교할 때 사용 기간을 고려해야 한다(Pritchard & Riley, 2011). 즉, 인건비, 물리적 공간, 출장 및 기타 간접 비용 항목을 고려할 때 로우-테크놀로지 시뮬레이션이 장기적으로 더 비쌀 수 있다. 또한 테크놀로지를 사용하면 일정 및 평가 결과의 통합 · 분석 또는 피드백 보고서 생성과 같은 시뮬레이션 실시 절차의 일부를 자동화함으로써 시간이 지남에 따라 비용이 절감될 수 있다. 결과적으로, 두 사례에 대한 상대적 수익률을 추정해야 한다는 말이다. Reynolds와 Dickter(2010)는 하이-테크놀로지 평가에 포함되는 비용에 대한 포괄적인 목록을 제공한다. 여기에는 다음이 포함된다.

- 개발(개발 및 커스터마이징, 다른 HR 기능/시스템과의 통합, 필요한 하드웨어)
- 전달(시범/품질 검사, 시스템 호스팅 요금, 설치 비용, 계정 설정, 시스템에 대한 스태프 교육)
- 소프트웨어 유지 관리(추적/보고, 업데이트, 보안 검사, 백업, 장애 복구)

두 번째 실질적인 고려 사항은 충실도 및 내용 타당도이다. 제3장에서 충실도 문제를 심도 있게 논의했으며, 제4장에서 다시 언급했다. 이제 독자는 시뮬레이션이 대상 직무가 갖는 고유한 특성을 적절하게 담아내야 한다는 것을 이해해야 한다(제14장에서 다루는 내용 타당도 참조). 시뮬레이션된 조직적 맥락과 시뮬레이션 과제가 (공정성의 이유로) 초점 직무와 정확히 일치하지 않을 수 있지만(즉, 직무를 '표본링'하지 않을 수 있음), 직무에서 성공하는 데 필요한 근본 행동과 스트레스 수준 및 난이도 측면에서 직무를 '대표'해야 한다. 시뮬레이션에 어떤 테크놀로지를 통합할지 고려할 때도 동일한 논리가 적용된다.

예를 들어, 직장이라기보다는 컴퓨터 게임처럼 보이는 가상 현실(VR) 시뮬레이션을 생각해 보자. 평가대상자가 VR 헬멧을 착용하고, 판타지 '영역' 안에서 문제를 해결하는 일련의 '과제'를 수행해서 가상 코인을 획득한다고 하자. 이는, ① 이러한 테크놀로지/장비를 정기적으로 사용하지 않고, ② 창의적이고 판타지적인 게임 플레이가 일상적인 업무 활동의 일부가 아닌 직무를 수행하는 개인을 평가하는 데는 부적절하다.

반면, 평가대상자가 컴퓨터에서 3D 이미지로 구현된 가상 사무실을 보는 가상 시뮬레이션을 생각해 보자. 책상 위에 전화기, 데스크톱 컴퓨터, 개인용 스마트폰이나 태블릿이 있는 가상 사무실에서 평가대상자는 스마트폰으로 문자 메시지를 받고, 다양한 애니메이션 '역할연기자'가 들어오고(예상했든 안 했든), 가상 이메일과 일정은 계속해서 알람을 울려 주의를 끈다. 이러한 시뮬레이션 내의 테크놀로지들이 대상 직무 내에서 개인이 일상적으로 사용하는 유형일 경우 적절하다. 테크놀로지가 시뮬레이션/애니메이션화되어 있더라도 실제 직무 맥락을 모방하거나 대표하기 때문에 더 적절한 수준의 충실도(및 내용 타당도)를 가질 수 있다.

세 번째 실질적인 고려 사항은 원하는 테크놀로지를 사내에서 개발해야 하는지 아니면 외부 공급업체에서 구매해야 하는지, 그리고 외부 공급업체를 사용하는 경우 기성품으로 충분한지 아니면 커스터마이징이 필요한지 여부이다. 이러한 결정에 주요 고려 사항은 비용이다. 신규 개발은 기성 제품을 구매하는 것보다 비싼 경우가 많다. 또한 기성 제품이나 서비스를 구매하여 여러 클라이언트에 동일한 제품이나 서비스를 동시에 라이선스하면 업데이트 및 유지 관리 비용을 줄일 수 있다. 이러한 비용이 클라이언트 전체에 분산되기 때문이다. 그러나 이러한 전략에는 충실도/적용성이 낮아지고 검사 보안 취약성이 더 확대되는 비용이 따른다(즉, 더 많은 사람이 시뮬레이션을 진행함에 따라 검사 콘텐츠가 공개될 위험이 높아짐). 대안으로, 조직이 자체적으로 시뮬레이션 콘텐츠를 개발하고, 평가 참가자 및 스태프의 일정 조정, 평가자 교육, 평가의 채점 및 통합, 보고서 생성 부분은 소프트웨어 라이선스를 원할 수 있다. 이러한 유형의 애플리케이션을 허가하려면 제삼자가 평가대상자의 데이터에 접근하고 이를 분석하고 저장해야 할 수 있으므로 이전에 제공한 보안 권장 사항 중 많은 부분이 이 경우에도 적용된다.

테크놀로지를 통합할 때 고려해야 할 네 번째 실질적인 문제는 평가대상자가 테크놀로지를 어떻게 인식할 것인가이다. 지필형 In-Box 시뮬레이션이 디지털 시대에만 살았던 평가대상자에게는 구식으로 인식될 수 있는 것과 마찬가지로, 일부 개인과 일부 직업의 경우 최첨단 3D 애니메이션과 함께 온라인에서 제공되는 고도로 세련된 하이테크 시뮬레이션도 매우 부적절하게 여겨질 수 있다. 조직은 시뮬레이션을 제공하기 위해 테크놀로지를 언제 어떻게 사용할 것인지에 대한 결정을 내릴 때, 전달하고자 하는 이미지와 메시지를 고려해야 한다. IT 회사가 컴퓨터를 통해 시뮬레이션을 제공하지 않거나 시뮬레이션이 고도로 세련되지 않은 경우 사용자가 이상하게 느낄 수 있다. 반면, 세금으로 지원되는 공공 기관(예: 경찰서, 소방서)이 항상 대규모 현장 인증 시뮬레이션 검사가 표준이었던 상황에서 매우 비싼 게임 같은 가상 현실 시뮬레이션을 아웃소싱하는 것은 사용자에게 어색하게 느껴질 수 있다. 연구에 따르면, 이러한 인식은 지원자의 조직 매력도와 스태프의 조직에 대한 장기적 헌신 측면에서 중요할 수 있다(Hausknecht, Day, & Thomas, 2004). 따라서 시뮬레이션 설계자는 시뮬레이션에 통합된 테크놀로지가 지원자와 스태프를 겁주거나 꺼리게 할 정도로 불합리하지 않도록 해야 한다.

마지막으로, 완벽하게 잘 개발된 시뮬레이션이 장비 문제로 인해 실패할 수 있는 잠재적 위험이 있다. 〈글상자 5-2〉는 그러한 불행한 사례이다.

> **글상자 5-2 시뮬레이션이 실패하는 이유: 장비 문제**
>
> 한 조직에서 승진 평가의 일부로 온라인 컴퓨터화된 In-Box를 사용하고 있었다. 이벤트 중에 일부 참가자에게 배정된 노트북 몇 대에서 키보드 오류, 지연, 연결 불량 및 비정상적인 디스플레이가 발생했다. 참가자들은 부정적으로 반응했고 과정이 불공평하다고 비난했다. 승진 결정을 둘러싼 후속 소송에서 불만이 제기되었다.

테크놀로지 활용의 장단점

이 장에서 시뮬레이션의 설계, 전달 및 평가에 테크놀로지를 통합하는 여러 가지 방법을 제시하였다. 또한 테크놀로지를 사용할 때 해결해야 할 수많은 문제를 강조하였다. 〈표 5-1〉에 테크놀로지의 활용과 관련된 장단점 목록이 제시되어 있다. 이 책의 여러 부분에서 이러한 문제를 다시 언급할 것이다.

〈표 5-1〉 **테크놀로지 활용의 장단점**

이슈	장점	단점
효율성/비용	자동화로 인해 유용성이 향상되고 행정적 부담이 줄어들며, 확장성이 높아지고, 데이터 집계 및 보고서 생성을 포함한 평가자 협업이 용이함	시스템 장애, 소프트웨어 유지·관리, 보안 강화 등의 숨겨진 비용
표준화	자동 전달로 표준화 가능함	감독 없이 전달하면 하드웨어, 운영체제, 연결 품질/속도/대역폭, 보안 프로토콜/방화벽 등에서 불일치가 발생할 수 있음
보안	보안된 디지털 저장 및 외부 백업이 가능함	국가/국제 데이터 개인정보 보호 규정을 준수해야 함. 온라인 전달은 최소한 일부 검사 내용을 사용자에게 전송함
충실도	실제 업무에 사용되는 것과 유사한 테크놀로지를 사용하여 더욱 정확한 작업 과제를 시뮬레이션할 수 있음	테크놀로지를 '과도하게 사용'하면 충실도와 공정성이 감소하고, 지원자의 매력도, 내용 타당도가 낮아질 수 있음
원격 평가	비디오 스트리밍을 이용하면 실시간 원격 평가와 녹화된 수행 평가가 가능하므로 평가대상자와 평가자가 시간과 장소를 유연하게 선택할 수 있음	연결 문제와 비디오 제한으로 인해 행동 관찰이 제한될 수 있으며, 온라인 전송으로 인해 사용자 인증 어려움이 발생함
참여도	테크놀로지를 사용하여 게임 메커니즘을 적용하면 사용자 참여/동기를 높일 수 있음(제3장 참조)	부적절하게 '게임화된' 시뮬레이션은 일부 사용자에게 방해가 되고, 동기를 저하시키며, 난센스로 보일 수 있음
평가의 새로운 혁신	콘텐츠 전달과 응답이 컴퓨터를 통해 이루어지면 참가자의 부가적인 행동이 자동으로 기록되어 의사결정 과정을 추적할 수 있음	이러한 행동을 '채점'하는 방법과 평가자 보고서에 통합하는 방법은 아직 개발 중이거나 검증되지 않았음

출처: Collins (2011); Guidry, Rupp, & Lanik (2013); Reynolds & Dickter (2010); Reynolds & Rupp (2010); Thornton, Rupp, & Hoffman (2015)

미래

시뮬레이션이 테크놀로지 측면에서 수년 동안 발전해 온 것은 분명하며, 이러한 발전은 계속될 것이다. 예를 들어, Adaptive Immersion Technologies는 현재 미군의 미래 무인 항공 시스템(UAS) 운영자의 적응력과 인지능력을 평가하기 위한 정교한 시뮬레이션을 만드는 연구에 참여하고 있다. Stealth Adapt Project라는 이름의 이 적응력 평가는 후보자가 환경의 신호를 이해하고 이에 반응하는 능력을 평가한다. 이 시뮬레이션은 후보자를 수색 및 구조 시나리오의 맥락에 두고, 추락한 아군을 구조하기 위해 무인 항공 시스템을 발사한다. 평가의 스크린숏은 [그림 5-4]에 나와 있다.

시나리오를 진행하기 위해 참가자는 작업의 우선순위를 정하고, 효과적으로 계획하고, 날씨 조건과 적의 활동 변화와 같은 환경 정보를 처

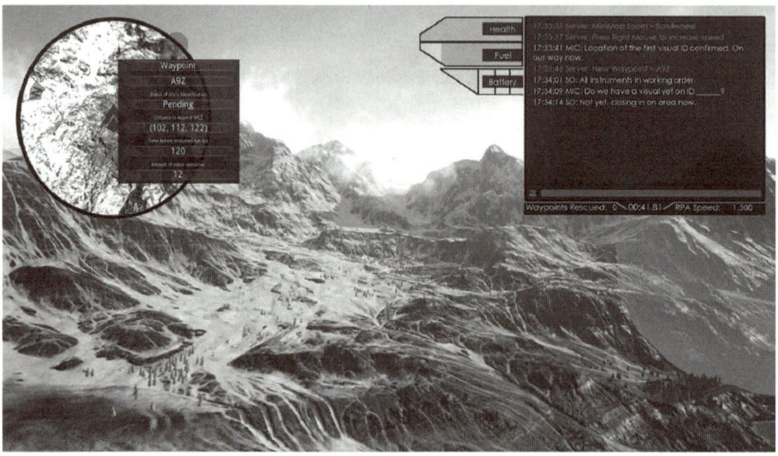

[그림 5-4] **미군의 Stealth Adapt Project. Adaptive Immersion Technologies.**
출처: 허가를 받아 게재함.

리하고, 필요에 따라 계획을 변경해야 한다. 이 게임화된 경험은 인공지능을 사용하여 계획성과 정신적 민첩성을 보여 줄 수 있는 역동적이고 현실적인 환경을 제공한다. 또한 '스텔스' 평가 개념을 사용하여 플레이어가 게임 활동에 몰두하는 동안 여러 인지 기술을 성과 기반으로 실시간으로 평가할 수 있다. 이 프로젝트는 현재 검증 단계에 있으며, 구현되면 후보자가 중요한 임무에 참여할 준비가 되었는지에 대한 귀중한 정보를 제공할 것이다(Mangos & Hulse, 2015).

이 장에서는 더 '새롭게 부상하는' 기술을 다루지 않는다. 제3장에서 논의했듯이, 우리는 게임화 개념이 조직의 행동 평가에 어떻게 적용될 수 있는지를 이제 막 이해하기 시작했다. 독자들에게 새로운 테크놀로지 응용 프로그램에 관심을 둘 것을 권한다. 이미 설명된 것 외에도 여기에는 다음과 같은 발전이 포함된다.[1)]

- 가상 현실 하드웨어와 소프트웨어를 행동 평가의 일반적 유형으로 경제적으로 사용
- 시뮬레이션 과제에 대한 텍스트 또는 언어적 응답을 자연어 처리 방법으로 자동 채점
- 효과적인 시뮬레이션 행동에 대한 보다 정교한 모델을 생성하는 인공 지능 및 머신 러닝
- 시뮬레이션 참가자의 주의 분산 및 스트레스 수준을 추적하기 위한 심박수, 시선 추적 및 피부 전도와 같은 생리학적 측정
- 보다 게임화되고 비용 효율적이며 접근성 높은 시뮬레이션 경험을 가능하게 하는 게임 엔진

1) 새로운 테크놀로지에 대한 통찰력과 아이디어를 공유해 주신 Phil Mangos에게 감사드린다.

이 장의 다음 판에서는 이러한 첨단 테크놀로지의 채택에 대한 검토가 이루어지기를 기대한다.

결론

이 장은 제4장에서 설명한 시뮬레이션 구성과 관련된 여러 이슈와 테크놀로지가 어떻게 상호작용하는지 강조하는 것을 목적으로 한다. 이어지는 장에서는 독자들에게 특정 유형의 시뮬레이션을 안내한다. 우리는 제4장에서 논의한 일반적인 이슈와 이 장에서 제시한 테크놀로지 관련 이슈를 계속해서 다룰 것이며, 이러한 테크놀로지가 '작동하는 모습'을 보여 줄 것이다.

참고문헌

Collins, L. G. (2011). *New world of technology in assessment centers: Challenges and opportunities*. Panel discussion presented at the annual conference of the Society for Industrial and Organizational Psychology, Chicago.

Guidry, B., Rupp, D. E., & Lanik, M. (2013). Tracing cognition withTssessment center simulations: Using technology to see in the dark. In M. Fetzer & K. Tuzinski (Eds.), *Simulations for personnel selection* (pp. 231-257). Springer.

Hausknecht, J. P., Day, D. V., & Thomas, S. C. (2004). Applicant reactions to selection procedures: An updated model and meta-analysis. *Personnel Psychology, 57*, 639-683.

Hawkes, B. (2013). Simulation technologies. In M. Fetzer & K. Tuzinkski (Eds.), *Simulations for personnel selection* (pp. 63-82). Springer.

International Taskforce on Assessment Center Guidelines. (2015). Guidelines and ethical considerations for assessment center operations. *Journal of Management, 41*, 1244-1273.

International Test Commission. (2006). International guidelines on computer-based and internet-delivered testing. *International Journal of Testing, 6*, 143-171.

Mangos, P. M., & Hulse, N. (2015, Apri 1). Real-time assessment construction for predicting effectiveness in human-machine teams. In S. Gunter (Chair), *Modeling item characteristics for automatic item generation*. Symposium conducted at the 31st meeting of the Society for Industrial/Organizational Psychology, Anaheim, CA.

Naglieri, J. A., Drasgow, E, Schmit, M., Handler, L., Prifitera, A., Margolis, A., & Velasquez, R. (2004). Psychological testing on the internet: New problems, old issues. *American Psychologist, 59*, 150-162.

The OSS Assessment Staff. (1948). *The assessment of men: Selection of personnel for the Office of Strategic Services*. Rinehart & Company.

Pritchard, S., & Riley, P. (2011). Fit for purpose? Considerations when using 'off-the-shelf' versus 'customized' simulations. In N. Povah & G. C. Thornton (Eds.), *Assessment centres and global talent management* (pp. 61-76). Grower.

Reynolds, D. H., & Dickter, D. N. (2010). Technology and employee selection. In J. Farr & N.T.Tippins (Eds.), *Handbook of employee selection* (pp. 171-194). Routledge.

Reynolds, D. H., & Rupp, D. E. (2010). Advances in technology-facilitated assessment. In J. C. Scott & D. H. Reynolds (Eds.), *Handbook of workplace assessment: Evidence-based practices for selecting and developing organizational talent* (pp. 609-641). Jossey-Bass.

Rupp, D. E. (April 2008). *Using technology to enhance assessment and development programs*. Invited workshop presented at the 23rd Annual Conference of the Society for Industrial and Organizational Psychology, San Francisco.

Rupp, D. E., Kim, M. J., & Gibbons, A. M. (2006). *Remote assessment: better, faster, cheaper?* Invited talk presented at the 33nd International Congress on Assessment Center Methods. London.

Thornton, G. C., III, Rupp, D. E., & Hoffman, B. J. (2015). *Assessment center perspectives for talent management strategies* (2nd ed.). Routledge.

U. S.-E. U. Safe Harbor. (2000). *Safe Harbor*. Retrieved from May 20, 2014, http://export. gov/safeharbor/index.asp

제2부

시뮬레이션의 범주와 유형

수행 효과성 평가를 위한 과제 및 차원과 관련된 행동을 이끌어 내는 데 사용되는 시뮬레이션에는 몇 가지 유형이 있다. 전통적인 시뮬레이션은 유형 간 확실한 구분이 있었다. 사례연구, 구두 프레젠테이션, 리더 없는 그룹 토론 등이 대표적인 예이다. 그러나 테크놀로지의 발전에 따라 시뮬레이션이 점차 정교해지면서 그 유형 간 경계가 모호해지고 있다. 따라서 제2부는 유사한 특징을 갖거나 실제 운영 시 자주 혼합되는 시뮬레이션의 범주를 7개의 장에 걸쳐 소개하고자 한다. 각 장의 내용은 다음과 같다.

- 일반적인 시뮬레이션의 유형에 대한 설명
- 주요 역사적 내용이 포함된 간략한 배경 정보
- 시뮬레이션 개발 단계
- 특정 이슈에 대한 논의
- 테크놀로지 활용
- 선발 목적에 따른 시뮬레이션 과제 활용 사례

이 장들은 참가자, 평가자, 역할연기자의 자료 준비를 포함한 시뮬레이션 개발의 핵심 단계와 절차를 중점적으로 다룬다. 핵심 개발 절차 전후의 단계에 대해서는 해당 시뮬레이션 또는 평가 목적에 따라 대두되는 특별한 고려 사항에 대해서만 설명한다.

제시되는 각 시뮬레이션은 다양한 목적으로 사용 가능하며, 다양한 차원을 평가할 수 있고, 다양한 테크놀로지적 특징을 포함한다. 그러나 중복 설명을 피하기 위해 각 장별로 선발 목적, 평가 차원, 테크놀로지 적용만을 중점적으로 설명한다. 제2부의 구성은 다음과 같다.

장	카테고리/유형	활용 목적 예시	평가 예시	기술 이용 사례
6	대인관계: 역할연기	승진, 진단, 교육	경청, 갈등 관리	아바타 활용, 객관식 선택 옵션 제공
7	정보 분석 시뮬레이션: In-Box, 사례, 사실 조사	훈련	문제 해결, 서면 의사소통	온라인에서 빈곤국의 위기를 현실적으로 묘사
8	그룹 내 시뮬레이션: 리더 없는 토론	선발, 승진, 개발	그룹 리더십, 대인관계 민감성	슬랙(Slack): 클라우드 기반 팀 협업
9	그룹 간 시뮬레이션	훈련	문화적 감수성, 협상	그룹 간 의사소통
10	신체 활동을 포함하는 시뮬레이션	선발	기술 숙련도, 스트레스 내성	신체 움직임 및 오류에 대한 자동 채점
11	저충실도 시뮬레이션	선발, 승진	고객 서비스, 판매 능력	자극 전달 및 반응 채점 자동화
12	통합 시뮬레이션: 하루 일과	임원 개발	계획 및 조직화, 전략적 사고	시뮬레이션 제품군 자동 제공

제6장

대인관계 시뮬레이션

이 장에서는 참가자가 한 명 또는 그 이상의 사람들과 상호작용하여 문제를 이해하고 방안을 제시하거나, 다른 사람에게 조치를 취하도록 유도하는 대인관계 시뮬레이션(일명, 역할연기)을 설명한다. 제7장에서는 참가자가 복잡하고 풍부한 정보를 분석 · 연구하여 조직의 문제, 도전 과제, 기회와 관련된 해결책을 제안해야 하는 업무 상황에 중점을 둔 정보 분석 시뮬레이션을 설명한다.

대인관계 시뮬레이션에서 참가자는 일반적으로 역할연기 시나리오 내의 한 사람과 상호작용한다. 참가자가 상호작용하는 상대방은 여러 역할 중 한 가지 역할(예: 상사, 부하 직원, 동료, 고객)을 하는 훈련된 역할연기자이다. 참가자에게 몇 가지 배경 정보가 제공되고 상호작용을 준비할 시간이 짧게 주어진다. 평가 목적에 따라 참가자가 수행해야 할 매우 구체적인(예: 예산 작성, 문제 해결 방안) 또는 매우 모호한(예: 부하 직원와의 면담) 지시가 주어진다. 평가자는 상호작용 중 역할연기자에 대한 참가자의 반응과 행동을 관찰한다. 상호작용이 끝나면, 평가자는 참가자와 역할연기자를 인터뷰하여 추가 정보를 수집한다. 이는 참가자가 자신의 수행을 어떻게 생각하고 있는지 확인하는 중요한 기회가 된다.

역할연기는 아바타를 활용한 컴퓨터 기반 가상 시뮬레이션으로 실시할 수도 있다. 참가자는 애니메이션 또는 비디오 상황에서 주어지는 옵션 중 자신의 반응을 선택하여 응답하는데, 후속하여 새로운 옵션이 계속 이어진다. 이러한 방식의 시뮬레이션의 예는 뒷 부분에서 설명할 것이다.

대인관계 시뮬레이션은 다음과 같은 이점이 있다. 첫째, 참가자가 직장에서 겪는 일반적 문제를 실제 근무 환경과 유사하게 구현할 수 있다. 둘째, 시뮬레이션이 매우 현실적이므로 안면 타당도가 높아 참가자들이 긍정적으로 생각할 수 있다. 셋째, 참가자 혼자 수행하기 때문에 다른 사람의 영향을 받지 않는다. 넷째, 수행 시간이 비교적 짧아 정해진 시간 내에 두 개 이상 시뮬레이션을 진행하는 것이 가능하다.

한편 이 기술의 단점도 있는데, 현실적인 대인관계 시뮬레이션을 개발하는 데 많은 시간이 걸리며, 역할연기자를 모집하고 참가자에게 관련 행동을 이끌어 내도록 훈련시켜야 한다. 또한 역할연기자가 시간이 지날수록 여러 참가자들과의 역할연기에서 일관되지 않게 행동하거나, 역할연기자 간 일관되지 않은 행동을 할 수도 있기 때문에 시뮬레이션이 표준화되지 않을 수 있다. 이러한 어려움에도 불구하고 대인관계 시뮬레이션을 개발하고 운영할 때, 일관된 절차를 사용하면 신뢰도와 타당도를 높일 수 있다.

그룹 토론 시뮬레이션(제8장, 제9장)과 함께 대인관계 시뮬레이션은 스트레스 상황에서 개인이 다른 사람과 얼마나 잘 상호작용하는지 평가하는 가장 좋은 방법 중 하나이다. 그룹 토론과 달리 참가자는 상대방이 대화를 주도하는 동안 조용히 앉아 있을 수 없다. 오히려 일대일 대인관계 시뮬레이션의 특성상 상당한 양의 상호작용이 이루어지므로 참가자의 행동을 관찰할 수 있는 기회가 더 많이 제공된다.

사전 단계

대인관계 시뮬레이션 개발을 위한 분석 단계에서 부하 직원, 동료, 상사, 고객, 공급업체, 조직 내부·외부의 이해관계자, 일반 대중 등 직무 담당자가 상호작용하는 다양한 사람에 대한 광범위한 정보를 수집하는 것이 중요하다. 개발자는 직무 담당자에게 발생하는 가장 빈번하고 어려우며, 민감하고 스트레스가 많은 상호작용이 무엇인지 이해해야 한다. 해당 상황에서 직무 담당자는 다른 사람에 대한 공식적 권한이 있을 수도 있고 그렇지 않을 수도 있다. 이 모든 정보는 제3장에서 언급한 특질 활성화 이론과 현실적 정확성 모델을 기반으로 하는 시나리오 구축뿐만 아니라 역할연기자에게 역량/차원 관련 행동을 이끌어 내기 위한 실제적 단서 제시 방법을 교육하는 데 충분히 활용될 수 있다.

필요 시간

- 준비 시간: 10~30분
- 역할연기자와의 상호작용: 10~60분
- 후속 인터뷰: 10~20분

대인관계 시뮬레이션의 총 필요 시간은 짧게는 30분에서 길게는 1시간 50분까지 다양하다. 시간 제한은 시뮬레이션의 복잡성 수준(시뮬레이션이 복잡할수록 시간은 더 오래 걸림)과 현실적인 시간 제약에 따라 달라진다. 최소한 참가자에게 배경 자료를 읽고 역할연기자와 상호작용을 준비할 수 있는 충분한 시간을 주어야 한다. 이 시간은 10~30분 정도 소요될 수 있다. 실제 상호작용에 할당되는 시간은 참가자가 역할연기자와 모든 문제를 충분히 논의하고 당면한 문제에 대한 해결책을 도출할 수 있을 만큼 충분해야 한다. 이는 10~60분 정도가 적당하다. 대화가 진행되는 동안 평가자는 시간을 모니터링하면서 대화의 흐름을 방해하지 않는 선에서 참가자에게 남은 시간을 알려 주어야 한다. 평가자가 남은 시간이 적힌 카드를 들어 보여서 알려 줄 수도 있고, 종료 시간이 임박했을 때 역할연기자가 다른 일정으로 자리에서 일어나야 하는 연기를 할 수도 있다. 시뮬레이션이 끝난 뒤, 10~20분 정도를 할애하여 참가자와 역할연기자에게 각각 상호작용에 대한 소감 및 인상을 인터뷰한다.

배경

다양한 형태의 대인관계 시뮬레이션이 70년 이상 사용되어 왔다. 초기 형태 중 하나는 1940년대 영국 전쟁부 선발 위원회(the British War Office Selection Boards: WOSB)에서 사용된 것이다(Vernon & Parry, 1949). WOSB에서 사용한 대인관계 시뮬레이션은 후보자가 스트레스 상황에서 까다로운 사람을 어떻게 대하는지 관찰하는 것이었다. 이후 이러한 시뮬레이션은 태도 변화를 촉진하기 위해 사용했던 Fishbein과 Ajzen(1975)의 역할연기 기법을 차용하여, 리더십, 문제 해결, 코칭 및 의사소통과 같은 역량/차원을 평가하도록 확장 및 설계되었다. 오늘날 대인관계 시뮬레이션은 가장 빈번하게 사용되는 시뮬레이션 중 하나로 다양한 조직 수준과 기능 및 국가에 걸쳐 사용되고 있다.

참가자에게 제공되어야 하는 자료

참가자에게 제공되어야 하는 정보는 다음과 같다.

- 시뮬레이션 조직의 조직도, 담당자의 직무 내용 등 배경 정보
- 상황 시나리오, 참가자가 상호작용할 사람에 대한 정보. 현실감을 제공하기 위하여 이들 정보는 여러 다른 사람들이 보낸 메모, 이메일, 팩스 등의 자료의 형태로, 서로 다른 정보와 다른 관점으로 작성되어야 한다.
- 준비 시간 및 상호작용 시간, 세션의 목표, 참가자의 과업 수행 지침 및 지시. 수행 지침은 명확하게 또는 모호하게 주어질 수 있다(예: 참가자는 해결책을 찾을 때까지 역할연기자와 함께 작업하도록 명시적으로 지시할 수 있음). 명시적 지시는 참가자가 최대 성과를 낼 수 있는 능력을 평가하는 데 더 유리하다. 반면, 모호한 지시는 참가자가 비슷한 상황에서 일반적으로 무엇을 할 수 있는지, 상황을 얼마나 창의적으로 접근할 수 있는지를 평가할 수 있다.

모든 상황 시뮬레이션이 그렇듯, 성공적 시뮬레이션의 핵심은 상황(scene) 설정이다. 다양한 시나리오를 사용하여 일대일 상호작용 상황을 구상해 볼 수 있다. 〈표 6-1〉에는 몇 가지 일반적인 시나리오 유형의 예시가 제시되어 있다. 대인관계 시뮬레이션을 위한 시나리오를 선택할 때 고려해야 할 몇 가지 질문은 다음과 같다.

- 가상 조직은 실제 조직과 얼마나 유사해야 하는가?

- 역할연기자의 캐릭터는 실제 조직의 구성원과 얼마나 유사해야 하는가?
- 시나리오는 조직이 현재 직면하고 있는 문제로 구성할 것인가, 아니면 미래에 발생할 가능성이 있는 문제로 구성할 것인가?
- 참가자에게 기대하는 수행 수준은 무엇인가? 정답이 하나만 있는 쉬운 문제인가, 아니면 어려운 문제인가?

〈표 6-1〉 일대일 상호작용 시뮬레이션의 일반적 시나리오

상호작용 유형	상황
부하와의 상호작용	• 감독자로서 부하 직원와 만나 징계 문제를 논의하기(예: 업무 성과 저하, 근태 불량, 다른 사람과의 갈등 등) • 관리자로서 부서 내 중간 관리자인 부하의 리더십을 코칭하기
동료와의 상호작용	• 직장 동료와 특정 문제를 협의, 해결 또는 함께 프로젝트를 진행하기 • 옆 부서의 동료와 만나 두 부서 간 문제 또는 이슈를 해결해야 하는 부서 간 상호작용(예: 제조 책임자와 영업 책임자의 만남)
고객/클라이언트와의 상호작용	• 까다로운 내부 · 외부 고객을 상대해야 하는 고객 서비스 담당자 역할로, 난이도는 고객 서비스 담당 신입 스태프부터 전문 컨설턴트 또는 자문 역할까지 다양하게 설정할 수 있음
상사와의 상호작용	• 상사에게 새로운 사업 기획안 보고 및 해당 결정의 정당성을 설득력 있게 피력하기
민원인과의 상호작용	• 민원 담당자로서 업무 관련 불만을 제기하는 민원인을 응대하기(예: 경기장 관리자는 소음, 교통 체증 관련 이웃의 불만을 적절하게 응대하고 처리해야 함)
입사 지원자와의 상호작용	• 인사 담당자로서 입사 지원자와 면접을 진행하기
분쟁의 중재	• 중재자로서 두 당사자 간의 갈등을 중재하기
기금 요청을 위한 상호작용	• 역할연기자가 기부할 수 있도록 설득하기
공급업체와의 상호작용	• 만족스러운 서비스를 제공하지 않는 위탁 업체와 거래하기

특수 계층과의 상호작용	• 장애를 가진 민원인, 고객, 스태프 등과 적절한 방식으로 상호작용하기
정부 규제 기관 담당자와의 상호작용	• 기록 검토, 재무 감사, 안전 검사 등을 수행하는 정부 규제 기관 담당자와 상호작용하기
영업을 위한 상호작용	• 상대 역할연기자에게 제품이나 서비스를 판매하기 위해 설득하기. 참가자는 소매 판매원에서 전문 판매 임원까지 다양하게 설정할 수 있음
업무 파트너와 협력을 위한 상호작용	• 현대의 조직은 고객에게 토탈 문제 해결을 제공하기 위해 다양한 파트너와 협력하고 있기 때문에 해당 제품 및 서비스를 제공하는 협력 업체를 관리하는 것이 더 중요해지고 있음. 해당 시나리오는 협력 업체의 파트너와 협력하여 새로운 관계를 구축하거나 현 관계의 문제점을 논의하는 작업을 수행하는 것과 관련될 수 있음
미디어 관계자와의 상호작용	• 조직과 관련된 문제(예: 안전 위반, 법적 문제 등)에 대해 언론 담당자와 협의하기

한편, 현 조직과 시뮬레이션의 내용을 일치시키면 시뮬레이션을 더 현실적으로 구성하는 데 도움이 된다. 시뮬레이션의 현실감이 높아질수록 참가자가 실제 조직에서 어떻게 성과를 낼 것인지에 대한 예측력이 높아지고 평가 과정에 대한 참가자의 만족도도 높아진다. 훈련 상황의 경우, 시뮬레이션의 충실도가 높을수록 전달력이 높아지고 참가자가 받은 피드백은 직장 내 실제 업무 상황에 적용할 수 있다. 반면, 시뮬레이션이 실제 작업 환경과 매우 유사한 경우 해당 환경에 익숙한 참가자가 더 유리할 수 있다. 이러한 시뮬레이션은 선발 목적으로 사용하기에 바람직하지 않다(〈글상자 6-1〉 참조).

글상자 6-1 치명적 오류: 조직 내 현실과 지나치게 유사한 시뮬레이션

모 중견 기업에서 실제로 발생했던 상황과 매우 유사한 상황으로 대인관계 시뮬레이션을 실시했던 사례가 있다. 일부 참가자는 조직이 해당 상황을 어떻게 성공적으로 처리했는지 알고 있었던 반면, 다른 참가자들은 해당 결과를 몰랐기 때문에 명백히 불리했다고 느꼈다. 만일 시범 그룹을 대상으로 사전 검사를 실시했다면, 본 평가를 실시하기 전에 문제점을 명확하게 파악할 수 있었을 것이다.

조직은 실제 조직과 유사한 시뮬레이션 구성안을 선택할 수도 있고, 아닐 수도 있다. 가상의 조직과 문제는 실제 조직과 다르지만 시나리오와 역할연기자 캐릭터는 실제 조직과 유사할 수도 있다. 한 예로, 도시 관리 계획 시뮬레이션의 배경은 다른 도시로 설정하지만 실제 해당 시의 정책과 절차를 배경자료로 사용하고, 실제 업무에서 발생하는 업무와 유사한 문제를 제시할 수 있다.

예시 1: 승진용으로 개발된 미디어 활용 온라인 시뮬레이션

미국의 Human Resources Research Organization(Tsacoumis, 2016)은 참가자가 아바타를 이용해 일련의 상황에서 과제를 수행하는 가상현실 시뮬레이션을 개발했다. 시뮬레이션은 스태프 아바타가 참가자의 사무실로 들어와 프로젝트의 당면 문제점을 설명하는 것으로 시작한다. 중간 관리자(참가자)는 어떤 조치를 취하라는 지시를 받는다. 비디오가 멈추고 중간 관리자에게 어떤 조치를 취할 것인지 선택할 수 있는 객관식 옵션이 주어진다. 선택한 옵션에 따라 시뮬레이션은 다양한 캐릭터와 결정 포인트가 있는 몇 가지 과정을 거치게 된다. 이 예시는 풍부한 미디어와 낮은 충실도 시뮬레이션이다. 즉, 실제 사람이 아닌 아바타를 사용하고, 응답은 외현적 행동이 아니다. 이 시뮬레이션은 판단력과 의사결정에 대한 평가를 제공해 준다. [그림 6-1]은 이 시뮬레이션의 스크린숏이다.

[그림 6-1] **아바타를 이용한 가상 역할연기**

출처: Rosen, Y., Ferrara, S., & Mosharraf, M. (2016). *Handbook of Research on Technology Tools for Real-World Skill Development* (2 Volumes). IGI Global. Copyright 2016, IGI Global, www.igi-global.com. 출판사의 허가를 받아 재인쇄함.

예시 2: 공공 기관 중간 관리자의 교육 요구 진단

모 시청은 개인의 교육 요구 진단법을 고안하여 신입 중간 관리자 훈련 프로그램을 개선하고자 하였다. 공식적인 교육 프로그램이 있었지만 이 프로그램은 정책과 절차에 초점이 맞추어져 있었다. 인사담당자들은 신입 중간 관리자들이 실질적 감독 스킬에 대한 공식적 훈련을 받고 있지 못하다는 것을 인지하고 있었다. 또한 신입 중간 관리자들이 독립적으로 일하는 경우가 많았기 때문에 고위관리자가 그들을 관찰하고 코칭할 기회가 거의 없었다. 신입 관리자가 스태프들과 상호작용하는 방식을 관찰할 수 있는 가장 적절한 방법은 대인관계 시뮬레이션이라는 결론에 다다랐다. 신입 중간 관리자는 시뮬레이션에서 수집된 관찰 결과를 바탕으로 자신의 강점·약점에 대한 상세한 피드백과 맞춤 교육 목록을 추천받을 수 있다.

개발 전, 배경 정보 수집을 위해 자세한 분석을 실시했다. 먼저, 조직 내 문서를 바탕으로 여러 부서의 신입 중간 관리자 직무 내용, 중간 관리자를 위한 조직의 정책 및 절차, 기존 교육 프로그램을 검토했다. 자료에서 수집한 정보 및 인사 담당자와의 인터뷰를 바탕으로 구조화된 인터뷰 설문지를 개발하였다. 이후 여러 부서의 선임 중간 관리자들과 인터뷰하여 시뮬레이션 개발을 위해 필요한 정보를 수집하였다.

인터뷰에서 선임 중간 관리자들은 부하 직원들과 상호작용할 때 직면하는 주요한 과제들을 설명했다. 이들이 보고한 가장 큰 도전 과제는 성과 문제를 해결하기 위해 스태프들과 협력하는 것이었다. 선임자들은 성공적으로 처리했던 주요 사건 사례 및 잘못 처리했던 주요 사건 사례, 그리고 특히 다루기 어려운 스태프의 성격 특성에 대한 사례를 여러 가지로 제시하였다. 이와 같은 인터뷰를 통해 중간 관리자 역할을 성공적으로 수행하는 데 중요한 차원이 개별적 리더십과 갈등 관리임이 나타났다. 개별적 리더십은 다른 사람이 성과 목표를 달성하도록 돕기 위해 효과적이고 적절한 방법을 사용하는 기술이 포함된다. 갈등 관리의 정의는 양측의 이익을 극대화하여 동료 간의 대인 갈등을 건설적인 방식으로 처리하는 것이다.

중간 관리자가 처리해야 하는 문제 유형을 나타내기 위해 네 가지 간단한 시나리오를 만들었다. 첫 번째는 양적·질적으로 업무를 잘하지 못하는 부하 직원와 성과에 대해 논의하는 시나리오이다. 두 번째는 부하 직원이 자주 지저분한 옷차림으로 출근하는 시나리오이다. 세 번째는 부하 직원와 동료 간의 대인관계 문제에 관한 시나리오이다. 네 번째는 부하 직원이 면담 내용을 밝히지 않은 채 면담을 요청한 시나리오이다. 시뮬레이션이 시작되면 스태프가 청결하지도 안전하지도 않은 작업 환경에 대해 불만을 제기하면서 이에 대해 상사가 알고 있지만 아무런 조치를 취하지 않는다고 주장한다.

이 교육 프로그램은 시청 내 인사과에서 개발하고 지역 대학에서 인력을 고용했다. 해당 인력들은 프로그램 지원 참여를 통해 학점을 취득하였다. 평가자는 인적 자원 관리 분야 및 산업-조직 심리학 분야의 박사 수료자들이 맡았다. 역할연기자는 엔지니어링, 비즈니스 및 건설 관리 학생들이 맡았다. 평가자들은 개발 후속 계획을 논의한 후 참가자에게 개별적 피드백을 제공하였다. 전반적인 평가 결과는 인사과에 피드백되었고, 인사과는 평가 결과를 활용하여 중간 관리자 교육 프로그램을 개선하였다.

역할연기자, 평가자 및 진행자를 위한 지원 자료

역할연기자 지원 자료

역할연기자는 대인관계 시뮬레이션에서 매우 중요하다. 역할연기자에게는 상호작용을 시작하라는 지시만을 준다. 역할연기자는 참가자가 반응해야 하는 핵심 자극을 제공하는 사람이다. 따라서 역할연기자에게는 참가자에게 주어지는 모든 정보와 더불어 역할연기자가 연기해야 할 캐릭터가 가진 배경, 생각, 태도, 동기에 대한 자세한 정보를 제공해 주어야 한다.

배경 정보는 근속연수, 성과 기록, 가족 정보, 개인적 문제 등과 같은 개인적 및 직업적 세부 정보 등이다. 태도, 생각 및 신념 정보는 역할연

〈표 6-2〉 **일반적인 역할연기자 캐릭터 유형**

역할연기자 캐릭터 유형	설명
불평쟁이	사사건건 불평한다. 이 사람에게는 모든 것이 불만족스럽다. 이들은 상당 시간을 조직 비난에 할애하여 동료의 사기를 떨어뜨린다.
경쟁자	과정 중에 누군가가 상처받아도 개의치 않고 앞지르려고 한다. 이들은 아이디어를 훔치고 배신한다. 다른 사람을 욕보이고 자신이 돋보이고자 끊임없이 노력한다.
책임 회피자	문제나 어려움을 직접 마주하더라도 인정하기를 거부한다. 이들은 책임 회피를 위해 거짓말을 하거나 남 탓을 하는 경향이 있다.
적대자	사람들에게 적대적이고 공격적이다. 사람들에게 무례하고 모욕을 주며 못되게 대한다. 이들은 타인의 동기를 의심하며 타인의 친절에 냉소적으로 구는 경향이 있다.
조종자	시스템과 다른 사람들을 조종하여 원하는 것을 얻는 방법을 알고 있다. 다른 사람들이 '악역'처럼 보이도록 상황을 조종하고, 그들을 한계까지 몰아붙이지만 어떻게든 심각한 문제로는 휘말리지 않는다.
정서 불안자	사소한 문제(예: 새로운 책임을 맡음, 일정이 변경됨)로 자주 언짢은 기색을 보인다. 스트레스와 변화에 대한 내성이 매우 낮고, 화가 나면 투덜거리거나 울거나 그만두겠다고 으름장을 놓기도 한다.
수동적 공격자	화가 많고 적대적이지만, 이러한 감정을 어느 정도 숨긴다. 사람들 사이에서 어느 정도 수동적이고 유쾌하게 행동하지만, 일을 천천히 하거나, 무능한 척하는 방식으로 일을 하며 방해한다. 냉소적이고 비꼬는 발언을 한 뒤 "진심이 아니었다."라고 가장할 수도 있다.
게으름뱅이	일을 제시간에 끝내지 않는다(또는 전혀 하지 않는다). 새로운 프로젝트를 맡지 않으려고 한다. 어떤 일에도 별로 노력을 기울이지 않고 최소한의 일만 하려고 한다.

기자가 캐릭터의 '머릿속으로 들어갈' 수 있을 만큼 구체적이어야 한다. 〈표 6-2〉는 역할연기자 캐릭터 유형의 예시를 보여 준다. 이 유형들은 수년 동안 우리가 인터뷰했던 관리자들이 함께 일하기 까다롭다고 느꼈던 역할연기자 캐릭터이다(참가자의 차원 관련 행동을 이끌어 낼 수 있는 도전적 캐릭터이다). 유형 간 혼합 및 조합을 통해 복잡하고 도전적인 캐릭터를 만들 수도 있다.

역할연기자를 위한 일반적 지침은 다음과 같다.

- 역할연기자가 모든 참가자에게 일관된 행동을 할 수 있도록 구체적으로 설명하라. 지침에는 유지해야 하는 태도와 성격 특성에 대한 자세한 정보가 포함되어야 한다(예: "당신은 승진에서 여러 번 탈락한 사실에 분개하며 상사를 비난합니다.").
- 역할연기자가 필요에 따라 상황에 자유롭게 적응할 수 있도록 충분히 유연하게 진행하라. 가령, 기술 수준이 낮은 참가자라면 역할연기자는 참가자가 좌절하지 않는 선에서 비교적 낮은 수준의 스트레스를 가하는 것이 낫다. 반면, 기술 수준이 높은 참가자는 더 많은 도전이 필요할 것이다. 역할연기자는 자신의 기본 캐릭터와 일관성을 유지하면서, 참가자의 필요에 따라 접근 방식을 변경할 수 있는 여유를 가져야 한다. 표준화가 반드시 필요한 평가적 상황인 경우(예: 경찰 승진 평가), 역할연기자는 모든 참가자와 동일한 방식으로 상호작용해야 한다.
- 캐릭터의 전형적인 말과 행동을 연기하라. 가령, 역할연기자는 눈을 마주치지 않고 의자에 구부정하게 앉아 있으며, 말할 때 중얼거리도록 지시받을 수 있다.
- 참가자의 말과 행동에 반응해야 하는 행동 지침을 제공하라. 가령,

역할연기자에게 가능한 한 오랫동안 성과 개선을 위한 약속을 하지 않고 지연하도록 지시할 수 있다. 그러나 역할연기자에게 참가자가 우위를 점할 수 있는 시점도 알려 주어야 한다. 보통 참가자가 효과적인 행동을 보이기 시작할 때 적절하다.

- 역할연기자는 참가자가 평가 차원 관련 행동을 보여 줄 기회를 가질 수 있도록 프롬프트 또는 단서를 제공하는 훈련을 받아야 한다.

역할연기자의 캐릭터는 평가의 목적 및 평가 차원과 연관되어야 한다. 리더십을 평가하는 경우 역할연기자는 성과에 중대한 문제가 있는 인물이어야 한다. 갈등 관리를 평가하는 경우 역할연기자는 참가자에게 이의를 제기하거나 논쟁을 벌이는 인물이어야 한다. 캐릭터의 성향은 도전적이면서도 현실적이어야 한다. 가령, 한 인물이 〈표 6-2〉에 나열된 특성을 모두 가지지는 않지만, 실제 사람은 일차원적이지 않으므로 시뮬레이션 내 캐릭터도 단순해서는 안 된다. 캐릭터는 강점과 약점을 모두 가지고 있어야 한다. 요컨대, 캐릭터가 현실적일수록 참가자는 더 좋은 경험을 할 수 있다.

역할연기자는 참가자에게 평가 차원 관련 행동을 보여 줄 기회를 제공하기 위해 특정한 말과 행동을 하도록 훈련받아야 한다. Schollaert와 Lievens(2011, 2012)는 이를 프롬프트(prompts)로 명명하였는데, 이는 참가자에게 무언가를 말하도록 또는 어떤 행동을 취하도록 제안하는 코멘트이다. 프롬프트는 명확해야 하지만 모든 참가자가 똑같은 방식으로 반응할 정도로 강해서는 안 된다. 프롬프트의 예로 "이 정보를 어디서 얻었습니까?" 또는 "어떻게 알게 되었습니까?" 등이 있다. Lievens, Schollaert와 Keen(2015)에 따르면, 이러한 단서를 사용하면 관련 행동을 더 잘 관찰할 수 있고, 결과적으로 평가자 간 일치도, 타당도, 정확도가 높아질 수 있다.

평가자를 위한 지원 자료

평가자는 참가자와 역할연기자에게 제공된 모든 자료, 시뮬레이션 이후 인터뷰용 설문지 그리고 평가 지침을 가지고 있어야 한다. 시뮬레이션 상호작용이 종료된 후 참가자와 역할연기자를 인터뷰하면 시뮬레이션 중 수집한 관찰 내용 외에도 탁월한 통찰력을 얻을 수 있다. 일반적으로 참가자에게는 "대화가 어떻게 진행되었다고 생각하십니까? 잘 진행된 것과 잘 진행되지 않은 것은 무엇입니까? 역할연기자를 설득했다고 생각하십니까? 이 상황 이후에 어떤 일이 일어날 것이라고 생각하십니까? 이 상황을 다시 하게 된다면 무엇을 어떤 방식으로 다르게 할 수 있을까요?"와 같은 질문을 할 수 있다. 역할연기자에게는 "참가자와 대화하며 어떤 기분이 들었습니까? 이 상호작용을 통해 당신의 행동이 바뀔 것 같나요?"와 같은 질문을 할 수 있다. 이러한 질문을 통해 평가자는 참가자가 자신의 성과에 대한 현실적 관점을 갖고 있는지, 상호작용에 대한 참가자의 인식이 역할연기자의 인식과 일치하는지 판단하는 데 도움이 될 수 있다.

참가자가 역할연기자와 상호작용하는 동안 평가자는 참가자의 말과 행동을 충분히 메모해야 한다. 평가자를 위한 추가 지침은 제13장에 제시되어 있다. 시뮬레이션이 끝나면, 평가자는 메모를 검토하여 다양한 행동을 주요 차원으로 분류한 다음, 평가 차원별 각 행동의 효과성 수준을 평가할 수 있다. 행동 체크리스트 또는 행동 기준 평정척도(BAR)는 이 과정에서 매우 유용하다. 〈표 6-3〉은 경청 및 갈등 관리에 대한 행동 기준 평정척도이다.

〈표 6-3〉 **대인관계 시뮬레이션에서 일반적으로 평가하는 두 평가 차원에 대한 행동 기준 평정척도(BAR)**

경청	
척도	행동 기준 예시
5	정기적으로 눈을 마주친다. 고개를 끄덕여 경청하고 있다는 것을 보여 준다. 상대방의 발언 내용과 그 밑바탕에 있는 감정을 이해하고 있음을 표현한다. 상대방의 질문이나 의견을 명확히 하기 위해 질문을 한다. 아이디어와 생각을 적극적으로 교환한다.
4	
3	가끔 눈을 마주친다. 상대방의 코멘트에 "네."라고 답한다. 상대방의 질문에 대답한다.
2	
1	질문에 대답하지 않는다. 상대방을 내려다보고 시선을 돌린다. 눈을 마주치지 않는다. 상대방의 말을 듣고 있지 않음을 보여 준다.
갈등 관리	
척도	행동 기준 예시
5	역할연기자가 논쟁을 시작하면 침착하게 방향을 전환한다. 대화의 초점을 업무 관련 문제로 유지한다. 역할연기자와 건설적으로 협력하여 갈등에 대한 '윈-윈' 해결책을 찾는다.
4	
3	역할연기자의 논쟁에 대해 다소 방어적인 태도를 취한다. 이따금씩 역할연기자가 대화 주제를 벗어나도 이를 허용하나, 결과적으로 타협을 통해 갈등을 해결한다.
2	
1	역할연기자와 무례하게 또는 거칠게 논쟁을 벌인다. 한쪽이 이기고 다른 쪽은 패하는 갈등해결 전략을 제시한다.

특정 차원에서 어떤 행동이 효과적인지 비효과적인지 결정하는 것은 시뮬레이션 개발 단계부터 반복하는 과정이다. 고위관리자, 인사 전문가, 장기 재직자들로부터 관련 정보를 얻을 수 있다. 시뮬레이션이 실제 사건을 모방했다면, 행동 체크리스트는 실제 상황에서 효과적이었거나

그렇지 않았던 결과를 바탕으로 만들어질 수 있다. 평가자 교육 및 시뮬레이션 파일럿 테스트 중 행동 기준을 추가하고 개선할 수 있다.

대인관계 시뮬레이션에서 추가적으로 관찰할 수 있는 평가 차원은 대인관계 민감성(자신의 말과 행동이 다른 사람에게 미치는 영향에 대한 인식), 문제 해결(문제 및 의사결정 분석, 판단, 창의성, 결단력을 수반함), 운영/관리(기획 및 구조화, 위임, 통제, 부하 직원 개발 포함), 스트레스 내성, 주도성, 적응력 등이 있다. 대인관계 시뮬레이션에서 평가하는 차원은 시뮬레이션의 목적과 대상 지위, 시뮬레이션 내용의 성격에 따라 달라진다.

평가자는 시뮬레이션에서 특정 차원이나 역량을 평가하는 것뿐만 아니라 시뮬레이션을 구성하는 과제 또는 훈련 요소를 평가하도록 요청할 수 있다. Thoresen과 Thoresen(2012)은 일대일 인터뷰 시뮬레이션을 사용하는 방법적 예시를 제시하였다. 이 시뮬레이션에서 평가자는 인터뷰 단계로서 정보 수집(예: 스태프에게 질문하기), 변화의 시작(예: 개선 촉진 전략), 문제 해결 개발(예: 성과 개선을 위한 전략)을 평가해야 한다. 평가자는 각 단계별 과제를 구성하는 몇 가지 행동의 수준을 나타내 주어야 한다.

대인관계 시뮬레이션에서 평가자와 역할연기자가 모두 필요하므로 한 사람이 두 역할을 모두 수행해야 할 수도 있다. 그러나 이 방법을 사용하는 것은 신중해야 한다. 역할연기자를 맡는 동안에는 상황을 객관적으로 평가하기 어렵다. 또한 역할연기자는 시뮬레이션에 참여하는 동안 자세하게 메모할 수 없으므로 참가자의 성과를 평가할 때 자신의 기억에만 의존해야 한다. 불가피하게 한 사람이 두 역할을 해야 한다면 역할연기자로서 수행한 뒤 관찰·분류·평가를 할 수 있도록 상호작용 장면을 비디오나 오디오로 녹음해야 한다.

역할연기자와 평가자가 다른 사람인 경우, 상호작용하는 동안 평가자는 대개 눈에 띄지 않는다. 평가자는 참가자의 말과 행동을 자세히 메모하고 시간을 추적해야 한다. 반면, 역할연기자는 참가자를 적극적으로 참여시켜야 한다. 그러므로 시뮬레이션의 성공을 위해서는 적절한 훈련이 필수적이다.

역할연기자는 시나리오에 묘사된 직위를 현실적으로 연기할 수 있는지를 바탕으로 선정해야 한다. 역할연기자의 실제 업무 경험 여부를 고려해야 한다. 가령, 중간 관리자를 평가하기 위한 시뮬레이션에서 행정보조 경험뿐인 역할연기자가 CEO 역할을 하는 것은 비현실적이다. 그러나 나이가 많은 역할연기자가 부하 직원 역할을 맡는 것은 조직이 다양성을 중시한다는 신호가 될 수 있으므로 적절할 수 있다(여성 역할연기자에게 CEO 역할을 부여하는 것도 같다).

역할연기자는 연기 훈련까지 받을 필요는 없지만(일부 컨설팅 회사에서는 가상현실을 활용한 평가 제작을 위해 전문 배우를 고용함), 역할을 연기할 때 편안함을 느껴야 한다. 일반적으로 사람들은 역할을 편안하게 소화하기 어렵다. 모든 역할연기자는 동기를 갖고 기꺼이 책임을 맡을 의향을 가져야 하며, 그렇지 않으면 설득력 있는 역할연기를 하는 데 어려움을 겪을 것이다. 시뮬레이션을 여러 번 시행하는 경우 동일한 역할을 하는 여러 사람이 필요할 수 있다. 시뮬레이션이 성 중립적으로 구성되었다면, 역할연기자가 같은 성별일 필요는 없다. 역할연기자가 정해지고 나면, 시뮬레이션에서 역할연기를 하기 전까지 연습과 피드백이 필요하다. 이 기간에 역할연기자에게는 다음과 같은 것이 주어져야 한다.

- 모든 관련 배경 자료를 읽을 시간이 주어져야 한다.
- 캐릭터에 대해 논의하고 질문할 수 있는 기회가 주어져야 한다.
- 숙련된 역할연기자(시뮬레이션 개발자 또는 숙련된 평가자일 수도 있음)

의 시뮬레이션을 참관하고 이들과 연습할 기회가 주어져야 한다.
- 평가자가 관찰하는 동안 서로 역할을 연기하는 연습을 해야 한다.
- 역할 수행에 대한 피드백을 받고 후속 연습을 할 기회가 주어져야 한다.

훈련 중 역할연기자로서 적합하지 않다는 것이 분명해지면, 그 사람은 대인관계 시뮬레이션에 활용해서는 안 된다. 그 사람은 해당 역할을 설득력 있게 연기하는 데 어려움을 겪을 수도 있고, 또는 연기 자체가 불편할 수도 있다.

후속 단계

대인관계 시뮬레이션 개발자는 파일럿 테스트 시행 및 시뮬레이션 실시 과정과 결과를 평가하기 위한 후속 단계를 마련해야 한다.

효과성 및 개선점 평가

파일럿 테스트를 통해 참가자, 역할연기자, 평가자로부터 시뮬레이션 효과에 대한 귀중한 통찰을 얻을 수 있다. 참가자는 자료의 명확성, 정보 제공의 충분성, 역할연기자의 현실성, 시뮬레이션의 스트레스 강도를 평가할 수 있다. 역할연기자는 진행을 위한 정보의 충분성, 훈련과 교육의 적절성, 차원 관련 행동을 이끌어 내기 위한 단서/프롬프트의 실행 가능성을 평가할 수 있다. 평가자는 역할연기자가 적절한 단서/프롬프트를 제공했는지, 역량 차원별 정확한 평가를 할 수 있도록 관련 행동을 충분히 관찰할 수 있었는지에 대해 평가할 수 있다.

따라서 각 대상자에게 다음의 질문을 할 수 있다.

- 시뮬레이션이 직무 관련 기술을 보여 줄 수 있는 공정한 기회를 제공했는가?
- 시뮬레이션의 인위적인 제약이 실제 능력을 발휘하는 데 방해가 되지는 않았는가?
- 시뮬레이션에서 요구한 것이 실제 업무에서 요구되는 것과 명확하게 관련되었는가?
- 지침이나 자료는 명확했는가?
- 역할연기자가 업무를 수행하는 인물을 사실적으로 묘사했는가?
- 시뮬레이션이 어려웠는가? (또는 도전적이었는가? 또는 시뮬레이션의 스트레스 강도는 어떠했는가?)

이러한 질문에 대한 각 역할 담당자의 의견은 시뮬레이션 및 자료를 수정하는 데 유용하다.

파일럿 테스트에서 얻은 반응 외에도 시뮬레이션 시행 기간의 일정 시점에 시뮬레이션에 대한 반응을 얻어야 한다. 시뮬레이션을 진단 목적으로 사용하는 경우 각 참가자의 반응을 조사하는 것은 비교적 쉽다. 조사는 참가자가 피드백을 받은 직후든, 또는 참가자가 배운 내용을 업무에 적용한 이후의 특정 시점이든 모두 가능하다. 참가자에게 다음과 같이 질문해 볼 수 있다.

- 시뮬레이션이 실제 업무상 발생하는 개인 및 상황 유형을 사실적으로 표현했는가?

- 시뮬레이션에서 받았던 피드백은 도움이 되었는가?
- 시뮬레이션에서 받았던 제안을 실행할 수 있었는가?
- 그렇지 않았다면 제안을 실행하는 데 어떤 장벽이 있었는가?
- 이 경험에서 가장 도움이 된 점은 무엇인가?
- 가장 도움이 되지 않았던 점은 무엇인가? 개선할 점은 무엇이라고 생각하는가?

이러한 반응을 수집하면 시뮬레이션 경험이 참가자에게 도움이 되는지 확인할 수 있고, 시뮬레이션을 지속적으로 개선하는 방법에 대한 귀중한 통찰력을 얻을 수 있다.

기타 평가

상호작용 기술 개발을 위해 시뮬레이션을 사용한 경우, 참가자가 실제로 경청과 같은 목표 기술을 개발했는지의 여부를 검사할 수 있다. 시뮬레이션 실시 전후, 부하 직원와 관리자로부터 직장에서의 행동 변화에 대한 다면 피드백을 받아 시뮬레이션이 대인관계 효과성 개선으로 이어졌는지 파악할 수 있다.

요약

대인관계 시뮬레이션은 상대적으로 쉽게 개발하고 실시할 수 있으며, 비교적 짧고 제한된 시간 동안 실시되는 경우가 많다. 대인관계 시뮬레이션은 역할연기자가 참가자에게 현실적인 과제를 충실히 수행하도록 요구하며, 평가자는 행동을 직접 관찰하고 평가하여 선발, 개발 또는 연구 목적에 유용한 정보를 제공할 수 있다.

참고문헌

Fishbein, M., & Ajzen, I. (1975). *Belief, attitude, intention, and behavior: An introduction to theory and research*. Addison Wesley.

Lievens, E., Schollaert, E., & Keen, G. (2015). The interplay of elicitation and evaluation of trait-expressive behavior: Evidence in assessment center exercises. *Journal of Applied Psychology, 100*, 1169-1188.

Schollaert, E., & Lievens, F. (2011). The use of role-player prompts in assessment center exercises. *International Journal of Selection and Assessment, 19*, 190-197.

Schollaert, E., & Lievens, F. (2012). Building situational stimuli in assessment center exercises:Do specific exercise instructions and role-player prompts increase the observability of behavior? *Human Performance, 25*, 255-271.

Thoresen, C. J., & Thoresen, J. D. (2012). How to design and implement a task-based assessmentcenter. In D. J. R. Jackson, C. E. Lance, & B. J. Hoffman (Eds.), *The psychology of assessment centers* (pp. 190-217). Routledge.

Tsacoumis, S. (2016). Rich-media interactive simulations: Lessons learned. In Y. Rosen, S. Ferrara, & M. Mosharraf (Eds.), *Handbook of research on technology tools for real-world skill development* (pp. 261-283). IGI Global.

Vernon, P. E., & Parry, J. B. (1949). *Personnel selection in the British Forces*. University of London Press.

제7장

정보 분석 시뮬레이션

이 장에서는 정보 분석 시뮬레이션을 설명한다. 정보 분석 시뮬레이션은 참가자에게 충분한 정보를 제공하고 스스로 정보를 분석하여 해결 방안을 제시하거나 결정을 내리도록 요구한다. 이 시뮬레이션의 유형으로 사례 연구, In-Box, 사실 조사(fact-finding) 시뮬레이션이 있다. 이 세 가지 시뮬레이션은 참가자가 복잡한 정보를 분석하고 데이터와 문제를 연구하여 대안과 해결책을 제안하고 결론을 내린 뒤 사유를 설명하고 방어해야 한다는 점에서 유사하지만, 데이터의 출처, 결과물의 형태 및 반대 의견에 직면하는 정도에서 서로 다르다. 데이터 출처는 사례 연구에서는 서면 자료, In-Box에서는 이메일 및 메모이며, 사실 조사 시뮬레이션에서는 정보 보유자이다. 사례 연구 시뮬레이션에서 참가자에게 요구하는 결과물은 일반적으로 서면 자료이지만, 프레젠테이션 또는 인터뷰를 추가로 진행할 수 있다. In-Box의 경우, 참가자에게 서면(이메일 또는 메모)으로 결과물을 제출받은 후 평가자가 질문을 할 수 있다. 사실 조사 시뮬레이션에서의 결과물은 정보 보유자에게 질문한 것에 대한 답변의 형태를 갖는다. 이 세 가지 시뮬레이션 유형은 모두 문제 분석, 대안 분석, 문제 해결 및 결단력과 같은 차원을 평가하는 데 특히 효과적이다.

이 장에서는 정보 분석 시뮬레이션 구축에 필요한 사전 단계를 검토한 후, 각 유형의 시뮬레이션 구축에 대한 구체적인 단계를 설명한다.

사전 단계

정보 분석 시뮬레이션 구축의 초기 단계에서는 시뮬레이션의 목표를 정의하고, 원하는 결과와 시뮬레이션의 목적을 기술한 다음, 시뮬레이션의 맥락과 설계 특징에 대한 사양을 명시한다. 이러한 단계는 제2장에 설명되어 있다.

정보 분석 시뮬레이션을 구성할 때 맥락 분석은 매우 중요하다. 맥락 분석 시 직장에서 접할 수 있는 다양한 정보에 관한 세부 자료를 구체적으로 확인하고 문서화하는 작업이 필요하다. 이 정보는 시뮬레이션 설계자가 적정 수준의 복잡성과 난이도로 시뮬레이션을 구축할 수 있는 풍부한 정보 자원이 된다. 이 정보는 다음과 같이 사용된다.

- 사례 연구에서 서면 또는 동영상 자료
- 현실적이고 도전적인 In-Box 문항
- 사실 조사 시뮬레이션에서 정보 보유자가 사용하는 정보의 저장소

〈글상자 7-1〉은 사례 연구 설계 시 이해관계자에게 미리 검토를 받았다면 준비 시간을 낭비하지 않았을 상황을 보여 준다.

글상자 7-1 폐기된 사례 연구

어떤 개발자는 채용 검사 프로그램의 문제점을 기반으로 한 사례 연구 시뮬레이션을 개발했다. 사례를 개발한 후 개발자는 여러 이해관계자에게 검토를 요청했다. 이해관계자 중 한 명인 회사 CEO는 검사 프로그램을 문제의 핵심 요소로 사례를 구축하는 것에 대해 강력하게 반대했다. 그녀는 이전 회사에서 검사 프로그램을 사용하면서 실패한 경험이 있었고, 자신의 회사가 검사 프로그램을 사용한다고 알려지기를 원하지 않았다. 사례 설명의 많은 부분이 검사 프로그램과 관련되어 있었기 때문에 개발자는 전체를 삭제하고 새로운 사례를 개발해야 했다. 시간이 많이 소요되었지만 시뮬레이션 실시 전에 반대 의견이 드러난 것은 다행이었다. 만일 개발자가 사례에 대한 개요를 시뮬레이션 사양에 제공했었다면, 이와 같은 반대 의견이 더 일찍 제기되고 과정 초기에 해결하여 시간과 자원을 절약할 수 있었을 것이다.

사례 연구 시뮬레이션

사례 연구 시뮬레이션에서 참가자는 복잡한 자료 세트를 읽고 서면 보고서를 작성하거나 구두 프레젠테이션을 한다. 이 시뮬레이션은 문제 및 의사결정 분석에 중점을 두기 때문에 분석 시뮬레이션이라고도 한다. 이 시뮬레이션에서 참가자는 다음을 수행해야 한다.

- 양적 · 질적 데이터를 포함한 다양한 서면 정보 이해
- 데이터에서 발견되는 패턴 확인
- 복잡한 상황에 내재된 주요 문제 또는 기회 확인
- 다양한 대안적 해결책 고려
- 각 대안의 장단점 평가

- 균형 잡힌 판단을 통해 최선의 결정 내리기

자료에는 일반적으로 복잡한 조직 문제를 설명하는 텍스트, 조직 및 상황에 대한 배경 정보, 다른 사람이 수집하여 구축한 하나 이상의 문제와 관련된 예비 데이터, 예산 및 비용과 같은 재무 정보, 참가자에게 유용할 수도 있고 그렇지 않을 수도 있는 기타 정보가 포함된다. 참가자 지시 사항에는 조직 내 구성원 누군가가 답변을 바라는 질문 목록, 해결해야 하는 문제, 참가자가 제시해야 할 제안 유형이 포함된다. 사례 연구는 참가자가 문제와 가장 관련 있는 자료를 선별할 수 있는지 확인하기 위해 실제로 필요한 것보다 훨씬 더 많은 정보를 제공하기도 한다.

참가자는 상급자 또는 임원진을 위한 서면 보고서를 준비할 것을 요청받기도 한다. 이를 통해 평가자는 참가자의 서면 의사소통 능력을 평가할 수 있다. 또한 참가자는 분석 결과를 다음과 같이 설명하도록 요청받을 수 있다.

- 분석 결과를 구두로 발표하기. 가령, 참가자는 CEO 역할을 하는 평가자 또는 임원진 역할을 하는 두 명의 평가자에게 발표하도록 요청받을 수 있다.
- 평가자/CEO가 참가자에게 질문하고, 이의를 제기하며, 제안에 대한 설명을 요청하기.
- 그룹 토론에서 다른 참가자와 토론하기. 각 참가자의 사례 연구 결과는 집단 내 시뮬레이션의 출발점으로 사용할 수 있다(제8장에서 설명).

필요 시간

- 소개 및 지침: 5~10분
- 사례 자료 분석 및 보고서 작성: 45~90분
- 후속 단계: 그룹과의 프레젠테이션 또는 토론을 위한 추가 시간

배경

사례 연구법은 교육, 훈련, 평가 상황에서 오랫동안 사용되어 왔다. 이 방법은 수십 년간 경영 및 법률 교육에 활용되어 왔다(Pigors, 1976). 하버드 대학교에서 사례 기반 교육을 공식화하고 풍부한 비즈니스 사례를 계속해서 발표하고 있기 때문에 '하버드 방식'으로도 불린다. 이 방법은 학생들이 실제 상황을 읽으면서 스스로 학습할 수 있도록 돕는다. 학생들은 의사결정을 해야 하는 특정 사례에서 비즈니스 운영의 기본 원칙을 파악해야 한다. 평가 기법으로서 사례 연구는 참가자가 복잡한 상황을 분석하고, 문제를 정확하게 파악하고, 논리적인 결정을 내리는 능력을 보여 줄 수 있는지를 확인할 수 있게 한다.

참가자에게 제공되어야 하는 정보

사례 연구 시뮬레이션에서는 다양한 문제를 묘사할 수 있으나 대상 직무의 요소와 적절히 일치해야 한다. 가령, 재무, 마케팅, 생산, 인적자원 관리 또는 IT 분야의 문제를 제시할 수 있다. 참가자가 다양한 배경을 가지고 있는 경우, 사례 연구의 주제는 모든 참가자가 파악할 수 있는 주제여야 한다. 가령, 사례에는 다양한 제품이나 서비스에 대한 안

전 문제 또는 고객 서비스에 대한 불만족이 포함될 수 있다. 특정 직무별 사례 연구 구축에 활용되고 있는 구체적인 주제의 일부가 〈표 7-1〉에 제시되어 있다. 표는 사례 연구가 비관리직, 감독자, 중간 관리자에서 임원에 이르기까지 다양한 직급별로 사례를 개발할 수 있음을 보여준다.

〈표 7-1〉 **사례 연구에 사용할 수 있는 주제**

직무	주제
임원/총괄 관리자	성공적인 부품 제조업체의 자사 제품 판매를 위한 해외 시장 모색에 대한 조언
교통 담당관	지방자치단체의 지역 교통 계획 분석
마케팅 매니저	다양한 고객층을 대상으로 제품이나 서비스를 판매하기 위한 마케팅 계획 수립
IT 컨설턴트	다양한 사업 분야(예: 의료, 소매 판매)의 마케팅을 위해 개발할 수 있는 몇 가지 소프트웨어 시스템 추천
유지보수 감독자	다양한 기술을 가진 기능 근로자를 다양한 부서에서 다양한 형태로 교대 근무할 수 있도록 배치
생산 분석가	보험금 청구 절차의 흐름 분석
재무 분석가	조직에 필요한 제품 제작 또는 구입 시 비용 편익 분석
마케팅/영업 담당자	과거 판매 실적을 기반으로 효율적인 가정용품 진열 방법 제안

조직의 당면 문제

사례 연구의 내용을 가상의 자료로 구성하는 대신, 현재 조직이 처한 실제 문제나 상황으로 만드는 방법도 있다. 대상 직무가 있는 부서나 팀에 현 관리자가 해결하고자 하는 문제가 있을 수 있다. 문제를 설명할 때, 관리자 또는 문제를 다루고 있는 위원회가 이미 수집한 관련 정보를 함께 제공한다. 이러한 방식으로 문제를 내는 것은 안면 타당도를 높이고, 분석을 통해 실제 문제 해결을 위한 해결책까지 제시할 수도 있다. 그러나 중요한 선발이나 승진 평가의 경우, 문제와 정보를 사전에 알고 있는 참가자에게는 유리한 반면, 다른 참가자들은 배경 정보를 파악하는 데 더 많은 시간을 할애해야 하는 단점이 있다.

지시의 중요성

사례 연구의 지시는 참가자가 평가 차원과 관련된 행동을 하도록 작성해야 한다. 다음 두 가지 옵션을 고려해 보자.

- '사례 자료를 읽고 해결 방안을 제안해 주십시오.'
- '사례 자료를 읽고 상황의 문제점과 그 원인을 설명하고, 여러 가지 가능한 해결 방안의 장단점을 나열하고 평가한 후, 최선책을 선택하고 그 이유를 작성해 주십시오.'

첫 번째 옵션은 참가자가 주어진 사례의 문제점을 기술하지 않고 해결 방안만을 적을 수 있기 때문에 문제를 분석하고 해결하는 과정이 분명하게 드러나지 않을 수 있다. 관련 행동이 드러나지 않으면 평가자는 응시자의 능력을 평가할 수 없다. 두 번째 옵션은 문제 해결 과정와 관련된 행동을 유도하므로 평가자는 이 영역에서 응시자의 기술을 평가할 수 있다. 이와 같이 명확한 지시의 첫 번째 목표는 평가자가 평가해야 하는 차원 관련 행동을 관찰하고 평가할 기회를 가질 수 있게 하는 것이다.

세부 지시를 분명하게 명시해야 하는 두 번째 이유는 참가자에게 시뮬레이션을 보다 투명하게 제공하기 위함이다. 투명성이란 참가자가 시뮬레이션의 목적이 무엇인지 명확하게 파악하고 자신에게 기대되는 바를 이해하는 것을 말한다. Kleinmann, Kuptsch와 Koller(1996)는 행동 평가 기법의 투명성을 높이면 구성 타당도가 높아짐을 확인하였다. 의사결정 분석력을 평가하는 사례 연구 시뮬레이션의 한 예에서, 참가자가 이 차원이 평가되고 있다는 것을 알고 있을 때 자신의 해결 방안을 이끌어 내는 인지적 과정을 보여 줄 가능성이 더 높았다.

예시

사례 연구 시뮬레이션은 다른 시뮬레이션과 몇 가지 차이점이 있다. 사례 연구의 경우 일반적으로 양적 데이터를 포함하여 광범위한 정보를 제공한다. 그룹 토론 시뮬레이션에서 제공하는 정보의 양은 1~2페이지 분량인 반면, 사례 연구 자료는 최대 10페이지에 달하는 정보를 담고 있는 경우가 많다. In-Box 시뮬레이션은 몇 가지 문제를 포함하는 몇 장짜리 자료를 여러 사람에게 전달하여 간단한 답변을 요구하는 반면, 사례 연구는 하나의 문제에 초점을 맞추어 조직 내 상급 부서에 제출할 공식 보고서를 작성하도록 요구한다.

가령, 지난 2년 동안 수익성이 마이너스로 떨어진 소기업의 사업부에 관한 사례를 생각해 보자. 이 기업은 사업부를 정리할지 아니면 추가 제품을 생산하기 위해 사업을 확장할지 여부를 결정해야 하는 상황에 놓여 있다. 참가자는 컨설턴트로서 조언을 해 달라는 요청을 받았고, 사례 자료는 다음과 같다.

- 회사 및 창립자의 역사

- 자산 및 부채와 관련된 재무 수치
- 생산 제품, 생산 원가, 도매 및 소매 가격
- 제조 시설 및 과정에 대한 정보
- 지난 몇 년간의 생산량 및 판매량
- 공장 확장 관련 예비 정보
- 현재 및 예상되는 대출 이자율(회사의 부채 구조 포함)
- 사업 확장 여부, 확장을 위한 자금 조달 방법에 대한 창립자와 임원진 간 상충되는 의견

참가자는 자료를 분석한 뒤, 손실 대응 방안, 공장 확장 여부, 확장 자금 조달 방안, 신제품 생산 추진 방향에 대한 서면 보고서를 작성하라는 지시를 받을 수 있다.

테크놀로지 활용

사례 연구는 몇 페이지 분량의 인쇄 자료와 함께 서면 형태로 제시되거나, 참가자에게 해결방안과 답변을 지필로 작성하도록 지시할 수 있다. 또는 사례 자료와 서면 보고서를 모두 또는 일부 컴퓨터로 전달할 수도 있다. 참가자에게 서면 형태로 문제 개요와 추가 정보를 수집하기 위해 접근 가능한 웹사이트 목록을 제시하고, 컴퓨터로 보고서를 작성하여 이메일로 제출하게 할 수도 있다. 이 방식의 강점은 일반적으로 현직자가 정보를 수집하고 보고서를 작성하여 제출하는 실제 업무 환경과 더 유사할 수 있다는 것이다. 또한 컴퓨터를 사용하면 참가자가 수기로 작성한 보고서보다 더 빠르고 읽기 쉽게 보고서를 작성할 수 있다.

제5장에서 언급한 바와 같이, 시뮬레이션이 평가하는 차원의 정의

[그림 7-1, 7-2] **동영상을 활용한 시뮬레이션(TV 리포터)**

출처: APTMetrics의 허가를 받아 사용.

가 오염되지 않도록 시뮬레이션에 적용하는 테크놀로지는 대상 작업에서 사용하고 있는 테크놀로지와 일치해야 한다. 가령, 실제 컴퓨터로 문서 작업을 하지 않는데 컴퓨터로 보고서 작성을 요구하는 것은 적절하지 않다. 마찬가지로, 실제로 수기 작성 업무를 거의 하지 않는데 종이와 펜으로만 작성하도록 하는 형태 역시 부적절하다. 물론 테크니컬한 방식을 적용하기 불가능한 상황도 있을 수 있다. 가령, 참가자들이 개별 컴퓨터를 사용할 수 없는 환경에서 한 번에 많은 참가자를 평가해야 하는 경우가 대표적이다.

사례 자료는 동영상 기반 멀티미디어 채널을 통해 전달할 수도 있다. 한 예로, APTMetrics사는 인도적 구호 활동 단체가 활동 중인 지역이 대규모 지진으로 불안정해지면서 직면하게 되는 많은 문제에 대해 경영진이 직접 해결해야 하는 시뮬레이션을 개발하였다. 참가자는 서면 자료 외에도 전문적으로 제작된 뉴스 클립, 화상 채팅 및 문자 메시지를 통해 상황과 주요 이해관계자에 대한 중요한 세부 정보를 전달받아 기존의 텍스트 위주 사례 연구 시뮬레이션보다 더 몰입감 있는 경험을 할 수 있었다. [그림 7-1]과 [그림 7-2]는 해당 시뮬레이션의 일부 스크린샷이다.

평가자, 역할연기자 및 정보 보유자를 위한 지원 자료

사례 연구 개발 시 평가자에게 제공해야 하는 자료를 준비하는 작업은 필수적이다. 개발자는 평가자가 서면 보고서를 검토하고 참가자를 차원별로 평가할 수 있도록 사전 지침을 준비해야 한다. 이러한 사전 지침은 평가자 교육(제13장)과 시뮬레이션 파일럿 테스트 과정에서 상당수 개정된다.

지원 자료에는 다음과 같은 내용이 포함되어야 한다.

- 사례 자료의 주요 포인트
- 조직이 직면한 핵심 문제
- 평가자가 고려해야 할 일반적인 영역
- 참가자가 주목해야 할 핵심 사항 예상 목록
- 참가자가 작성해야 할 '올바른' 해결 방안의 유형

예를 들어, 매출 감소를 겪고 있는 조직의 재무 분석을 위한 지원 자료에는 가격 정책, 확장, 제품 구성, 대출 자금 조달 및 경쟁 분야의 문제점이 지적되어 있었고, 각 영역별로 세부 정보가 표기되어 있어 참가자가 각 문제를 다루었는지에 대해 평가자가 명시적으로 확인할 수 있도록 하였다.

이와 같은 도구는 평가자가 문제 분석 및 의사결정 분석과 같은 평가 차원 관련 행동을 유도하기 위한 후속 질문 개발에 유용하다. 가령, 평가자는 "문제의 핵심 원인을 파악하기 위해 어떤 정보를 사용하였습니까?" "문제를 해결하기 위해 어떤 대안을 고려하였습니까?" "각 대안의 장단점은 무엇입니까?" 또는 "지원자가 최종적으로 제안하는 대안을 선정한 이유는 무엇입니까?"와 같은 질문을 할 수 있다. 이와 같은 질문은 제3장에서 설명한 특질 활성화 이론과 현실적 정확성 모델을 기반으로 한다.

또한 지원 자료에는 해당 사례 연구에서 평가하는 차원에 대한 효과적 수행과 비효과적 수행을 나타내는 행동의 예가 제시되어야 한다. 이는 각 평가 차원을 설명하는 행동 체크리스트, 행동 기준 평정척도의 형태가 될 수 있다. 〈표 7-2〉는 문제 해결력과 서면 의사소통력에 대한 행동 기준 평정척도(BAR)이다. 행동 기준은 일반적으로 기술하여 특정 사례의 내용이 포함되지 않는다. 다만 시뮬레이션 평가 현장에 적용할 때에는 사례 연구의 특정 정보를 참조할 수 있다. 시뮬레이션 개발자는 해당 조직에서 효과적·비효과적 행동을 결정할 때 주제 전문가(SME)의 자문을 구해야 한다.

〈표 7-2〉 **정보 분석 시뮬레이션에서 일반적으로 평가하는 두 평가 차원에 대한 행동 기준 평정척도(BAR)**

문제 해결력	
척도	행동 기준 예시
5	문제의 원인을 파악하기 위해 추가 정보를 수집한다. 문제의 원인을 다각도로 검토한다. 여러 대안별 장단점을 평가한다. 상황에 내포된 장애 또는 방해에 대해 질문한다. 가장 균형 잡힌 최종 제안을 선택한다. 최종 제안이 가진 한계점을 고려한다.
4	
3	시뮬레이션에서 제공되어 있는 정보만을 평가한다. 먼저 제안한 해결책에 대한 장단점을 고려한다. 최종 제안에 대한 결정을 내리기 전, 상황 맥락을 고려한다.
2	
1	문제의 원인을 이미 알고 있는 것으로 가정한다. 새로운 정보를 탐색하지 않는다. 하나의 대안만을 고려한다. 대안적 행동의 결과에 대해 평가하지 않는다. 대안적 행동이 처해진 상황 맥락과 불일치한다.
서면 의사소통 능력	
척도	행동 기준 예시
5	아이디어가 매우 논리적이며 잘 정돈되어 있다. 제안은 상세하면서도 간결하다. 문법적 오류, 오탈자 등 보고서 작성상 오류가 거의 없다(0~3개 이내). 어휘력이 풍부하다.
4	
3	제안은 기본적으로 논리적이며 조직적이다. 문법적 오류, 오탈자 등 보고서 작성상 오류가 적다(4~6개 이내). 상대방을 고려한 어휘를 적절하게 사용한다.
2	
1	아이디어가 제대로 정리되지 않고 조직화를 갖추지 못한다. 내용이 장황하고 의미가 불분명하다. 문법적 오류, 오탈자 등 보고서 작성상 오류가 빈번하다(6개 이상). 상대방에게 다소 적합하지 않은 문구나 어휘를 사용한다.

In-Box 시뮬레이션

In-Box 시뮬레이션에서 참가자는 '받은 메일함'에 들어 있는 내용을 읽고 그에 따른 행동을 해야 한다. 이 시뮬레이션은 과거 서면 중심 작업을 하던 시기, 관리자의 책상 위에 놓여 있던 서류함을 표현하기 위해 'In-Basket'으로 불리기도 한다. In-Box의 내용에는 메모, 이메일, 보고서나 기타 자료가 포함되며, 서면 또는 전자 서류의 형태로 전달된다. 참가자는 제한 시간 안에 메일로 주어진 문제를 서면으로 답변해야 한다. 마감일과 압박에 어떻게 대응하는지 관찰하는 것이 목적이라면, 답변 작성 시간을 비교적 짧게 줄 수 있다. 평가자는 시뮬레이션을 완료한 뒤 참가자와 인터뷰하면서 답변의 의미를 명확히 하거나, 참가자가 시뮬레이션을 진행하면서 활용한 사고 과정을 확인할 수도 있다.

In-Box 시뮬레이션의 장점은 다음과 같다. 먼저, 자료 개발 이후의 관리가 비교적 수월하다. 평가자는 참가자가 작업하는 것을 관찰할 필요가 없고, 훈련된 평가자가 아니더라도 시뮬레이션을 관리할 수 있다. 즉, 평가자와 역할연기자가 실시간으로 상호작용해야 하는 제약 없이 한 번에 여러 명을 관리할 수 있다. 평가 및 채점은 참가자의 답변을 검토한 뒤 실시하므로 평가자는 시간을 더 할애하여 면밀하게 평가할 수 있다. 마지막으로, In-Box는 다양한 평가 차원을 관찰할 수 있어 관리직 및 행정직 평가에 특히 유용하다. 실제, In-Box는 관리 기술을 평가하는 데 적합한 몇 안 되는 방법 중 하나이다.

참가자 정보에는 다음의 내용이 포함되어야 한다.

- 시뮬레이션에서 가정하는 조직의 조직도 및 조직 개요를 파악할 수 있

는 배경 정보. 배경 정보는 참가자가 In–Box 문제에 답변할 때 참고할 수 있을 정도의 충분한 정보가 상세히 제공되어야 한다. 또한 이 작업을 짧은 시간 내에 처리해야 하는 이유에 대한 근거를 제시하여 시뮬레이션 환경을 만들어야 한다. 가장 흔한 시나리오는 전임자가 질병 등의 이유로 급히 퇴직한 후, 참가자가 새로운 관리자로 전임자의 역할을 이어받아 조직에 당면한 문제를 처리해야 하는 상황, 또는 참가자가 몇 주 동안 사무실을 비워야 하는 관리자로서 '받은 메일함' 내 우선 과업을 처리해야 하는 상황이다. 일반적으로 시나리오는 참가자가 전화로 연락하거나 부하 직원에게 도움을 요청하는 상황을 제한하기 위해 주말로 설정하는 경우가 많다.

- 회의 및 약속 일정을 잡기 위한 달력. 참가자가 적절히 약속을 잡을 수 있도록 시나리오에서 오늘의 날짜를 알려 주어야 한다.
- 참가자 수행 지침, 제한 시간, In–Box 꾸러미에 무슨 답변을 어떻게 해야 하는지에 대한 정보. 참가자는 향후 조치 계획 등을 포함하여 모든 답변을 서면으로 작성해야 한다는 점을 강조해야 한다.
- In–Box 자료 꾸러미(다음에 자세히 설명). 자료는 시뮬레이션의 현실감을 높이기 위해 실제 조직에서 사용하는 '양식'을 반영하여 작성해야 한다. 글꼴, 로고, 레터헤드 디자인 등이 포함된다. 일부 항목에는 손으로 쓴 메모나 서명이 포함되어 있을 수 있다.

〈표 7–3〉은 In–Box 항목에 들어갈 수 있는 내용 예시이다. 항목은 인력 현황, 재무 데이터, 기술 정보와 같은 다양한 영역을 포괄해야 하며, 각 항목은 대개 시간적 민감도가 다르기 때문에 어떤 항목은 즉각적 대응이 필요한 반면, 어떤 항목은 연기 또는 위임이 가능하다. 해당 항목은 상사, 직속 보고자, 동료, 고객 등 다양한 출처로부터 받은 것이어

〈표 7-3〉 In-Box 시뮬레이션에 포함되는 일반적 이슈

문제	설명
부서 간 갈등	여러 메모에 참가자의 부서와 다른 부서 간 의견 불일치를 나타냄(예: 교통경찰관이 파견 근무자에 대한 불만 제기)
고객 불만	불만 사항을 해결하지 않으면 조치를 취하겠다고 위협하며 화를 내는 고객에게 받은 여러 장의 편지
법적 문제	법적 조치를 위협하는 변호사의 편지(예: 차별에 대해 소송을 제기한 전 스태프 관련 문제)
상사의 요청	상사가 참가자에게 특정 항목에 대한 조치를 취할 것을 요청하는 것으로, 이는 긴급한 요청일 수도 있고 일상적인 요청일 수도 있음
민원	한 시민단체가 보낸 편지로 지역 사회 내 경찰의 행위(예: 괴롭힘, 인종 차별)에 대한 불만이 담겨 있음
시간 충돌	회의와 업무 미팅이 동시에 잡힌 상황에서 참가자가 어디에 참석하고 불참석할 것인지, 불참 예정 건 처리 방안에 대한 결정
스태프 불만	참가자에게 직속 보고하는 부하가 일정, 급여, 동료 스태프 등 다양한 사유로 불평하는 이메일을 보냄
사소한 방해 요소	시간이 많이 걸리지만 비교적 중요하지 않은 항목(예: 검토해야 할 일상적인 보고서나 시의성이 있는 기사)
재무 데이터	부서 예산. 이는 단지 정보 제공용일 수도 있고 또는 일정 비율만큼 예산 삭감을 요청할 수도 있음
구매 요청	스태프에게 신규 인력 채용, 새 장비 구입 등 특정 금액을 지출하도록 허가해 줄 것을 즉각적으로 요청해야 함
통합 문제	하나의 문제와 관련된 여러 항목이 포함되어 있음. 그러나 항목들의 공통적인 문제는 명확하지 않을 수 있음. 예를 들어, 여러 항목이 특정 근무 교대와 관련된 문제일 수 있음. 참가자는 근본적인 문제가 무엇인지 인식해야 함

야 한다. 행동에 대한 의지력(동기, 또는 전형적 수행) 평가가 주요 목표라면, 일부 항목에 대해서는 참가자가 응답 여부를 선택할 수 있도록 덜 까다롭게 만들어야 한다. 행동에 대한 능력치(예: 최대 수행 성과) 평가가 목표라면 일부 항목은 지시 권한이 있는 사람(예: 상사 또는 임원)이 참가

자에게 어떤 조치를 취하도록 직접 지시하는 내용이 포함되어야 한다. 이 두 가지 목표는 모두 항목의 긴급성 수준을 다르게 하여 달성할 수 있다.

평가자 및 운영자를 위한 지원 자료

일반적으로 평가자는 참가자가 In-Box를 작성하는 동안 참석해 있을 필요는 없지만, 시뮬레이션 세션을 진행하고 참가자의 질문에 답변할 운영자는 있어야 한다. 운영자 가이드에는 참가자에게 시뮬레이션을 소개하는 방법, 제한 시간 및 참가자의 질문에 답변하는 방법에 대한 정보가 들어 있어야 한다.

참가자가 시뮬레이션을 완료하고 평가자가 답변을 검토할 때, 참가자의 답변에 대한 근거와 사고 과정을 확인하기 위한 후속 인터뷰를 시행할 수 있다. 이때 평가자는 참가자 전체에 걸쳐 일관성을 유지할 수 있도록 충분히 구조화되고 참가자의 개별적인 답변에 질문할 수 있도록 충분히 유연한 구조의 면접 가이드를 준비해야 한다. 면접관은 참가자가 답변한 항목과 답변하지 않은 항목에 대해 질문할 수 있고, 후자에 대한 질문은 위협적이지 않도록 구성해야 한다. 그렇지 않으면 참가자는 자신이 답변하지 않은 항목이 중요하다고 생각하여 답변하지 않은 이유를 정당화하거나 합리화하려고 시도할 수 있다.

이러한 일련의 활동 이후, 평가자는 참가자가 문제 분석 및 의사결정 분석과 같은 차원 관련 행동을 이끌어 낼 수 있도록 더 구체적인 단서를 제공하는 추가 질문을 할 수 있다. 평가자는 사례 연구 후속 인터뷰에서 설명한 것과 동일한 종류의 질문을 할 수 있다.

In-Box 시뮬레이션에서는 답변 수가 많고 항목이 서로 연관되어 있기 때문에 채점하는 과정이 복잡하고 시간이 많이 소요될 수 있다. 평가자를 돕기 위해 다음과 같은 하나 이상의 지원 자료를 제공할 수 있다. 첫 번째는 연관성이 있는 항목 그룹 목록이다. 두 번째는 각 항목에 대해 취할 수 있는 가능한 조치 목록 및 각 조치별 효과성 수준을 표시해 놓은 자료이다. 세 번째는 In-Box에서 평가하는 차원별 효과적 행동과 비효과적인 행동 목록이다. 예를 들어, 위임이라는 평가 차원에는 적절한 행동과 그렇지 않은 행동이 있다. 체크리스트는 참가자가 얼마나 자주 업무를 적절하게 위임했는지 추적하는 데 도움이 된다. 각 자료들은 평가자가 각 차원에 대한 참가자의 수행에 대한 판단을 내리고 행동 기준 평정척도를 완성하는 데 도움이 될 수 있다.

필요 시간

제한 시간을 설정하는 데 몇 가지 고려 사항이 있다. 짧은 시간 내에 할 수 있는 것보다 더 많은 작업을 하도록 요구하는 것은 장단점이 있는데, 우선 현대 비즈니스 환경의 현실은 항상 시간보다 일이 더 많다는 것이다. 따라서 사람들이 무엇에 주의를 기울이고 작업의 우선순위를 어떻게 정하는지 알아보는 것은 유용할 수 있다. 반면, 더 많은 시간을 제공하면 참가자들이 얼마나 더 많은 시간과 노력을 투입하여 직무를 철저히 수행하고자 하는지에 대한 동기를 평가할 수 있다. 즉, 이는 직무의 본질과 성과의 핵심적 차원의 본질로 귀결된다.

일반적으로 참가자가 시뮬레이션을 완료하는 데 2~3시간이 소요된다. 참가자가 다양한 행동을 보여 줄 수 있도록 최소 2시간은 주어져야 한다. In-Box가 3시간을 초과하는 경우에는 적절한 휴식 시간을 제공해 주어야 한다. 평가자가 참가자의 답변을 검토하고 점수를 매기려면 추가로 2~3시간(또는 그 이상)이 필요하다.

후속 인터뷰는 일반적으로 30~60분 정도 소요되며, 평가자가 인터뷰에서 추가로 얻게 된 정보를 평가에 통합하기 위해서는 추가 시간이 더 필요하다.

배경

1953년, Educational Testing Services의 연구팀이 미 공군을 위해 In-Box 기법을 처음 개발했다. 이 기법의 목적은 조직화, 문제 확인 및 의사결정과 같은 기술을 가르치는 공군 대학의 효과성을 평가하기 위함이었다. Frederiksen과 동료들(예: Frederiksen, Saunders, & Wand, 1957)이 연구를 통해 문제 분석과 같은 행정 및 관리 차원을 평가하는 새로운 방법으로 In-Box 기법을 제시하였다(Thornton & Byham, 1982).

In-Box 기법은 Bray와 동료들이 수행한 AT&T Management Progress Study에서 사용되었다(Bray & Grant, 1966). 이 연구는 성공적인 관리자와 관련된 특성을 종합적으로 평가한 것이었다. 이러한 특성을 평가하기 위해 In-Box 시뮬레이션을 포함한 평가 센터를 사용하였다. 이 방법은 회사 내 관리자의 서류함을 시뮬레이션한 최초의 평가 프로그램 중 하나였다. 이후 In-Box는 가장 자주 사용되는 시뮬레이션 중 하나가 되었고, 지금도 계속 활용되고 있다(Hughes, Riley, Shalfrooshan, Gibbons, & Thornton, 2012).

테크놀로지 활용

In-Box 시뮬레이션은 일반적으로 컴퓨터로 운영한다. 참가자가 로그인하면 조직, 직무 및 상황에 대한 설명이 표시된다. 그런 다음, 일련의 이메일 메시지가 메일함에 도착하기 시작한다. 이때 두 가지 응답 형식이 가능하다. 자유 응답 형식에서 참가자는 직장과 유사한 방식으로 응답한다. 즉, 답장을 입력하고, 질문에 답하고, 지시를 내리고, 추가 정보를 요청하고, 다른 스태프에게 메시지를 전달한다. 객관식 형식에서는 참가자에게 일련의 응답 옵션을 보여 주고 선호하는 옵션을 선택하도록 한다. 이는 직무 전문가가 사전에 평가하며, 선택한 차원과 관련하여 효과성에 대한 값을 할당할 수 있다. 이는 In-Box 응답에 대한 '객관적인' 채점값을 기반으로 한다. 이 과정은 In-Box에서 '점수'를 제공한다는 점에서 매우 효율적이지만 참가자가 직접 구성한 답변을 얻지 못한다는 한계가 있다.

사실 조사 시뮬레이션

사실 조사 시뮬레이션에서는 참가자에게 발생한 상황 또는 이미 결정되었지만 현재 재검토 중인 건에 대해 간단하게 설명한다. 이어 참가자가 정보 보유자에게 질문하여 추가 정보를 수집할 수 있도록 일정 시간을 할당한다. 정보 보유자는 상황에 대한 광범위한 정보를 가지고 참가자의 질문에 적절하게 대답할 수 있도록 훈련된 사람이다. 참가자는 무엇을, 왜 해야 하는지 구체적인 해결 방안을 제시해야 한다. 이 기법은 특정 사건이 발생했고, 누군가가 조치해야 할 일에 대한 명확한 추천안을 요청하기 때문에 '의사결정 시뮬레이션'이라고도 부른다. 사실 조사 시뮬레이션은 구두로 진행되며, 정보 보유자로부터 구두로 정보를 수집한다는 점에서 사례 연구 시뮬레이션과는 차이가 있다.

사실 조사 시뮬레이션에는 두 가지 유형의 사건이나 상황이 자주 등장한다. 첫 번째는 특정 문제가 발생하여 고위급 관리자가 상황을 처리하는 방법에 대한 조언을 구하는 상황이다. 일반적으로 두 가지 명확한 대안이 고려된다. 가령, 배송 일정이 지켜지지 않아 관리자가 주문 배송 과정을 변경할지의 여부를 고려하는 시나리오가 제시될 수 있다. 두 번째 유형의 상황은 조직 내 하위 직급자가 이미 내린 결정에 대해 이의를 제기하거나 항의하는 상황이다. 이 시나리오에서는 상위 직급자가 기존의 결정을 유지할지 아니면 번복할지에 대해 하위 직급자에게 조언을 구한다. 가령, 상사가 사원에게 해고를 권고했는데 임원이 그 결정에 의문을 제기하는 시나리오가 주어지고, 참가자에게는 사건에 대한 정보를 얻기 위해 정보 보유자에게 질의하여 판단하고 권고할 수 있는 기회가 주어진다. 또 다른 예로는 스태프 참여도 설문조사를 실시해 달라는 요청이 부공장장에 의해 거절된 상황을 들 수 있다. 공장 근로자들은 설문조사 실시를 강력히 요구하고 있다. 공장장은 공정한 외부인(참가자)에게 이 상황을 검토하고 해결 방안을 추천해 달라고 요청하는 상황이다.

정보 보유자는 사실 조사 시뮬레이션의 핵심 요소이다. 처음에 정보 보유자는 참가자가 참고할 수 있는 방대한 양의 정보를 제공하는 중립적인 출처 역할을 한다. 이때 정보 보유자는 어떤 역할도 하지 않고 참가자가 묻는 질문에 답변만 한다. 질문 시간이 끝나면, 참가자는 자신의 의견을 제시한다. 이 시점에서 시뮬레이션에서는 선택적으로 정보 보유자의 기능을 변경하여 참가자에게 도전할 수도 있고, 참가자의 결정을 번복하도록 유도할 수도 있다. 앞의 예에서 참가자가 설문조사를 실시할 것을 추천할 때 정보 보유자는 참가자가 발견하지 못한 증거를 인용하여 설문조사를 해서는 안 되는 이유를 제시할 수도 있다.

사실 조사 시뮬레이션은 사례 연구와 몇 가지 공통된 특성이 있다. 두 가지 유형 모두 참가자가 정보를 분석하고 대안을 평가하여 판단을 내려야 한다. 두 시뮬레이션에서 참가자의 아이디어는 역할연기자(사례 연구) 또는 정보 보유자(정보 탐색)로부터 도전을 받을 수 있다. 사실 조사 및 사례 연구 시뮬레이션의 차이점은 〈표 7-4〉에 요약되어 있다.

〈표 7-4〉 **사실 조사 및 사례 연구 시뮬레이션 비교**

사실 조사	사례 연구
구두로 얻은 정보	제공된 서면 정보
분석 및 결정에 걸리는 시간이 짧음	읽고 생각하는 데 비교적 더 긴 시간이 소요됨
정보를 얻기 위해 요청해야 함	모든 정보가 모든 사람에게 제시됨
권장 사항을 구두로 제시함	권장 사항을 서면으로 보고함(구두보고를 요청할 수도 있음)
한 가지 문제/사건에 집중	전형적으로 참가자에게 여러 가지 문제를 부여함

필요 시간

- 참가자가 사건에 대한 간략한 설명을 읽고 질문을 준비: 5~10분
- 참가자가 질문: 15분
- 참가자가 권장 사항 준비: 5분
- 참가자가 권장 사항과 근거를 제시: 5분
- (선택 사항) 정보 보유자가 참가자에게 이의 제기: 10분

배경

사실 조사 시뮬레이션은 Pigors(1976)의 '사건 처리 훈련 과정(incident process)'에 뿌리를 두고 있다. 사건 처리 훈련 과정은 수사 방법을 교육하는 데 사용되는 교육 도구이다. 특정 사실에 대해 명확하게 생각하는 능력, 현실적 판단력(예: 예비 결정을 내린 이후 새로운 정보에 따라 정보를 수정하는 능력), 사회적 인식(예: 다른 사람이 수용할 수 있도록 결정을 조정할 수 있는 능력과 의지)을 포함하는 지적 기술을 종합적으로 훈련하는 방법이다. 기본적인 훈련 과정은 학생들을 조별로 구성하여 사건에 대한 서면의 설명 자료를 주고 관련 정보를 수집하기 위한 질문을 완성하는 시간을 부여한다. 그다음, 학생들이 종합적 정보를 가지고 있는 강사에게 질문하는 시간을 통해 사건에 대한 '무엇을/언제/어디서/어떻게'를 이해하는 데 도움을 얻게 된다. 이후, 각 조는 상황의 '원인'에 대해 토론하고 결론을 도출할 시간을 갖는다. 그다음, 강사는 이 결론에 이의를 제기할 수도 있다. 이 훈련 과정은 많은 직무에서 성공적으로 업무를 수행하는 데 중요한 구두 정보 탐색 기술을 평가하기 위한 개인용 시뮬레이션으로 활용되고 있다.

참가자 자료

참가자에게 제공되는 자료는 비교적 간략하고 단순하다. 보통 다음과 같은 내용이 포함된다.

- 짧은 한 문단 가량의 사건 설명 개요

  예) "A 차장은 B 업체와의 교육 위탁 계약에 반대하고 있습니다.

그러나 C 부장은 귀하에게 검토 후 B 업체에게 교육을 위탁할지 여부를 추천해 달라고 요청했습니다."

- 참가자의 직책에 대한 설명

  예) "귀하는 관련 사안을 조사하여 추천안을 내야 하는 컨설턴트입니다."

- 정보 보유자의 기능에 대한 설명

  예) "정보 보유자는 광범위한 정보를 가지고 있으며 특정 질문에 답변할 것입니다. 정보 보유자는 그 외 다른 역할을 수행하지 않습니다."

- 시뮬레이션 단계별 제한 시간

  예) "준비하는 데 10분, 질문하는 데 15분, 추천안과 근거를 제시하는 데 5분이 주어집니다."

사실 조사 시뮬레이션은 특정 직무에서 발생하는 문제의 유형에 맞추어 다양한 콘텐츠를 활용할 수 있다. 다양한 직렬과 다양한 수준의 경험과 기술을 가진 직무 맞춤별 사건을 만들 수 있다. 하위 직급의 경우, 안전 규정 위반이나 고객 불만 대응과 같은 스태프 행동과 관련한 사건을 구성할 수 있다. 참가자가 특정 지식과 기술을 보유하고 있는 전문가 수준의 직급인 경우, 재무분석, 정보기술, 생산과정 등과 관련된 사건에 대해 조사할 것을 요청할 수 있다. 고위 관리자급인 경우, 인근 도시에 새로운 은행 지점을 설치할지 또는 생산 시설을 멕시코로 이전할지에 대해 추천안을 요청할 수 있다. 〈표 7-5〉는 다양한 잠재적 사건에 대한 정보를 보여 준다. '상급자'가 '참가자'에게 '사안'에 대해 조사해 달라는 요청으로 구성된다.

〈표 7-5〉 **사실 조사 시뮬레이션 유형: 최근 결정된 사안에 대한 조사 요청**

상급자	최근 결정된 사안	참가자의 역할
마케팅 이사	캠페인 제안이 거부됨	컨설턴트
HR 디렉터	스태프 교육을 위한 파견 요청	HR 전문가
도시 관리자	특별 프로젝트 예산이 거부됨	지역 사회 구성원
영업 관리자	소비자가 제안을 거부함	영업 담당자
HR 담당자	수습 스태프가 해고됨	인턴
CTO	IT 관리자가 회계 시스템을 변경하기로 결정함	컨설턴트
공장장	생산 속도 감소 사유로 생산관리자가 새로운 생산 시스템 설치를 고려하고 있음	컨설턴트
품질 관리자	고객 불만 증가로 조직은 새로운 품질 관리 시스템을 도입하는 것에 대해 고려하고 있음	엔지니어
이사회	은행 지점 추가를 위해 두 곳의 후보지를 검토하고 있음	재무 분석가
감독자	신상품 품질 검사	제조팀원

평가자, 진행자 및 정보 보유자를 위한 지원 자료

정보 보유자를 위한 지원 자료

정보 보유자에게는 참가자가 문제에 할당된 제한 시간 안에 다룰 수 있는 것보다 훨씬 더 많고 광범위한 정보를 제공해야 한다. 정보에는 문제에 대한 양측을 지지하는 균형 잡힌 데이터가 포함되어야 한다. 문제가 프로젝트 제안을 수락할지 거부할지에 관한 경우, 정보에는 제안을 거부해야 하는 것을 뒷받침하는 충분한 정보와 제안을 수락해야 하는 것을 뒷받침하는 충분한 정보가 모두 포함되어야 한다. 참가자가 사용 가능한 모든 정보 중에서 대표적인 표본을 얻었을 때, 정보가 균형을 이루고 있으면 참가자의 결정을 어렵게 만들 수 있다. 또한 균형 잡힌 정보는 참가자가 자신의 제안을 챌린지 단계(발표나 토론)에서 변경하려고

할 때, 정보 보유자가 방어용으로 활용할 수 있다.

정보 보유자는 초기에는 중립적이다. 정보 보유자는 참가자의 질문에 대답할 수 있도록 정보를 정확하게 알고 있어야 한다. 참가자는 시간 제한이 있기 때문에 많은 질문을 빠르게 할 것이다. 따라서 정보 보유자는 참가자의 수행에 방해되지 않도록 적시에 답변할 수 있어야 한다. 정보 보유자는 대부분의 정보를 기억해야 하지만, 모호하거나 세부적으로 자료를 살펴보기 위해 참고 자료를 이용할 수 있다.

참가자가 지나치게 추상적인 질문을 하면 이에 대해 예의를 갖추되 직접적으로 말해 주어야 한다. 참가자가 "제안 업체의 교육 제안서에 어떤 문제가 있었나요?"와 같이 모호하게 질문하는 경우, 정보 보유자는 "해당 질문은 모호합니다. 다시 질문해 주십시오."라고 말할 수 있다. 정보 보유자가 참가자의 최종 추천안에 이의를 제기하려면, 정보 보유자는 반론을 제기할 수 있는 준비가 되어야 있어야 한다.

〈표 7-6〉은 참가자가 스태프 교육을 위해 해당 업체과 계약하겠다는 A 차장의 제안을 받아들일지 여부를 결정해야 하는 사실 조사 시뮬레이션에서 정보 보유자가 제기할 수 있는 반론의 예를 보여 준다.

〈표 7-6〉 **참가자의 추천안을 반박하는 주장**

참가자 추천안	반론
업체의 교육 제안 거부를 추천(A 차장의 의견 지지)	조직은 제안서를 준비하는 데 많은 시간과 노력을 기울였습니다. 조직 내 스태프들은 교육을 받고 싶어 합니다. 조직은 이미 해당 업체의 교육에 대한 사전 공지를 한 상태입니다.
업체의 교육 제안 수락을 추천(A 차장의 의견 반박)	이러한 결정은 임원으로서의 잠재력을 가진 A 차장의 위상을 약화시킬 것입니다. 해당 업체가 교육을 실시하면 조직 내부 스태프들이 자체적으로 다른 프로젝트를 수행할 수 있습니다

시뮬레이션 활동 이후, 정보 보유자나 평가자는 참가자에게 문제 분석 및 의사결정과 같은 평가 차원 관련 행동을 이끌어 내기 위한 추가 질문을 할 수 있다. 이는 이전의 사례 연구 후속 인터뷰에서 설명한 것과 동일한 종류의 질문이다.

평가자를 위한 지원 자료

평가자에게는 평가 차원에 대한 폭넓은 정의를 제공해 주어야 한다. 평가자가 평가하는 데 도움이 되도록 행동 체크리스트 또는 행동 기준 평정척도를 개발해야 한다. 사실 조사 시뮬레이션을 훈련 목적으로 개발했다면, 매우 우수한 행동 예시를 사용하여 참가자에게 적절한 행동을 지도할 수 있다.

후속 단계

모든 유형의 정보 분석 시뮬레이션 개발자는 파일럿 테스트를 실시한 뒤 보완 조치를 취해야 하고, 시뮬레이션 실시 과정과 결과를 평가하기 위한 방안을 마련해야 한다.

효과성 및 개선점 조사

파일럿 테스트에서 참가자와 평가자로부터 시뮬레이션 효과에 대해 귀중한 통찰력을 얻을 수 있다. 참가자는 자료의 명확성, 정보 제공의 충분성, 요청된 분석을 수행하기 위한 시간의 충분성, 시뮬레이션의 스트레스 강도를 평가할 수 있다. 평가자는 참가자의 산출물(예: 서면 및 구두 응답)이 평가하기에 충분한 관련 행동을 포함하고 있는지, 행동 체크리스트 또는 행동 기준 평정척도가 평가 과정을 더 용이하게 만들었는지 여부를 고려할 수 있다. 참가자와 평가자에게 시뮬레이션의 내용이 실제 직무상 과업을 대표하는 것처럼 보이는지 질문할 수 있다. 이 피드백을 통해 자료 수정이 필요한 부분을 파악할 수 있다.

기타 평가

정보 분석 시뮬레이션을 선발 장면에 사용하는 경우, 평가 결과는 성과 평가 및 훈련 평가와의 상관관계를 통해 타당성을 검증할 수 있다. SME는 시뮬레이션 콘텐츠와 평가 차원의 직무 관련성 수준에 대해 평가할 수 있다. 시뮬레이션이 개발에 사용된다면, 평가 연구를 수행하여 참가자가 시뮬레이션에 참여하고 후속 피드백을 받음으로써 목표 차원의 숙련도를 향상시킬 수 있었는지 평가할 수 있다. 타당도 연구 및 훈련 평가 기법은 제14장에서 설명한다.

요약

정보 분석 시뮬레이션은 개발 및 운영이 상대적으로 어렵다. 비교적 시간이 오래 걸리므로 실제 직무의 난이도를 고려하여 신중하게 개발해야 한다. 적절하게 개발하여 운영하면 평가자가 행동을 직접 관찰하고 평가할 수 있는 풍부한 환경을 제공하고, 문제 분석 및 의사결정과 같은 차원에서 참가자의 숙련도와 같은 귀중한 정보를 얻을 수 있다. 이러한 정보는 인재 선발, 역량 개발 연구에 유용한 정보를 제공한다.

참고문헌

Bray, D. W., & Grant, D. L. (1966). The assessment center in the measurement of potential for business management. *Psychological Monographs: General and Applied, 80*, 1-27.

Frederiksen, N., Saunders, D. R., & Wand, B. (1957). *The in-basket test. Psychological Monographs, 71*(9, Whole No. 438).

Hughes, D., Riley, P., Shalfrooshan, A., Gibbons, A., & Thornton, G. C., III (2012). *A global survey of assessment centre practices*. Assessment & Development Consultants. Retrieved from http://www.adc.uk.com/resources/library/?resources_page=l&catf=16, and available from George Thornton, Department of Psychology, Colorado State University, Fort Collins, CO, 80523

Kleinmann, M., Kuptsch, C., & Koller, O. (1996). Transparency: A necessary requirement for the construct validity of assessment centres. *Applied Psychology: An International Review, 45*, 67-84.

Pigors, P. (1976). Case method. In R. L. Craig (Ed.), *Training and development handbook* (pp. 35-1-35-12). McGraw-Hill.

Thornton, G. C., III, & Byham, W. C. (1982). *Assessment centers and managerial performance*. Academic Press.

제8장

그룹 내 시뮬레이션

그룹 시뮬레이션

지금까지 우리는 참가자가 개별적으로 과제를 완료해야 하는 대인 관계 시뮬레이션과 정보 분석 시뮬레이션에 대해 논의했다. 이제부터는 참가자들이 함께 작업하여 과제를 완료하는 그룹 시뮬레이션에 대해 알아볼 것이다. 일반적으로 그룹 시뮬레이션에는 지정된 리더가 없으므로 전통적으로 리더 없는 그룹 토론(Leaderless Group Discussions: LGD)이라고 한다. 다양한 유형의 LGD가 있으므로 두 개 장에 걸쳐 설명할 것이다. 이 장에서는 참가자가 그룹 내에서 함께 작업하여 지정된 과제를 완료하는 그룹 내 시뮬레이션을 설명한다. 그런 다음, 제9장에서는 그룹이 지정된 과제를 달성하기 위해 다른 그룹과 상호작용해야 하는 그룹 간 시뮬레이션을 설명한다. 그룹 간 시뮬레이션과 그룹 내 시뮬레이션은 모두 참가자들에게 서로 다른 역할을 할당하거나 역할을 할당하지 않을 수 있다. 그룹 시뮬레이션에는 참가자 간의 의사소통과 조정이 필요하다. 이를 통해 평가자는 문제 해결과 대인 의사소통에 관련된 행동을 관찰하고 평가할 수 있다. 그룹 구성원은 복잡한 정보를 이해하고, 문제의 원인을 분석하고, 대안적 해결책을 고려하고 평가하고, 결정을 내려야 한다. 또한 참가자는 상호 간에 효과적으로 소통하고 다른 당사자와 협력적인 방식으로 소통해야 한다.

그룹 내 시뮬레이션

그룹 내 시뮬레이션은 그룹 구성원이 정보를 바탕으로 협력하여 문제를 해결하거나 결정을 내려야 한다. 역할이 할당되지 않은 그룹 내 시뮬레이션은 리더를 할당하지 않으며, 역할 위임이 자연스럽게 발생할 수 있다. 따라서 이 시뮬레이션에서는 자연스럽게 부상하는 리더십에 대한 평가가 가능하다. 이 시뮬레이션에서 참가자들은 동일한 목표(예: 조직 문제 해결)를 향해 노력한다. 〈글상자 8-1〉은 경험이 풍부한 감독자 그룹의 주제의 예이다. 역할이 할당된 그룹 내 시뮬레이션에서는 개별 그룹 구성원의 역할과 책임이 명확하게 정의되며, 어떤 참가자의 목표(예: 부하 직원의 최대 급여 인상 확보)는 다른 참가자의 목표와 서로 다르다. 따라서 참가자의 관점에서 볼 때 역할이 할당되지 않은 그룹 내 시뮬레이션은 종종 협력적인 반면, 역할이 할당된 그룹 내 시뮬레이션은 경쟁적이다. 실제로, 시뮬레이션이 인사 결정에 사용된다는 측면에서 보면 두 시뮬레이션은 모두 경쟁적이다. 즉, 참가자는 개별적으로 평가받고 승진을 위해 경쟁하는 것이다.

일반적인 그룹 내 시뮬레이션에서 참가자는 시뮬레이션된 조직과 시뮬레이션에서 다룰 문제의 특성에 대한 배경 정보를 미리 제공받는다. 참가자에게 역할이 할당되지 않은 경우, 참가자들은 동일한 정보를 받는다. 역할이 할당된 경우 참가자들은 자신의 역할에 대한 구체적인 정보와 함께 공통적인 정보를 받는다. 예를 들어, 토론의 목적이 부하 직원의 급여 인상을 시도하는 것이라면, 각 참가자는 급여 인상 절차 및 급여 인상을 고려하는 모든 스태프에 대한 공통 정보를 가질 수 있다. 이러한 공통 정보 외에 각 참가자는 자신이 급여를 인상시켜 주고 싶어 하는 스태프에 대한 보다 자세한 정보를 받게 되는데, 이 정보는 다른 참가자에게는 제공되지 않는다.

글상자 8-1 역할이 할당되지 않은 그룹 내 시뮬레이션의 문제 예시

Terry는 조직에서 가장 뛰어난 스태프 중 한 명이다. 그는 급여가 더 좋은 직장으로 이직하겠다고 위협하여 임금을 대폭 인상하는 협상에 성공했다. 이제 Terry는 부서의 다른 사람보다 더 많은 돈을 벌고 있다. Terry의 인상 소식이 조직 내에 퍼졌고 (Terry가 누설했을 것으로 의심됨) 다른 스태프들은 모두 화가 났다. Terry보다 훨씬 오래 근무한 많은 사람이 더 적은 돈을 벌고 있으며 이에 분개하고 있다. 게다가 다른 고성과 스태프들은 비슷하게 인상해 주지 않으면 조직을 떠나겠다고 위협하고 있다. Terry의 임금 인상으로 예산이 이미 부족해졌고, 조직은 앞으로 6개월 동안 다른 스태프의 임금을 인상해 줄 수 없는 상황이다. 조직의 사기를 유지하기 위한 방안은 무엇일까?

참가자들에게 배경 자료를 검토할 짧은 시간을 준 후, 문제를 논의하고 지정된 시간 내에 할당된 과제를 완료하도록 지시한다. 이 과제는 특정 문제에 대한 합의에 도달하거나, 특정 문제 해결책에 동의하거나, 프로젝트 계획 수립 등이 될 수 있다. 이러한 지시는 매우 모호할 수도 있고(예: 문제에 대한 해결책 준비), 매우 구체적일 수도 있다(예: 각 스태프가 급여 인상을 위해 받을 정확한 금액을 서면으로 표시한 다음 모든 사람이 합의에 서명하도록 함). 참가자들이 어떻게 답을 도출해야 하는지에 대한 지시도 평가 차원에 따라 모호하거나 구체적일 수 있다. 그룹 구성원이 함께 작업할 때, 평가자는 자신에게 할당된 참가자를 관찰하고 참가자의 행동을 기록한다. 참가자들이 토론을 마치면 평가자는 질문을 하거나 참가자들에게 결론을 설명하거나 정당성을 주장하도록 요청할 수 있다.

그룹 시뮬레이션을 선발 및 승진 결정에 사용하는 것에 대해서 표준화 부족과 여성 및 특정 인종에 대한 잠재적 편견을 이유로 우려가 제기되었다(Thornton & Rupp, 2006). 그럼에도 불구하고 이 기법은 부상하는 리더십을 관찰하는 가장 좋은 방법 중 하나일 뿐만 아니라, 개인이 그룹 환경에서 문제를 해결하기 위해 다른 사람과 상호작용하는 방식을 제공하기 때문에 선발 및 승진 결정의 목적으로 계속 사용되고 있다. 조직이 그룹 시뮬레이션을 선발 도구로 사용할 경우, 절차가 공정하고 직무와 관련이 있는지 확인해야 한다. 일반적으로 그룹 내 시뮬레이션은 다음과 같은 선발 맥락에서 가장 적합하다.

- 대인 의사소통을 평가할 필요가 있는 경우
- 목표 직책이 그룹 내에서 일하거나 결정을 내려야 하는 경우
- 조직이 공정하고 편파적이지 않은 시뮬레이션을 구축할 수 있는 자원을 보유하고 있는 경우
- 평가자가 가능한 한 표준화된 조건과 평가를 제공하도록 잘 훈련된 경우
- 조직이 평가 및 선발 과정에 추가 시간을 투자할 의향이 있는 경우

그룹 내 시뮬레이션은 개발 맥락에서도 매우 유용할 수 있다. 이는 팀 내에서 일하는 훈련을 하고 팀 성과에 대한 피드백을 받을 수 있는 수단을 제공한다. 피드백은 평가자뿐만 아니라 팀원에게서도 올 수 있다.

일본에서는 그룹 시뮬레이션을 참가자들이 체계적으로 관찰하고 서로를 피드백하도록 설정한다. 이 훈련은 그룹 문제 해결 능력을 개발하고 다른 사람에게 피드백을 제공하는 연습을 하는 방법이며, 이는 일본식 참여 경영의 중요한 측면이다.

배경

그룹 내 시뮬레이션의 사용은 1920년대 독일의 군 장교 선발 프로그램에서 시작되었다. 영국 전쟁부 선발 위원회(WOSB)는 1940년대 초에 이 시뮬레이션을 사용했다(Thornton & Byham, 1982). 이 기법은 그룹 상황이 리더십을 평가하기에 가장 좋은 기회를 제공한다는 전제에 기반을 두었다. 후보자들은 8명의 그룹에 배정된 후 리더가 배정되지 않은 채 문제 해결 과제를 받았다. 후보자들은 문제를 해결하기 위해 다른 참가자들과 협력하는 능력과 다른 후보자들과 상호작용하는 방식에 따라 평가되있다.

리더 없는 그룹 토론 기법은 나중에 Bass(1950)가 잠재적인 리더십을 평가하는 데 사용했으며 그 이후로 다양한 군, 정부 및 민간 조직에서 사용되었다. 여전히 관리자 후보를 평가하는 데 인기 있는 기법이지만, 많은 조직에서 계층 구조가 약해지고 모든 스태프가 리더십과 팀워크를 갖추기를 기대함에 따라 이 기법의 사용이 하위 직책에까지 확대되었다.

그룹 내 시뮬레이션 개발의 예비 단계

분석 단계에서 수집한 정보를 통해 개발 예정인 그룹 내 시뮬레이션에 필요한 특성을 알 수 있다. 선발 상황에서 지원자는 사전 경험이 있을 수도 있고 없을 수도 있다. 지원자가 사전 경험이 없을 것으로 예상되는 경우, 시뮬레이션에는 일반적인 문제나 이슈가 포함되어야 한다. 또한 리더십과 대인 의사소통은 직무 지식에 오염되지 않은 채 평가되어야 한다. 반면에 지원자가 사전 경험이 있을 것으로 예상되는 경우, 시뮬레이션은 실제 절차나 과정을 중심으로 작성할 수 있다. 이 상황에서 지원자는 사전 지식과 경험을 문제 해결과 리더십 발휘 기회에 어떻게 적용하는지 보여 줄 수 있다.

그룹 내 시뮬레이션을 구성할 때 고려해야 할 또 다른 특성은 참가자에게 역할 할당을 할지 아니면 역할 할당을 하지 않을지 여부이다. 역할을 할당하는 그룹 내 시뮬레이션은 부서장이나 감독자와 같이 설득력과 어느 정도의 자기 주장성이 필요한 직위에 가장 적합하다. 반면에 협력이 더 중요한 경우, 역할 할당이 없는 시뮬레이션이 더 적합할 수 있다. 〈표 8-1〉에 역할 할당 없는 그룹 내 시뮬레이션 시나리오의 여러 아이디어가, 〈표 8-2〉에 역할이 할당된 그룹 내 시뮬레이션 시나리오에 대한 아이디어가 제시되어 있다.

〈표 8-1〉 내용 예시: 역할 할당 없는 그룹 내 시뮬레이션

영역	내용
문제 해결	참가자들은 사기 문제, 감독 문제, 고객 문제와 같은 까다로운 문제를 하나 이상 해결하도록 요구받는다. 〈글상자 8-1〉에 예시 문제가 제시되어 있다.
인사	참가자들은 다양한 직위에 누구를 고용하거나 승진시킬지 결정하도록 요청받는다. 특정 후보자를 옹호할 필요가 없으며, 그러므로 목표는 전체 조직의 혜택을 극대화하는 것이다.
브레인스토밍	참가자들은 특정 주제에 대한 아이디어를 생성하도록 요청받는다. 예를 들어, 효과적인 감독자를 만드는 것이 무엇인지를 목록화하도록 요청받을 수 있으며, 그런 다음 목록의 우선순위를 지정하도록 요청받을 수 있다.

〈표 8-2〉 내용 예시: 역할이 할당된 그룹 내 시뮬레이션

영역	내용
스태프 급여/보너스	승급이나 보너스를 어떻게 할당할지에 대한 결정을 내려야 하며, 각 참가자는 자신의 팀원 옹호자가 되어야 한다. 일반적으로 승급이나 보너스를 위해 분배할 수 있는 고정된 금액이 있다. 각 참가자는 조직의 요구를 충족시키는 동시에 팀원을 위해 최대한 많은 것을 얻는 것을 목표로 한다.
포상	장학금이나 상을 누가 받을 것인지에 대한 결정을 내려야 하며, 각 참가자는 특정 개인(예: 스태프, 학생)의 옹호자가 되도록 지정된다. 목표는 조직의 이익을 극대화하면서 자신이 옹호하는 개인을 위해 상을 가져오는 것이다.
선발/승진	누구를 승진시키거나 고용할지에 대한 결정을 내려야 하며, 각 참가자는 특정 개인을 옹호하도록 지정된다. 목표는 다른 그룹 구성원에게 자신의 사람이 그 직책에 가장 적합한 후보자임을 설득하는 것이다.
예산 제안	예산에서 돈을 어떻게 할당할지에 대한 결정을 내려야 한다. 각 참가자는 자신의 프로젝트에 가장 많은 돈을 투자하고자 하는 부서장 역할을 한다.
보조금 제안	보조금이나 자원을 어떻게 지급할 것인지에 대한 결정을 내려야 한다. 각 참가자는 특정 조직이나 개인이 보조금을 받도록 옹호하는 연락 담당자 역할을 한다.

필요 시간

참가자들은 토론에 앞서 준비할 시간을 가질 수도 있고 갖지 않을 수도 있다. 준비 시간은 10~60분, 토론 시간은 30~90분이다. 토론을 마치면 평가자는 참가자들에게 토론 결과의 정당성을 설명하도록 요구할 수 있다. 이 과정은 5~15분 정도 걸릴 수 있다.

필요한 시간의 길이는 해결해야 할 문제의 복잡성, 시뮬레이션의 난이도, 실질적인 고려 사항을 포함한 여러 요인에 따라 달라진다. 일반적으로 역할 할당 그룹 내 시뮬레이션 토론은 역할이 할당되지 않은 그룹 내 토론보다 시간이 더 오래 걸린다. 전자의 경우, 참가자는 모든 참가자에게 동일하게 제공된 정보와 자신만 가지고 있는 정보를 모두 검토할 시간이 필요하기 때문이다. 게다가 역할 할당 그룹 내 시뮬레이션에서는 참가자에게 전략을 준비할 기회를 제공하기 위해 더 많은 준비가 필요하다.

참가자 자료

참가자 자료의 깊이와 폭은 시뮬레이션의 목적에 따라 크게 달라진다. 자료의 길이는 간단한 반 페이지 브레인스토밍 시뮬레이션에서 현재 시뮬레이션된 조직이 직면한 4~5가지 문제에 대한 간략한 설명이 있는 1페이지 시나리오, 회사가 직면한 대규모 전략적 문제에 대한 자세한 정보가 있는 소책자까지 다양하다. 자료의 복잡성에 영향을 미치는 몇 가지 요소는 다음과 같다.

- 평가할 차원: 자료와 지침은 참가자가 평가할 차원과 관련된 행동을 보일 수 있도록 해야 한다. 예를 들어, 평가 차원 중 하나가 그룹 리더십인 경우 시뮬레이션은 토론 수행 방법에 대한 최소한의 지침만을 주고 과제는 개방적인 것이어야 한다. 제약이 적으면 효과적인 리더십 기술을 가진 개인이 등장하여 토론을 이끌어 나갈 수 있다.
- 대상 직무 수준: 초급 직책의 후보자에게 복잡하고 상세한 많은 정보를 분석하고 그룹 토론하도록 요구하는 것은 비현실적일 것이다. 이러한 직무의 경우, 평가자가 참가자의 대인 상호작용 방식을 관찰할 수 있는 더 간단한 과제가 필요하다. 따라서 자료는 간단해야 하며 토론을 촉진하기에 충분한 세부 정보를 포함해야 하지만, 참가자가 자신의 목표를 이해하는 데 어려움을 겪을 정도로 많은 세부 정보는 포함해서는 안 된다.
- 자료의 복잡성과 토론자의 경험 수준: 일치해야 한다. 자료가 너무 쉽거나 어려워서는 안 된다. 자료가 너무 쉬운 예는 〈글상자 8-2〉에 설명되어 있다.
- 참가자 역할: 역할이 할당되면 모든 사람이 접근할 수 있는 배경 정보와 각 개인에게 관련된 특정 정보가 동시에 주어지기 때문에 자료가 필연적으로 더 복잡해진다. 예를 들어, 과제가 자신의 팀원의 승진을 추천하는 것이라면, 각 참가자는 모든 승진 후보자에 대한 간략한 정보와 함께 다른 참가자에게는 주어지지 않는 자신의 팀원에 대한 더 자세한 정보 또한 받게 된다. 이것은 개인이 다양한 수준의 정보로 작업하는 실제 상황을 시뮬레이션하고, 참가자가 어떻게 이 고유한 정보를 전략적으로 사용하여 이익을 얻는지를 보여 줄 수 있게 한다. 반면, 역할이 할당되지 않은 경우, 각 참

가자는 정확히 동일한 정보를 갖게 된다. 이 경우 참가자가 역할을 효과적으로 수행하기에 충분한 세부 정보를 제공해야 한다. 할당된 역할이 없으면 참가자 자료는 매우 간략할 수 있다.

글상자 8-2 시뮬레이션이 실패하는 이유: 내용이 너무 단순한 사례

의료 장비 제조업체의 감독자들에게 역할이 할당되지 않은 그룹 내 시뮬레이션을 적용하면서, 그들의 전문성 수준을 감안할 때 너무 단순한 네 가지 문제를 제시했다. 한 가지 문제는 이미 직장에서 해결되었고, 두 번째 문제는 명확한 정책으로 다루어졌으며, 다른 두 가지는 짧은 토론으로 해결되었다. 여러 참가자 그룹에서 모든 문제가 토론 제한시간 60분 중 약 20분 안에 해결되었다. 평가자는 문제 해결 행동에 대한 의미 있는 관찰을 거의 하지 못했다. 이 사례는 시뮬레이션의 난이도 수준을 초기 계획 단계에서 설정하고 시뮬레이션 사양에 이를 명시적으로 기술하는 것이 중요함을 보여 준다.

자료에는 최소한 다음이 포함되어야 한다.

- 참가자가 적절한 맥락을 가지고 문제를 토론할 수 있도록 시뮬레이션된 조직에 대한 충분한 배경 정보
- 참가자가 의미있는 토론을 할 수 있도록 문제나 이슈에 대한 충분한 정보. 역할이 할당될 때, 각 참가자 개인에게만 주는 특정한 정보는 참가자가 이 정보를 유리하게 활용할 수 있도록 공통 정보와 충분히 달라야 한다. 그러나 할당된 역할 때문에 어떤 참가자가 유리하지 않도록 역할이 동등해야 함에 유의
- 참가자가 무엇을 해야 하는지에 대한 지침(예: 모든 사람이 동의하고 서명하는 서면 행동 계획 개발)
- 준비 및 토론 제한시간

시뮬레이션에서 그룹이 문제에 대한 몇 가지 가능한 해결책 중에서 선택해야 하는 경우, 진행자는 참가자에게 토론할 해결책의 순서를 양식에 각자 작성하도록 요청할 수 있다. 이러한 정보는 평가자가 설득력/영향력, 판단력 및 분석력과 같은 차원에 대한 평가를 내리는 데 유용한 추가 행동 정보 소스가 될 수 있다. 특히 이러한 정보는 참가자가 실제 토론 중에 소극적일 때 유용하다. 또한 평가자는 그룹 토론 전에 참가자의 입장을 알게 됨으로써 그룹에서 제공되는 새로운 정보에 따라 참가자가 입장을 바꾸는 정도 또는 참가자가 다른 사람에게 영향을 미칠 수 있는 정도를 평가할 수 있다.

테크놀로지 활용

제5장에 설명된 대부분의 테크놀로지를 그룹 시뮬레이션에 적용할 수 있다. 컴퓨터, 웹, 비디오 및 클라우드 기반 애플리케이션을 사용하여 평가자와 평가대상자의 일정을 정하고, 행동 관찰 및 평가를 기록, 저장 및 통합하고, 평가자와 평가대상자를 원격으로 한자리에 모으는 데 사용할 수 있다. 시뮬레이션 개발자는 기술적 애플리케이션을 고려할 때 이러한 문제 해결의 비용과 이점을 비교하고 고용 평등, 장애인 편의 시설, 개인 정보 보호 및 검사 보안 분야에서 윤리적 · 법적 기준을 준수해야 한다.

또한 평가대상자에게 시뮬레이션 과제를 수행하는 데 사용할 테크놀로지에 접근 권한을 부여할 수 있다. 개별 시뮬레이션과 마찬가지로 그룹 시뮬레이션에 데이터 분석이나 보고서 또는 프레젠테이션 준비가 필요한 경우, 평가대상자가 이를 수행하기 위해 대상 직무에서 일반적인 테크놀로지(예: 프레젠테이션 소프트웨어, 스프레드시트 등)를 사용하도록 허용하는 것이 적절하다.

그룹 시뮬레이션과 관련된 테크놀로지 구현의 특별한 한 종류는 팀원들이 특정 목표를 향해 함께 일할 수 있도록 해 주는 테크놀로지이다. 예를 들어, 교육 및 개발 목적으로 그룹 내 시뮬레이션을 사용하는 어떤 테크놀로지 기업을 살펴보자. 시뮬레이션은 다양한 배경과 전문 지식을 가진 스태프를 모아 회사에서 실제로 개발한 것과 유사한 제품/서비스/소프트웨어 문제 해결을 개발하도록 하는 것이다. 팀이 개발한 문제 해결이 조직에 확실히 통찰을 주고 때로는 실행 가능하더라도 시뮬레이션의 목적은 리더십, 의사소통, 팀워크, 창의적인 문제 해결과 같은 측면에서 스태프를 평가하고 피드백을 제공하는 것이다.

이 기업은 최근 클라우드 기반 팀 협업 툴을 구축하고, 스태프들에게 도구 사용에 대한 교육을 실시했으며, 팀 기반 프로젝트에 도구 사용을 장려하고 있다. 이러한 툴(예: Slack)을 사용하면 팀원들이 이메일, 전화 또는 문자 메시지를 사용하지 않고도 소통하고 업무를 조정할 수 있다. 콘텐츠(예: 의사소통, 파일, 멤버 디렉토리)는 모든 팀원이 공개하고 검색할 수 있으며 주제별로 정리되어 있다. 동시에 팀원은 비공개 스레드(thread)를 만들고 개인 메시지를 보낼 수 있다(이 메시지는 시스템에 보관됨).

이 기업은 참가자 그룹이 클라우드 기반 팀 협업 도구를 통해 시뮬레이션에 참여하도록 하는 데 강력한 근거를 가지고 있었다. 이 테크놀로지는 회사 전체에 도입되고 있었고, 시뮬레이션 참가자가 내부 스태프가었으며, 시뮬레이션이 개발 목적으로만 사용되었기 때문이다. 따라서 시스템에 대한 익숙함의 정도가 다양하더라도 참가자에게 불이익이 되지 않았다. 그렇게 하는 데는 많은 이점이 있었다. 첫째, 기업은 도구 사용과 편리함을 촉진할 수 있는 추가 채널을 허용했다. 둘째, 도구 자체가 기존의 '토론 전용' 형식에서는 항상 관찰할 수 없는 의사소통 전략에 대한 통찰력을 제공했다. 예를 들어, 팀원이 비공개 의사소통 채널이 아닌 공개 의사소통 채널을 사용하면(그리고 그러한 채널을 통해 무엇을 어떻게 의사소통하는지) 평가자는 참가자의 정치적 행동, 연합 구축, 포용성 촉진 및 팀 지향성에 대해 관찰할 수 있었다. 반면, 참가자가 이러한 기술에 대한 사전 경험이 없는 시뮬레이션 맥락에서 조직이 이러한 도구를 사용하는 것은 현명하지 않지만, 이 경우 그렇게 하는 것은 여러 가지 전략적 목적에 긍정적으로 기여했다.

평가자 및 진행자 지원 자료

기초 자료

그룹 토론 시뮬레이션에서 지원 자료는 실시 지침, 행동 관찰 체크리스트 또는 행동 기준 평정척도, 해당되는 경우 토론 후 질문 등이 포함된다. 실시 지침에는 참가자에게 읽어 주는 스크립트가 포함되어야 하며, 시뮬레이션에서 참가자가 무엇을 해야 하는지, 문제를 준비하고 토론할 시간이 얼마인지 명시해야 한다. 지침에는 시뮬레이션의 각 단계별 시간과 시간이 다 되면 토론을 중단해야 한다는 점도 명시해야 한다.

토론실 셋업 및 녹음

또한 토론실을 어떻게 세팅해야 하는지에 대한 기본 정보도 포함된다. 이 정보는 평가자가 할당된 참가자를 명확하게 볼 수 있어야 하고 참가자가 서로를 명확하게 볼 수 있어야 하기 때문에 중요하다. 참가자는, 예를 들어 테이블의 윗자리 같은 지배적인 위치에 있어서는 안 된다. [그림 8-1]은 이러한 조건을 충족하는 세팅을 보여 준다. 특히 이 세팅은 시뮬레이션을 비디오로 녹화하는 경우 유용하다. 평가대상자를 적절하게 식별하려면 명패를 참가자 앞 테이블에 두어야 한다(또는 시뮬레이션을 비디오로 녹화하는 경우 후반 작업에서 자막으로 삽입). 그룹 시뮬레이션을 촬영할 때는 사운드와 화질이 가장 중요하다. 여러 사람이 언제든지 말할 수 있고 서로 말을 가로채기도 하므로, 숙련된 녹음 기술이 필요하다. 즉, 특정 시점에 누가 말하고 있는지 확대하거나 붐 마이크를 사용할 수도 있다.

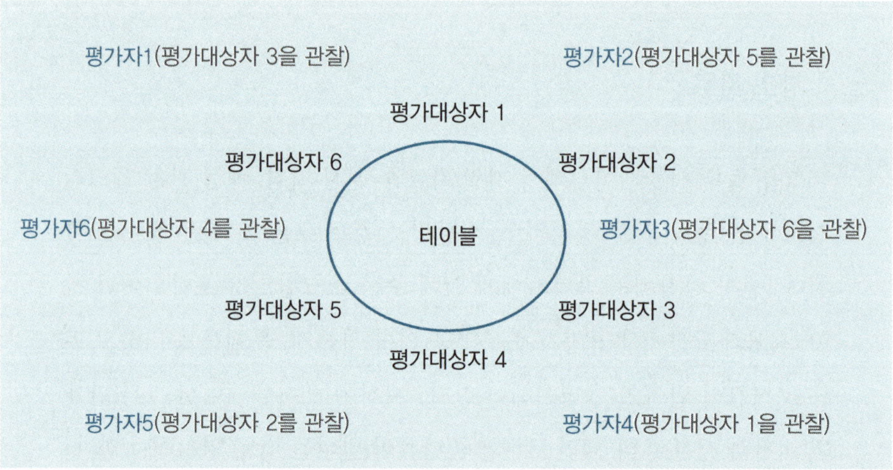

[그림 8-1] **그룹 내 시뮬레이션 참가자를 위한 좌석 배치도**

평가척도

행동 관찰 체크리스트와 행동 기준 평정척도는 평가자가 참가자의 성과를 평가하는 데 도움이 된다. 명확한 평가척도는 신뢰성 있고 타당한 평가를 위해 필수적이며, 이는 선발 맥락에서 매우 중요하다. 〈표 8-3〉은 그룹 리더십과 대인 민감성 차원에 대한 행동 기준 평정척도 예시를 제시하고 있다. 이들 척도의 행동기술은 시뮬레이션 개발 전에 수행된 분석에서 나온다.

그룹 토론에서 차원 평가의 대안으로, Jackson, Stillman과 Atkins (2005)는 고객 판매 서비스를 제공하는 업무를 평가하기 위한 척도를 개발했다. 이 척도는 세 가지 그룹 토론 시뮬레이션에서 나타난 행동을 평가하는 데 사용되었다. 즉, 고객이 매장에 들어오는 상황 세 가지, 판매를 마무리하는 방법에 관한 시나리오 여섯 가지 그리고 반품 요청을 처리하는 상황 네 가지이다. 평가자는 후보자가 이러한 업무를 수행하는 과정에서 팀워크, 고객 중심, 의사 표현, 관용 그리고 상황 파악과 관련된 여러 행동을 보여 준 정도를 평가했다. 그 결과, 업무 평가와 차원 평가에서 동등한 심리측정적 특성이 나타났다.

후속 질문

평가자 또는 진행자는 그룹의 결정에 이의를 제기하기 위해 참가자에게 후속 질문을 할 수 있다. 이러한 질문으로 참가자가 도전에 직면했을 때 자신의 선택을 방어할 수 있는지, 그리고 처음에는 동의하지 않았던 입장을 정당화하는 쪽으로 변경하려는 팀원을 지지할지 여부를 평가할 수 있다. 게다가 이 단계에서는 질문에 어떤 참가자가 응답했는지를 기록하여 리더십을 평가할 수 있다. 이 단계에서 질문할 수 있는 예시 질문은 다음과 같다.

- "왜 Jones 대신 Smith를 승진자로 선택했나요?"
- "새로운 안전 절차에 대한 귀하의 권장 사항이 사고 감소에 도움이 될 것이라고 생각하시나요?"
- "Jackson 대신 Garcia를 고용하기로 결정한 근거는 무엇인가요?"

〈표 8-3〉 **그룹 내 시뮬레이션에서 일반적으로 평가하는 두 차원에 대한 행동기술 평정척도**

그룹 리더십	
척도	행동 기준 예시
5	필요할 때 그룹을 문제 해결에 집중하도록 방향을 바꾼다. 독선적이거나 위압적으로 보이지 않으면서 대화를 목표 달성으로 이끈다.
4	
3	가끔 그룹을 이끌기 위해 노력하지만, 필요할 때마다 그룹의 노력을 다른 방향으로 돌리지는 못한다.
2	
1	대화를 부적절하게 통제하거나 지배하려고 시도한다. 다른 사람에게 아이디어를 강요하는데, 잘 받아들여지지 않을 때에도 마찬가지다.
대인 민감성	
척도	행동 기준 예시
5	다른 사람의 의견과 우려를 경청했다는 것을 분명히 보여 준다. 해결책을 제안할 때 이러한 제안이 그룹의 다른 구성원에게 어떤 영향을 미칠지에 대해 인식한다.
4	
3	다른 사람들의 말을 적절히 경청하고 그들의 기여를 인정한다. 제안된 해결책은 자신에게 이익이 되지만 다른 참가자들에게는 어느 정도 비용이 요구된다.
2	
1	다른 참가자들에게 무례하거나 가혹하다. 다른 사람의 문장과 코멘트를 가로채서 이전 토론을 듣지 않았다는 것이 나타난다.

평가

시범

시뮬레이션을 시범 실시하면 다음에 대한 정보를 얻을 수 있다.

- 준비 및 토론을 위한 시간은 충분한가?
- 배경 자료는 명확한가?
- 시뮬레이션이 직무와 관련이 있다고 인식되는가?
- 시뮬레이션을 통해 평가할 차원을 참가자가 적절히 입증할 수 있는가?
- 평가 및 채점 절차가 공정한가?
- 평가자가 평가하기에 충분한 정보를 관찰할 수 있는가?

제2장에서는 시뮬레이션을 어디서(조직 내부 또는 외부) 누구와 함께(현 재직자 또는 다른 사람) 시범 실시할 것인지를 결정할 때 특별히 고려해야 할 사항에 대해 설명한다.

타당도

그룹 내 시뮬레이션의 신뢰도와 타당도에 대한 우려는 시뮬레이션이 본질적으로 표준화되지 않는다는 것이다(Thornton & Rupp, 2006). 즉, 각 참가자 그룹은 다르기 때문에 두 참가자가 동일한 경험을 하지 못한다. 예를 들어, 조용한 그룹에서는 매우 지배적이고 수다스러운 개인이 지배적인 개인들로 구성된 그룹에 배치되면 수동적이고 수줍어 보일 수 있다. 이 문제는 특정 그룹 내의 개인을 비교하는 것이 아니라 객관적인 기준에 따라 점수를 매기도록 하면 최소화할 수 있다.

사례 연구

수년간 운영되어 온 대형 양조장은 최근에 과정와 문화에 변화를 겪었다. 이전에는 일반 양조장 근로자의 업무 범위가 매우 좁았다. 근로자들은 매우 구체적인 업무만을 처리하도록 훈련을 받았고, 문제가 발생하면 문제를 처리할 감독자에게 알려야 했다.

그러나 회사 구조가 덜 계층화되면서 일반 양조장 근로자의 역할과 책임이 바뀌었다. 평면적 구조에서 일반 양조장 근로자는 자체 관리 작업 팀으로 기능해야 했다. 모든 스태프는 직장에서 발생한 문제를 파악하고 해결하기 위해 함께 일해야 했으며, 필요한 경우에만 감독자의 도움에 의존했다. 이러한 방식으로 문제를 동료에게 알리고 업무가 제때 완료되도록 하려면 대인 민감도가 높아야 했다. 따라서 양조장은 새로운 근로자를 고용할 때 효과적인 대인관계 기술을 갖추고 있는지 확인해야 했으며, 이러한 기술을 평가하는 데 그룹 내 시뮬레이션이 적절한 방법이라는 결론이 내려졌다.

이 시뮬레이션을 선발 과정에 통합하기로 결정한 후, 시뮬레이션을 개발하기 위한 정보를 수집하기 위해 여러 가지 분석을 실시했다. 먼저, 조직의 목표, 미션 및 가치를 검토했다. 검토 결과는 조직이 스태프 참여 및 권한 부여를 위해 노력한 것을 명확하게 보여 주었다. 과거와 현재의 조직도를 검토한 결과, 1차 관리자의 통제 범위가 평균 10명에서

30명 이상으로 증가한 것으로 나타났다. 따라서 관리자는 사소한 문제에 할애할 시간이 줄어들었고 과정 개선 및 스태프 개발에 노력을 기울일 것으로 기대되었다. 결과적으로, 품질 관리 및 일상적인 문제 해결 책임의 대부분이 근로자에게 맡겨졌다. 게다가 한 근로자의 업무는 다른 근로자의 업무와 겹치면서 확대되었다. 예를 들어, 양조장 장비가 고장 났을 때 이전 절차에서는 근로자가 문제를 관리자에게 보고하고, 관리자는 유지보수 인력과 협력하여 장비를 수리했다. 새로운 절차에서는 작업자들이 문제에 대한 정보를 수집하고, 유지관리 담당자에게 직접 연락하고, 그들과 협력하여 문제가 적시에 해결되고 업무 흐름의 중단이 최소화되도록 했다.

근로자 책임의 이러한 변화는 근로자의 필요 역량 또한 변화시켰다. 이전에는 좁은 기술적 작업 숙련도만 필요했다면, 이제 근로자는 다른 사람과 효과적으로 소통하고, 문제를 파악하고, 협력하여 문제를 해결하고, 제품 품질을 평가하고, 과정 개선을 제안할 수 있어야 했다. 게다가 근로자는 효과적인 소통을 모델로 삼고 팀워크를 장려함으로써 리더십을 발휘해야 했다.

공정 채용과 고용 평등을 준수하기 위해 시뮬레이션은 직무와 분명하게 관련이 있어야 했다. 따라서 양조장 근로자와 그들의 감독자를 관찰하고 인터뷰하여 중요한 사건에 대한 정보를 수집했다. 이러한 사건에는 이전에 발생했던 주요 문제와 이를 처리하는 방법이 포함되었다. 이러한 사건은 관련성 있고 중요한 시뮬레이션 콘텐츠를 구성하는 데 사용되었다.

분석 결과에 따라 조직은 양조장 근로자에게 필수적인 두 가지 핵심 차원이 그룹 리더십과 대인 민감성이라고 결론 내렸다. 그룹 리더십은 근로자가 그룹을 응집력과 협동을 촉진하면서 목표를 달성하도록 이끄는 일에 적절한 대인관계 스타일을 사용하는 데 필요했다. 대인 민감성은 근로자가 자신의 행동이 다른 사람에게 어떤 영향을 미치는지 인식하는 방식으로 의사소통하도록 하는 데 필요했다. 그룹 시뮬레이션 내에서 평가되어야 한다고 결정된 다른 차원은 문제 해결, 유연성, 주도성, 구두 의사소통 및 의사결정이었다.

양조장은 다음으로 시뮬레이션에 적합한 난이도 수준을 고려했다. 양조장 근로자 직책은 적당히 복잡한 편이어서 시뮬레이션은 적당히 어렵도록 설계되었다. 시뮬레이션의 특성을 구체화하는 단계에서 양조장은 경험이 거의 또는 전혀 없는 사람을 고용하려고 했음을 확인했다. 따라서 식품 제조 공장의 일반적인 문제 세트를 사용하기로 했다. 개발자는 양조장에 시뮬레이션을 설정하지 않기로 했다. 양조장 환경에 노출된 경험이 있는 지원자가 경험이 없는 지원자보다 유리할 수 있기 때문이다. 경험이 채용 결정에 영향을 미치지 않도록 하여, 조직은 이전 경험에 의해 혼동되지 않고 평가 차원에서 참가자의 숙련도를 순수하게 측정하고자 했다. 개발자는 또한 양조장 근로자가 협력적인 방식으로 일하고 공동의 목표를 달성하기 위해 함께 일할 것으로 예상되기 때문에, 참가자의 그룹 리더십과 대인 민감성이 드러날 수 있는 역할이 할당되지 않은 그룹 토론이 이 상황에서 가장 적합할 것으로 결정했다.

표준화를 위해 양조장은 다단계 과정을 통해 평가자를 교육했다. 먼저, 평가자는 각 차원에서 서로 다른 수준의 능숙도를 보여 주도록 훈련된 몇 명의 배우가 수행한 그룹 토론 비디오를 시청했다. 한 명의 그룹 토론 참가자에 초점을 맞춰 모든 평가자가 행동 관찰 노트를 작성하고, 관찰된 행동을 차원별로 분류하고, 행동 기준 평정척도를 사용하여 평가했다. 다음으로, 평가자들은 평가를 비교하여 불일치하는 평가에 대해 심도 있게 논의했다. 그런 다음, 몇 명의 평가자들이 참가자의 역할을 맡아 시뮬레이션에 참여하고, 다른 평가자들은 한 명의 참가자에 대해 관찰하고, 노트를 작성하고, 차원을 평가했다. 다시 한번 관찰과 평가의 차이점에 대해 논의했다. 그런 다음, 참가자와 평가자가 역할을 바꾸었다. 그럼으로써 모든 각자가 행동을 관찰하고 평가하는 연습을 할 기회를 가졌다. 평가자는 실제 시범 그룹에서 참가자를 평가하여 더 많은 경험을 얻게 되었다. 평가자 교육에 대한 더 자세한 논의는 제13장에서 다룬다.

평가자 간 신뢰도/일치와 내용 타당도의 증거를 확보한 후, 시뮬레이션은 양조장 근로자 선발에 적용되었다. 6개월 후, 조직은 새로운 선발 시스템이 적용되기 전과 후의 양조장 효율성 및 효과성 지표 그리고 스태프들의 평균 성과 수준을 비교했다. 다양한 지표의 평균을 비교한 결과, 주관적 및 객관적 성과 기준 모두에서 통계적으로 유의미한 증가가 나타났다.

결론

그룹 토론 시뮬레이션은 형식이 다양하다. 리더 없는 그룹 토론(LGD)은 일반적으로 리더가 지정되지 않아 참가자 사이에서 부상하는 리더십을 평가할 수 있는 기회를 제공한다. 리더 없는 그룹 토론에서는 참가자의 역할을 지정하지 않거나 또는 참가자에게 특정 프로젝트에 대한 자금을 지원하는 것과 같은 역할을 할당할 수 있다. 이 형식은 종종 더 경쟁적인 상황을 만들어 내므로 주장성이나 설득력과 같은 역량에 대한 평가도 가능하다. 자료에 포함된 과제의 복잡성과 난이도는 초보 스태프의 경우 비교적 간단한 것부터 최고 관리자 및 임원의 경우 매우 복잡한 것까지 다양하다. 이들 모두 그룹 내의 대인관계 상호작용 상황을 시뮬레이션한다. 다음 장에서는 한 그룹이 다른 그룹과 상호작용하는 상황의 시뮬레이션을 설명한다. 이 형식에서 참가자는 협상과 같은 역량에 대해 평가받을 수 있다.

참고문헌

Bass, B. (1950). The leaderless group discussion. *Personnel Psychology, 3*, 17-32.

Jackson, D. J. R., Stillman, J. A., & Atkins, S. G. (2005). Rating tasks versus dimensions in assessment centers: A psychometric comparison. *Human Performance, 18*, 213-241.

Thornton, G. C. III, & Byham, W. C. (1982). *Assessment centers and managerial performance*. Academic Press.

Thornton, G. C. III, & Rupp, D. R. (2006). *Assessment centers in human resource management: Strategies for prediction, diagnosis, and development*. Lawrence Erlbaum.

제9장

그룹 간 시뮬레이션

제8장에서는 참가자 그룹 내에서의 상호작용을 다루는 그룹 내 시뮬레이션을 논의했다. 그룹 내 시뮬레이션에서 참가자 그룹은 함께 작업하여 제시된 문제를 분석하고 해결한다. 이 장에서는 참가자 그룹이 다른 그룹과 상호작용하는 그룹 간 시뮬레이션을 논의한다. 이 시뮬레이션은 일반적으로 두 가지 형태 중 하나로 진행된다. 첫 번째 형태는 참가자 그룹이 역할연기자 그룹과 상호작용하는 형태이다. 예를 들어, 한 그룹은 미국 군인들이고 그들이 아프가니스탄 마을 지도자들과 만나는 상황에서, 아프가니스탄 출신의 역할연기자들이 마을 지도자의 역할을 맡는 경우이다. 두 번째 형태는 참가자 그룹이 다른 참가자 그룹과 상호작용하는 형태이다. 예를 들어, 각 참가자 그룹은 각 조직을 대표하여 비즈니스 협상을 위해 만나는 경우이다. 그룹 간 상호작용과 각 그룹 내 참가자들 간의 상호작용 모두 평가에 중요한 요소가 된다. 〈표 9-1〉에 그룹 간 시뮬레이션의 일반적인 시나리오의 예가 제시되어 있다.

그룹 간 시뮬레이션은 일반적으로 그룹에 자신의 역할과 시나리오에 대한 배경 정보를 제공한다. 개인은 그룹 내에서 역할(예: 팀 리더)을 할당받을 수도 있고 할당받지 않을 수도 있다. 그런 다음, 그룹은 일반적으로 다른 그룹 구성원과 만나기 전에 준비 시간을 갖는다. 다른 그룹이 역할연기자가 아닌 또 다른 참가자 그룹인 경우, 두 그룹에 문제에 대한 서로 다른 관점을 나타내는 서로 다른 배경 정보를 제공할 수 있다. 그런 다음, 그룹은 문제에 대해 논의하기 위해 만난다. 회의는 한 번으로 끝내거나, 여러 번 회의를 해서 참가자가 다시 모일 때마다 지금까지 진행된 상황을 논의할 수 있다. 시뮬레이션이 끝나면, 참가자들에게 경험을 되돌아보고 시뮬레이션에서 그룹의 효율성에 대한 인식을 평가할 수 있도록 디브리핑을 진행하는 것이 일반적이다. 관찰자들은 참가자들이 상호작용을 준비하는 방식, 다른 그룹과의 상호작용 방식 그리고 그룹 내에서의 상호작용 방식을 기록한다.

〈표 9-1〉 **그룹 간 시뮬레이션의 일반적인 시나리오**

시나리오	내용
사업 거래 협상	참가자는 제안된 사업 거래의 조건에 대해 다른 조직과 협상하는 조직의 대표이다. 협상의 주제는 합병, 인수, 파트너십, 합작 투자, 신규 고객 계약 등 여러 가지가 될 수 있다. 각 측에는 기본 이익(예: 기업 가치에 따라 운영)과 명시된 입장(예: 서비스에 대해 특정 금액 청구) 및 지침(예: 기업 규칙)이 모두 제시되어야 한다. 참가자는 역할연기자 그룹 또는 다른 참가자 그룹과 협상할 수 있다.
커뮤니티 그룹 협상	참가자들은 서로 경쟁하는 목표를 가진 각 커뮤니티 그룹을 대표한다. 예를 들어, 개발자는 환경 운동가와 협상하고, 상공 회의소는 시의회와 협상한다. 각 측에는 기본 이익(예: 멸종 위기에 처한 종 보호)과 일련의 명시된 입장(예: 신축 규모 제한)이 모두 제시되어야 한다. 참가자는 역할연기자 그룹 또는 다른 참가자 그룹과 협상할 수 있다. 시뮬레이션 중에 참가자가 그룹 정체성을 전환하여 여러 관점을 배울 수 있도록 하는 것이 특히 유용할 수 있다.
노사 협의	참가자는 노동조합 대표와 협상하는 기업 또는 기업 연합의 경영진 대표이다. 각 측에는 기본 이익(예: 파업 회피)과 일련의 명시된 입장(예: 건강 보험료에서 스태프의 부담금 증액)이 모두 제시되어야 한다. 이 시나리오에서 노조의 역할이 아닌 경영진 역할을 맡을 사람은 평가 목적에 따라 달라진다. 반대 의견에 대한 새로운 통찰력을 제공하기 위해 실제 관리자인 참가자를 노조 대표로 지정할 수 있고 그 반대의 경우도 가능하다.

문화 간 상호작용	참가자는 다른 문화권의 커뮤니티 그룹과 사업 거래나 다른 협정을 협상하고 있다. 예를 들어, 미 육군 고문은 아프가니스탄 부족 지도자 그룹과 마을에 우물을 파는 것에 대해 협상할 수 있다. 참가자는 일반적으로 자신의 고유 문화권의 그룹 역할을 하며 다른 문화권의 역할연기자와 상호작용한다. 역할연기자가 다른 문화권의 토박이이고 해당 문화권의 언어로 말할 때(필요한 경우 통역 사용) 경험은 더 현실적이 된다. 이러한 시나리오에서 기대하는 것은 첫 번째 회의에서 합의에 도달하는 것이 아니라 두 그룹이 서로를 알게 되고 신뢰를 쌓게 되는 것이다.
갈등 관리	참가자는 다른 그룹과 적극적으로 갈등을 겪고 있으며 갈등을 해결하기 위해 그 그룹과 만난다. 시나리오에는 조직 내 별개의 그룹(예: 영업 및 서비스 부서) 또는 다른 조직의 그룹(예: 시 정부와 갈등하는 커뮤니티 조직)이 포함될 수 있다. 각 그룹은 각자의 우려 사항과 그동안의 진행 과정에 대한 배경 정보를 가지고 있으며, 어느 그룹도 명확하게 맞거나 틀린 것은 아니다.

그룹 간 시뮬레이션의 장점은 참가자가 다른 사람과 상호작용할 수 있는 현실적인 관여 환경을 제공하는 것이다. 이러한 경험에는 각 그룹 내에서의 비교적 협력적인 상호작용과 다른 그룹과의 논쟁적인 상호작용, 두 가지 모두 포함된다. 역할연기 그룹과 상호작용할 때, 역할연기자가 시뮬레이션에 나오는 그룹의 실제 구성원(예: 다른 문화권의 개인, 노동조합과 같은 특정 조직의 구성원)인 경우 경험이 향상된다. 이러한 상황에서는 참가자들이 중요한 그룹의 요구와 관점을 안전하고 통제된 환경에서 직접 경험할 수 있는 추가적인 이점을 얻는다. 또한 이러한 시뮬레이션이 갖는 현실감은 스트레스를 증가시킬 수 있으며, 이는 참가자들이 역동적인 스트레스 상황을 어떻게 처리하는지 관찰할 수 있는 좋은 기회가 된다.

아프간 마을 주민을 연기하는 역할연기자가 군대 교전 팀과 상호작용하는 예가 [그림 9-1]에 나와 있다. 여기서 오른쪽에 있는 여성 팀원은 보병에 배속되어 보병만으로는 갈 수 없는 곳에서 지원을 제공한다. 왜냐하면 아프간에서 여성은 외간 남성과 상호작용할 수 없기 때문이다.

이러한 시뮬레이션의 단점은 여러 그룹과 함께 작업하는 데 따른 복잡성(및 비용)으로, 잠재적으로 많은 역할연기자와 평가자가 관여될 수 있다. 게다가 여러 참가자가 여러 다른 참가자와 상호작용하는 것을 관찰하는 복잡성으로 인해 평가 과정을 표준화하기 어려울 수 있다. 또한 각 개인을 동일한 수준으로 관찰하는 것이 어려울 수 있다. 이러한 이유로 그룹 간 시뮬레이션은 인적 자원 개발을 위한 기법으로는 우수하지만, 인사 결정(예: 선발)을 위한 평가 기법으로 사용하기는 어렵다.

이러한 유형의 시뮬레이션은 그룹 전체를 평가하는 수단으로도 효과적이다. 개인의 행동은 분명 중요하지만, 그룹 내 시뮬레이션은 개인 평가보다 팀의 효과성을 이해하는 수단으로 사용될 수 있다.

[그림 9-1] 아프간 마을 주민 역할을 하는 역할연기자들이 2013년 Warrior Spear 훈련 중인 하와이의 와히아와 스코필드 배럭스에서 미 육군 상사 Victoria Shapiro (오른쪽)에게 우려를 표명하고 있다.

출처: 미 공군 기술 상사 마이클 R. 홀츠워스/ 공개

https://www dvidshub.net/search/?q=%22warrior+spear%22&filter%SBjournalist%5의 국방부 사진.

그룹 간 시뮬레이션 개발의 예비 단계

그룹 간 시뮬레이션을 개발하기 위해 조직적 맥락을 분석할 때, 다른 그룹과 상호작용하기 전, 상호작용하는 동안, 상호작용한 후에 환경 및 그룹에서 수행되는 관련 과제에 대한 광범위한 정보를 수집하는 것이 중요하며, 특히 복잡하고 민감하며 도전적인 작업에 주의를 기울여야 한다. 예를 들어, 복잡한 비즈니스 거래를 협상하려면 거래를 마무리하기 위해 다양한 전문 지식이 필요하거나 여러 당사자의 이해와 동의가 필요한 경우, 두 그룹이 함께 모여야 한다. 이러한 유형의 시뮬레이션은 각 그룹에 5~7명이 있는 경우 가장 적합하다. 그러나 비즈니스 거래가 비교적 간단하고 일반적으로 각 조직의 대표 한 명이 담당하는 경우, 대인관계 시뮬레이션이 더 적합하다. 또한 그룹 규모와 구성을 고려하여 현실을 반영하면서도 모든 그룹 구성원에게 의미 있는 경험을 제공해야 한다(그리고 평가자 인력 측면에서 실용적이어야 함). 예를 들어, 실제 작업 환경에서 그룹의 몇몇 핵심 인력만 과제를 수행하면 되는 경우, 시뮬레이션 그룹을 더 작게 만들고 핵심 인력으로 역할을 제한하는 것이 좋다.

그룹 간 시뮬레이션을 설계하는 데 있어 중요한 결정은 참가자 그룹이 서로 상호작용할 것인지 아니면 역할연기자를 사용하여 하나 이상의 그룹을 대표할 것인지이다. 〈표 9-2〉에 다양한 형식의 장단점과 각 형식이 가장 적합한 경우가 제시되어 있다. 직무의 요구 사항을 반영하는 것 외에도 각 형식마다 시뮬레이션을 구축할 때 필요한 자원이 다르다.

또 다른 중요한 결정은 시뮬레이션에서 현실적인 훈련 경험을 제공하는 것과 비교하여 평가에 얼마나 많은 강조점을 둘 것인가 하는 것이다.

〈표 9-2〉 **다양한 그룹 간 시뮬레이션 형식의 장단점**

형식	장점	단점	활용
두 개 이상의 참가자 그룹이 서로 상호작용	• 시뮬레이션에 필요한 자료가 간소함(즉, 역할연기자 자료가 필요 없음) • 여러 참가자 그룹에 관여 경험을 제공하는 효율적인 방법	• 그룹이 예측할 수 없는 방식으로 상호작용할 수 있기 때문에 경험이 덜 표준화됨 • 각 참가자의 수행을 관찰하기가 어려움	• 엄격한 평가가 덜 중요하고 자원이 제한된 상황
한 참가자 그룹이 한 개 이상의 역할연기자 그룹과 상호작용	• 참가자가 특정 배경의 역할연기자와 상호작용할 수 있는 기회 제공 • 역할연기자는 차원 관련 행동을 이끌어 내기 위해 프롬프트를 사용하도록 훈련될 수 있음 • 경험이 더 표준화되어 관찰과 평가가 더 쉬워짐	• 전문적인 역할연기자를 고용하고 훈련하는 데 비용이 많이 들고 시간이 많이 걸릴 수 있음 • 역할연기자의 역할과 캐릭터를 정의하기 위해 더 많은 자료가 필요	• 성과 평가가 중요한 경우 • 참가자가 타겟 그룹 구성원과의 상호작용을 경험하는 것이 중요한 경우
참가자 그룹이 다른 참가자 그룹 및 다른 역할연기자 그룹과 상호작용	• 여러 그룹이 동시에 참여할 수 있도록 허용하면서도 구조와 표준화를 제공 • 어떤 유형의 작업 역할에 매우 적합한 복잡하고 현실적인 시나리오 제공	• 매우 복잡한 디자인으로 개발 및 관리에 상당한 자원 필요	• 복잡한 작업 시나리오를 재현할 때 참가자는 상당한 경험을 가지고 있으며, 역할연기자는 하나 이상의 주요 그룹을 대표할 수 있음

그룹 간 시뮬레이션은 참가자 그룹에 대한 간략한 배경 정보만 제공할 수 있으며, 참가자 행동에 대한 관찰은 매우 어렵고 자원 소모적일 수 있다. 이는 특히 참가자가 다른 참가자 그룹과 상호작용하는 경우 더욱 그

렇다. 게다가 형식이 참가자가 더 작은 그룹(자기들끼리 또는 다른 그룹의 더 작은 하위 그룹)으로 상호작용할 수 있도록 허용하는 경우, 관찰은 훨씬 더 어려워진다. 따라서 시뮬레이션을 현실적으로 만드는 것(예: 참가자 간 또는 참가자와 역할연기자 간의 보다 자연스러운 상호작용 패턴 허용)과 견고하고 정확한 평가 기회 제공 간의 균형을 고려해야 한다.

시뮬레이션의 목적이 개발이라면, 주의 깊은 관찰과 엄격한 평가는 덜 중요할 수 있다. 그러나 시뮬레이션에서 성과를 관찰하여 참가자가 중요한 작업 활동을 수행할 준비가 되었는지 평가하는 것이 중요하다면, 더 나은 관찰을 위해 참가자 상호작용을 인위적으로 제한해야 할 수도 있다. 예를 들어, 지침에는 각 참가자가 중요한 작업 중 하나에 참여해야 한다고 명시되어 있을 수 있다. 또한 역할연기자를 훈련시켜 각 참가자에게 주요 스킬을 보여 주도록 유도하게 할 수 있다.

필요 시간

- 준비 시간: 약 30~60분
- 그룹 간 상호작용: 약 1~2시간 또는 그 이상
- 디브리핑: 약 30~60분

그룹 간 시뮬레이션을 수행하는 데 필요한 총 시간은 몇 시간에서 며칠까지 다양하다. 준비 시간은 제한적이거나 제한이 없을 수 있다(예: 참가자에게 전날 밤에 검토할 자료를 주고 원하는 만큼 준비에 시간을 할애할 수 있게 함). 일반적으로 준비 시간에는 각 그룹 구성원이 배경 자료를 검토할 개별 시간과 그룹이 만나서 상호작용에 어떻게 접근할지 계획할 그룹 준비 시간이 포함된다. 계획 시간이 관찰의 일부인 경우, 참가자에게 제한 시간과 만날 장소를 지정해 주어야 평가자가 관찰할 수 있다.

이 시뮬레이션은 상호작용을 제한할 수도 있고(예: 단일 회의) 여러 상호작용을 포함할 수도 있는데, 여러 상호작용을 포함할 경우에는 각 상호작용 사이에 그룹 구성원들이 모여서 다음 상호작용을 계획할 시간이 주어진다. 회의의 횟수는 시뮬레이션의 길이와 복잡성에 따라 달라진다. 시뮬레이션의 길이와 복잡성에 따라 회의 횟수를 정하거나 정하지 않을 수 있다. 여러 번의 회의를 허용하면 관찰자는 참가자가 다른 그룹에서 배운 내용에 따라 접근 방식을 얼마나 잘 적용하는지 평가할 수 있는 기회를 가질 수 있다. 상호작용 시간을 계획할 때 참가자가 강력한 상호작용을 할 수 있도록 충분한 시간을 허용하는 것이 중요하다. 또한 역할연기자 또는 평가자가 각 참가자에 대해 밝혀진 사항에 대해 사전 메모를 작성하고, 말이 없는 참가자에게 질문을 계획하고, 모든 참가자를 철저히 관찰하고 평가할 수 있도록 여러 번의 상호작용이 필요할 수 있다. 둘 이상의 그룹이 시뮬레이션에 참여하는 경우, 각 그룹이 다른 여러 그룹과 상호작용할 수 있는 충분한 시간이 필요하다. 시간 확인은 그룹이 스스로 하거나, 진행자 또는 평가자가 모든 참가자가 시간을 준수하도록 시간을 확인해 줄 수 있다.

상호작용이 완료되면 디브리핑을 하는 것이 좋다. 디브리핑 회기는 그룹 내에서만 진행할 수 있다. 디브리핑은 참가자가 학습한 교훈을 되돌아보고 자신의 성과에 대한 새로운 통찰력을 얻을 수 있는 기회를 제공한다. 디브리핑은 또한 평가자가 참가자가 자신의 수행에 대해 얼마나 알고 있는지 파악하는 데 도움이 될 수 있다. 디브리핑 시간을 계획할 때는 각 참가자가 토론에 참여하고 자신의 수행에 대한 피드백을 받을 수 있도록 충분한 시간을 할당해야 한다.

배경

그룹 간 시뮬레이션은 제8장에서 설명한 대로 리더 없는 그룹 토론(LGD)의 변형이다. 그룹 간 시뮬레이션의 가장 잘 알려진 예 중 하나는 Center for Creative Leadership의 Looking Glass 시뮬레이션이며(Kaplan, 1986 참조), 다음 절에서 더 자세히 설명할 것이다. 그룹 간 시뮬레이션은 특히 비정규전 훈련의 일부로 수년 동안 군사 훈련에서 사용되었다. 비정규전 환경에서는 소규모 군인 그룹이 동맹군, 주둔국군, 지방 공무원 등의 소규모 군인 그룹과 상호작용하는 것이 일반적이다. 이러한 상황은 복잡하고 불확실하며 위험한 경우가 많다. 따라서 이들 군인에게 안전하고 통제된 시뮬레이션에서 이러한 상호작용을 경험할 수 있는 기회를 제공하는 것은 비정규전 환경에서 작전을 수행할 준비 태세를 확립하는 데 중요하다.

참가자 자료

다른 유형의 시뮬레이션과 마찬가지로 참가자는 시나리오, 과제 및 특정 역할에 대한 정보가 필요하다. 협상 시나리오에서 참가자는 자신의 그룹에 대한 표면적인 세부 사항뿐만 아니라, 내부적인 요구, 동기, 수용 조건도 공유해야 하며, 또한 다른 그룹에 대해 합리적으로 알 수 있는 정보도 제공해야 한다. 예를 들어, 비즈니스 거래를 협상할 때 참가자의 조직에 대한 배경 정보, 거래 유형에 대한 세부 정보(예: 신규 고객과의 계약 조건 협상), 자신의 그룹에 대한 내부적인 요구 사항 및 동기

(예: 참고할 수 있는 유명 신규 고객 확보), 수용 조건(예: 조직이 제품 및 서비스에 대해 수용할 수 있는 최소 가격), 다른 그룹과의 과거 상호작용 기록(예: 과거에 제공된 제안 또는 계약)을 제공하는 것이 중요하다. 또한 참가자는 상호작용할 그룹에 대한 배경 정보와 요구 및 동기 등 해당 그룹의 신념 또는 알려진 정보를 받아야 한다.

참가자가 달성해야 하는 것에 대한 지침은 구체적일 수도 있고 모호할 수도 있다. 예를 들어, 매우 복잡한 문화 간 상호작용에서 한 번의 회의 또는 몇 번의 짧은 회의로 두 당사자 간에 완전한 합의가 이루어질 가능성은 없다. 따라서 참가자는 라포르(rapport) 형성이나 향후 합의를 위한 토대 마련 정도의 과제를 받을 수 있다. 또는 참가자가 시간 압박 속에서 얼마나 잘 협상할 수 있는지 평가하기 위해 특정 문제(예: 제품 및 서비스의 가격 또는 새로운 노동조합와 임금 협상)에 대해 합의하도록 요구하는 것이 적절한 경우도 있다.

참가자에게 제공되는 배경 자료의 길이와 복잡성은 크게 다를 수 있다. Center for Creative Leadership의 Looking Glass 시뮬레이션(Kaplan, 1986 참조)에서 참가자는 소그룹으로 나뉘고 그룹 내(예: 직함) 및 그룹 전체에 대한 특정 역할(예: 각 그룹은 조직 내의 다른 부서)이 주어진다. 그룹은 거의 하루 종일 상호작용한다. 각 참가자가 받는 배경 정보 자료는 서로 다른데, 상당히 광범위하고 검토하는 데 몇 시간이 걸린다. 현실감을 더하기 위해 배경 자료는 참가자가 조직 내의 역동에 대한 자신의 결론을 도출하도록 지시하는 메모, 문서 등이다.

반면, 일부 시뮬레이션은 참가자를 위한 배경 정보가 한 페이지에 불과하다. 예를 들어, 저자 중 한 명이 구성한 협상 시뮬레이션 중 하나는 각 당사자에게 간략한 한 페이지 개요를 제공했고 지침은 매우 구체적인 문제에 대한 해결책을 찾으라는 것이었다. 배경 지침은 참가자가 시뮬레이션에 자신의 관점, 태도, 협상 스타일을 활용할 수 있는 기회를 제공하기 위해 의도적으로 간략하게 구성되었다. 이 시뮬레이션에서 초점은 참가자의 복잡한 정보를 통합하는 능력이 아니라 긴장된 협상에서 다른 그룹과 상호작용하는 방식에 맞춰졌다.

그룹 간 시뮬레이션이 개발 목적으로 사용될 때, 디브리핑은 중요한 구성 요소이다. 디브리핑 동안 참가자는 개인으로서의 성과와 그룹으로서의 성과를 돌아볼 기회를 갖게 되고, 진행자나 다른 그룹 구성원으로부터 피드백을 받을 수도 있다. 예를 들어, Looking Glass 시뮬레이션에는 각 참가자에 대한 피드백을 수집하여 제공하고 그룹으로서 얻은 교훈을 논의하는 다소 광범위한 디브리핑 과정이 포함된다. 미국 육군의 사후 조치 검토 과정(Department of the Army, 1993)는 디브리핑의 좋은 모델이다. 이 모델은 〈글상자 9-1〉에 요약되어 있다.

글상자 9-1 사후 검토

사후 검토(After-Action Review: AAR)의 목적은 시뮬레이션 참가자가 이벤트 발생 후에 되돌아보고 자신의 성과와 개선 방안에 대한 통찰력과 인식을 얻도록 돕는 것이다. 효과적인 사후 검토는 개방형 질문과 편견 없는 언어를 사용하여 참가자로부터 솔직한 피드백을 이끌어 낸다. 일반적인 토론 주제는 다음과 같다.

- 시뮬레이션의 의도 검토. 무엇이 발생했어야 했는가?
- 실제로 발생한 일 검토
- 다른 방식으로 할 수 있었던 것이 있었는가?
- 미래를 위해 얻은 교훈

훈련 및 평가의 예

가장 강력한 집단 간 대인관계 시뮬레이션 중 하나는 1974년부터 시행되어 온 미 육군 특수부대(그린베레라고도 함) 지원자들이 통과해야 하는 최종 훈련인 'Robin Sage'이다(Chace, 2012). Robin Sage에서 소규모의 특수부대원 지원자 그룹은 'Pineland'라는 가상의 국가에서 작전을 수행한다. 특수부대 지원자들은 게릴라 부대와 만나게 되고, 이들의 역할은 게릴라 부대에게 조언하고 훈련시켜 그들이 억압으로부터 국가를 해방시킬 준비를 하도록 하는 것이다. 이 시나리오는 특수부대원들이 배치되면 직면하게 될 비전통적인 전쟁 상황을 반영하도록 설계되었다. 특수부대 지원자들은 훈련 프로그램 전반에 걸쳐 배운 기술을 적용하는 능력에 따라 평가받는다. 여기에는 테크니컬 기술뿐만 아니라 현지군과 협상하고 효과적으로 협력하는 능력도 포함된다.

추정컨대, Robin Sage 훈련소는 노스캐롤라이나주 15개 카운티에 걸쳐 있으며, 100명의 훈련생을 훈련시키기 위해 200명의 군인(역할연기자, 관찰자 등)이 참여한다. 노스캐롤라이나주의 많은 지역 사회 구성원도 역할연기자 역할을 하며, 시뮬레이션에는 지역 내 법 집행 기관 및 기타 공공 안전 기관과의 신중한 조정이 필요하다(Chace, 2012). 이 시뮬레이션은 관리하기에 매우 복잡하고 자원 집약적이지만, 특수부대 지원자들에게 중요한 훈련 경험을 제공하고 강사가 이들의 전투 상황 시 작전 수행 능력을 평가할 수 있는 매우 효과적인 수단으로 오랜 시간 검증되었다. 이 시뮬레이션은 강력한 훈련 기회일 뿐만 아니라 지원자들이 그린베레의 본격적인 구성원이 될 준비가 되었는지를 평가하는 마지막 단계이기도 하다.

역할연기자, 평가자 및 관리자 지원 자료

역할연기자(해당하는 경우)

그룹 간 시뮬레이션을 위한 역할연기자 정보는 일반적으로 매우 상세하다. 시뮬레이션되는 그룹과 그 안에서의 개인의 역할에 대한 정보가 포함돼야 한다. 대인관계 시뮬레이션과 마찬가지로 그룹 간 시뮬레이션을 위한 역할연기자 정보는 역할연기자가 캐릭터를 정확하게 연기할 수 있도록 충분한 정보를 포함해야 한다(예: 신념, 관심사, 행동 등). 또한 이 정보에는 역할연기자가 그룹 내에서 서로 상호작용해야 하는 방법(예: 갈등, 동맹 등)과 그룹 내부 또는 그룹 간의 이력에 대한 지침이 포함될 수 있다. 제6장에서 그룹 간 시뮬레이션과 관련된 역할연기자 지침 및 교육에 대한 세부 정보를 다루었다.

참가자가 시뮬레이션에서 평가하고자 하는 속성을 나타내도록 하기 위해 역할연기자는 특정한 것을 말하거나 연기하도록 지시받을 수 있다. 예를 들어, 협상 시나리오에서 역할연기자는 참가자의 대안 제시 능력을 평가하기 위해 참가자가 제시한 첫 번째 제안을 거부하도록 지시받을 수 있다. 다문화적 시나리오에서 역할연기자는 참가자가 어떻게 반응하는지 보기 위해 모호한 문화적 단서를 사용하도록 지시받을 수 있다. 역할연기자는 외모, 태도 등의 측면에서 자신이 속한 그룹의 신뢰할 수 있는 대표자여야 한다.

평가자

평가자는 시뮬레이션에 익숙해지도록 모든 참가자와 역할연기자 자료를 검토하는 것 외에도 행동을 관찰하고 평가하기 위한 자세한 지침이 필요하다. 앞서 논의했듯이, 그룹 간 시뮬레이션의 복잡한 특성으로 인해 관찰이 쉽지 않다(〈글상자 9-2〉 참조). 따라서 평가자는 참가자의 수행을 방해하지 않고 관찰하는 방법에 대한 구체적인 지침과 행동을 기록하고 성과를 평가하는 측면에서 기대되는 사항에 대한 정보를 제공받아야 한다.

글상자 9-2 시뮬레이션이 실패하는 이유: 행동 관찰의 어려움

조직 개발 개입을 위해 설계된 복잡한 조직 시뮬레이션이 하루 종일 교육 시설의 여러 방에서 진행되었다. 주요 활동은 중앙 방에서 진행되었지만, 참가자 쌍과 팀은 소규모 분과 세션을 위해 다른 장소로 이동했다. 평가자는 배정된 참가자를 추적하는 데 어려움을 겪었고, 중요한 상호작용을 체계적으로 관찰할 수 없었다. 따라서 시뮬레이션 완료 후 피드백이 불완전했고, 관찰자가 자신의 행동을 철저하고 정확하게 비판하지 못하자 참가자들은 부정적으로 반응했다.

이 시뮬레이션의 어려운 점은 두 그룹과 평가자를 포함한 관련자의 수이다. 일반적으로 다른 시뮬레이션에서는 각 평가자가 최대 두 명의 후보자를 관찰하도록 지시받는다. 그룹 간 시뮬레이션에서는 각 그룹에 4~6명의 참가자가 있으므로 관찰자도 4~6명이 필요하나 이는 현실적으로 어려울 수 있으므로 각 평가자가 여러 후보자를 관찰해야 한다. 이 복잡한 작업을 수행하기 위해 평가자에게 특별 교육이 필요하다.

시뮬레이션에서 성과 평가는 행동 체크리스트와 행동 기준 평정척도를 사용하는 것과 같은 다양한 방법으로 수행된다. 행동 체크리스트는 평가자에게 평가 차원과 관련된 효과적인 행동과 비효과적인 행동 목록을 제공한다. 이 체크리스트는 관찰자가 참가자의 모든 말과 행동을 적지 않고도 발생하는 대로 행동을 체크할 수 있기 때문에 관찰 작업을 쉽게 할 수 있게 한다. 또한 참가자에게 구체적인 행동 예를 제공하면 피드백 과정에 도움이 된다.

참가자 성과를 정량화해야 하는 경우, 행동 기준 평정척도가 유용할 수 있다. 문화적 민감성과 협상에 대한 행동 기준 평정척도의 예가 〈표 9-3〉에 나와 있다. 수치적 평가 외에도 평가자는 후속 피드백 세션에서 수행에 대해 서술적 설명을 작성하여 참가자와 공유해야 할 수도 있다.

〈표 9-3〉 그룹 간 시뮬레이션에서 일반적으로 평가하는 두 차원에 대한 행동 기준 평정척도

문화적 민감성	
척도	행동 기준의 예시
5	역할연기자와 상호작용할 때, 문화적으로 관련성 있는 언어적·비언어적 언어를 지속적으로 사용하고 문화적 차이를 이해하는 데 대한 존중과 관심을 나타낸다. 역할연기자의 행동에 문화적으로 적절한 대응을 보여 준다(예: 인사, 식사 공유 등).
4	
3	역할연기자와 상호작용할 때, 일반적으로 문화적으로 관련성 있는 언어적·비언어적 언어를 사용하고 문화적 차이에 대한 존중을 보여 주지만, 가끔은 잘못된 행동을 하거나 말할 수도 있다. 단서를 줄 때, 역할연기자의 행동에 대한 문화적으로 적절한 반응을 보여 준다(예: 인사 예절, 식사 공유 등).
2	
1	역할연기자와 상호작용할 때, 문화적으로 관련성 있는 언어적·비언어적 언어를 지속적으로 사용하지 못하고, 문화적 차이에 대한 존중이 부족하다. 역할연기자의 행동에 문화적으로 적절한 대응에 대한 지식이 부족하다(예: 인사, 식사 공유 등에 대한 올바른 예절을 보여 주지 않음).

협상	
척도	행동 기준 예시
5	상호작용에 참여하는 모든 당사자의 이익을 극대화하려고 노력한다(예: 윈-윈 또는 통합 문제 해결). 협상 과정에서 효과적인 질문을 하여 상대방의 근본적인 요구와 이익을 더 잘 이해하고(즉, 명시된 입장을 넘어 동기와 이익을 이해) 이러한 요구 사항을 달성하기 위한 수단을 모색한다. 다른 당사자와의 관계를 개선하는 동시에 자신의 그룹의 요구 사항을 충족하는 결과에 적극적으로 기여한다.
4	
3	상호작용에서 자신의 그룹의 이익을 극대화하는 동시에 다른 당사자에게 공정한 결과를 달성하고자 한다. 협상 과정에서 질문을 하여 다른 당사자의 명시된 입장과 최종 결과를 더 잘 이해한다. 다른 당사자와의 관계를 유지하면서 자신의 집단의 요구를 충족하는 결과에 적극적으로 기여한다.
2	
1	상호작용에서 자신의 집단의 이익을 극대화하려 한다. 상대방의 필요나 입장을 이해하려 하지 않는다. 자신의 집단의 필요를 충족시키는 결과를 위해 적극적으로 기여하는 반면, 다른 당사자와의 관계를 손상시킨다. 반대로, 협상 중에 상대방의 필요를 우선시하여 자신의 집단의 필요를 충족시키지 못하는 해결책을 도출한다.

진행자

많은 그룹 대인관계 시뮬레이션의 복잡한 특성 때문에 진행자 자료에는 매우 자세한 논리적 지침이 포함되어야 한다. 여기에는 그룹이 어디에 언제 가야 하는지, 어떻게 가야 하는지, 다양한 위치에서 필요한 장비나 용품 등에 대한 정보가 포함될 수 있다. 자료에는 참가자를 위한 지침도 포함되어야 한다. 신체 움직임이 관련된 경우 안전이 가장 중요한 관심사가 될 것이며, 진행자는 안전을 모니터링하고 비상 상황에 대응하는 업무를 맡을 뿐만 아니라 장애인을 위한 적절한 배려가 이루어지도록 하는 것도 담당하게 된다.

테크놀로지 활용

그룹 간 시뮬레이션에서 테크놀로지를 가장 일반적으로 사용하는 방법은 그룹이 의사소통하거나 평가자가 관찰 결과를 효율적으로 기록하는 수단으로 사용하는 것이다. 예를 들면 다음과 같다.

- 그룹은 대면 회의 전에 전자적으로 예비 정보를 교환한다.
- 그룹 간 대면 대신 가상으로 의사소통한다(예: 화상 회의).
- 참가자의 성과를 모바일 기기에 기록할 수 있다.
- 평가자는 소프트웨어를 사용하여 관찰에서 데이터를 수집하고 피드백 보고서를 작성할 수 있다.
- 필요한 작업을 완료하기 위해 테크놀로지를 사용할 수 있다(예: 인트라넷 또는 인터넷 액세스, 프레젠테이션 보조 도구, 화상 회의).

상대 그룹을 실제 인물이 아닌 가상 캐릭터로 시뮬레이션하는 것도 가능하지만, 이렇게 하면 시뮬레이션의 충실도가 떨어진다. 가상 캐릭터를 사용하는 것이 실제 인물을 사용하는 것보다 비용 면에서 효율적일 수 있으나, 참가자가 실제 그룹과 상호작용하는 것을 관찰할 수 있는 기회가 줄어든다.

평가

다른 시뮬레이션과 마찬가지로 성공에 대한 평가는 여러 수준에서 발생할 수 있다. 첫 번째는 경험에 대한 참가자의 만족도이다. 참가자의 반응은 시뮬레이션이 완료된 후 브리핑과 설문 조사 중에 논의을 통해 얻을 수 있다. 질문에는 시뮬레이션의 현실감에 대한 참가자의 인식, 참여 기회, 피드백의 질, 얼마나 많은 것을 배웠는지, 그리고 배운 것을 미래의 성과 개선에 얼마나 쉽게 적용할 수 있는지가 포함될 수 있다.

참가자의 반응 외에도 시뮬레이션 개발자와 이해관계자는 투자 수익률이 긍정적이었는지 알고 싶어 할 것이다. 많은 그룹 간 시뮬레이션의 비용은 상당할 수 있는데, 여기에는 다음 비용이 포함된다.

- 복잡한 실시 장소 및 과제 개발
- 시뮬레이션 진행
- 많은 수의 역할연기자 및 평가자
- 스태프 교육(평가자, 역할연기자, 기타 지원 인력)
- 테크놀로지 도입

따라서 시뮬레이션이 의도한 목표(예: 직무 수행 준비도 증가, 직장에서의 부상 감소 등)를 달성하는지 평가하는 것이 중요하다. 효과성에 대한 궁극적인 검사는 중요한 비즈니스 성과가 개선되었는지 여부이다. 예를 들어, 시뮬레이션의 주제가 협상인 경우, 시뮬레이션을 경험한 그룹이 경험하지 않은 그룹보다 새로운 계약을 협상할 때 더 나은 조건을 확보했는지 여부를 묻는 질문이 있다. 그렇다면 유리한 조건의 증가가 시뮬레이션을 개발하고 실시하는 데 필요한 비용을 정당화하는가?

투자 수익률 분석에 필요한 데이터를 얻는 것은 쉽지 않다. 시뮬레이션의 가치를 결정하는 다른 방법이 있다. 예를 들어, 중요한 업무를 수행할 때 참가자의 자신감에 대한 인식이나 이해관계자에 대한 효과성 개선에 대한 인식은 간단한 설문 조사로 측정할 수 있다. 이상적으로는 이러한 인식을 계약 조건, 합의에 도달하는 데 필요한 시간 등과 같은 보다 객관적인 데이터로 보완하는 것이 좋다. 제14장에 시뮬레이션의 신뢰성과 타당성 평가에 대한 자세한 내용이 포함되어 있다.

참고문헌

Chace, D. (2012, May 24). Robin Sage exercise to run in North Carolina Counties October 13 through 24. *The Official Homepage of the United States Army*. Retrieved from https://wwwarmy.mil/article/88618/Robin_Sage_ exercise_to_run in_North_ Carolina counties_Oct13 through24/

Department of the Army. (1993). *A leader's guide to after-action reviews* (TC 25-20).

Kaplan, R. E. (1986). What one manager learned in "The Looking Glass" and how he learned it. *Journal of Management Development, 5*, 36-45.

제10장

신체 활동과 관련된 시뮬레이션

이 장에서는 장비 조립과 같은 물리적 물체 조작이나 익숙하지 않은 지역을 탐색하는 것과 같은 신체적 활동을 수반하는 시뮬레이션을 설명한다. 이는 개별적으로 또는 그룹으로 수행할 수 있으며, 역할연기자가 포함될 수도 있고 포함되지 않을 수도 있다. 신체적 시뮬레이션의 목적은 일반적으로 참가자가 위험한 작업 조건에 노출되기 전에 안전하고 격리된 환경에서 물리적 행동을 수행하는 능력을 평가하는 것이다.

이 시뮬레이션은 다른 장에서 다룬 시뮬레이션들과 다르다. 즉, 신체적 행동이 시뮬레이션의 부수적인 부분이 아니라 평가되는 주요 행동이다. 예를 들어, 컴퓨터화된 In-Box를 완료하는 개인은 컴퓨터를 다루는 신체적 행동을 수행하지만 평가의 초점은 참가자가 서면 응답 및 기타 행동을 통해 보여 주는 인지 기술이다. 반면, 신체적 시뮬레이션에서 참가자의 결정과 판단은 비행 시뮬레이터에서 조종 장치를 조작하는 조종사와 같이 주로 신체적 행동 수행을 통해 평가된다. 여기서 신체적 행동은 유발되고 평가되는 복잡한 행동이다. 신체적 시뮬레이션을 그룹으로 수행하는 경우, 참가자의 대인 의사소통 및 리더십에 대한 평가도 수행할 수 있다. 이 책에서는 일반적인 신체 건강이나 운동 능력을 평가하기 위한 신체능력검사 또는 실제 작업 활동을 평가하는 작업 샘플은 다루지 않는다.

신체적 시뮬레이션에서 참가자는 일반적으로 중요한 작업 과제의 물리적 특성과 유사한 환경에 배치된다. 참가자는 주어진 상황에서 특정 활동을 수행하기 위해 작업 관련 재료, 공급품, 장비 및 기술을 사용해야 한다. 예시 시나리오는 다음과 같다.

- 불타는 건물에서 사람들을 구조하는 소방관
- 용의자를 체포하는 경찰관
- 재난에 대응하고 부상자를 평가하고 치료하는 의료진
- 반군으로 의심되는 건물을 정리하는 군인
- 결함이 있는 장비의 문제를 해결하는 기술자
- 비상 착륙을 수행하는 항공기 조종사
- 들어오는 항공기를 식별하고 통신하는 레이더 기술자

〈표 10-1〉은 제작 환경의 다양한 측면에 대한 시뮬레이션의 예를 보여 준다.

신체적 시뮬레이션의 장점은 참가자에게 작업 조건과 유사한 환경을 제공하여 비용 및 자신과 다른 사람의 위험을 최소화하는 표준화된 고충실도 경험을 제공할 수 있다는 것이다. 이 시뮬레이션은 참가자가 교육을 완료한 후 테크니컬 기술을 습득했는지 평가하고 직무에서 기술을 수행할 준비가 되었는지 평가하는 데 이상적이다. 이 시뮬레이션의 현실성과 물리적 특성은 후보자의 스트레스 반응과 내성을 평가하는 데도 이상적이다. 신체적 시뮬레이션은 작업 시범보다 이점이 있는데, 시범은 표준화되지 않고 감독자가 종종 정확한 평가를 내릴 수 없다.

신체적 시뮬레이션의 단점은 특수 장비를 사용하거나 특정 물리적 환경(예: 바다, 사막, 숲)에 대한 접근 권한을 얻어야 하기 때문에 개발 및 관리 비용이 많이 들고, 구축하는 데 높은 수준의 기술적 전문성이 필요하다는 것이다. 시뮬레이션의 특성상 참가자가 물리적 환경을 돌아다니면서 수행할 때 평가자가 참가자의 관련 행동을 관찰하기 어려울 수도 있다.

〈표 10-1〉 **생산 운영 시뮬레이션 예시**

타겟 직무	시뮬레이션 내용
생산 스태프	장난감 부품 조립
품질 관리 검사원	제품의 결함을 감지하고 QC 과정의 변경을 권장
조립원	규정된 단계에 따라 공급품을 사용하여 시뮬레이션 펌프 구축
유지 관리원	전력 전송 장치 시뮬레이션의 오류를 해결하고 조정
창고 근로자	배송 주문 양식에 맞는 상자 포장 시뮬레이션

배경

비행 시뮬레이터의 초기 유형인 Link Trainer가 1929년에 처음 판매되었다. Link Trainer는 항공기의 피치와 동작을 재현하고 조종사에게 안전하고 저렴한 방식으로 다양한 비행기를 조종하는 방법을 가르치기 위해 설계되었다. 1960년대에는 비행 시뮬레이션에 컴퓨터와 지형의 시각적 표현이 도입되었다(Fly Away, 2010).

신체적 시뮬레이션 개발의 예비 단계

신체적 시뮬레이션의 목표는 일반적으로 안전하고 통제된 환경에서 지원자의 기술적 전문성을 평가하는 것이다. 예를 들어, 새로운 유형의 항공기를 조종하는 방법을 배우는 조종사는 실제 항공기를 조종하기 전에 시뮬레이터에서 먼저 능숙도를 개발한다. 환경적 · 조직적 맥락 및 직무 맥락을 분석할 때, 개발자는 참가자가 직면하게 될 물리적 어려움과 이러한 어려움의 맥락을 정확하게 파악하는 것이 특히 중요하다. 여기에는 지리적 위치, 설정, 특수 장비 사용 등이 포함될 수 있다.

신체적 시뮬레이션을 개발하는 데는 매우 많은 자원이 필요할 수 있으며, 특수 장비와 어떤 경우에는 방대한 공간이 필요하다. 예를 들어, 국방부는 Civilian Expeditionary Workforce 프로그램에서 일할 민간 스태프를 훈련하기 위해 대규모 시뮬레이션을 설정했다. 이 스태프는 해외에서 다양한 역할(기계, 의료, 통신 등)로 전투원을 지원하는 일시적인 임무를 수행하며 미군 및 주둔국 인력과 효과적으로 협력해야 한다. 시뮬레이션에는 아프가니스탄과 이라크의 역할연기자 그리고 폭발 및 총격 특수 효과가 포함된 모의 촌락이 포함된다. 이 시뮬레이션은 스트레스가 많고 위험한 지역을 탐색하고 지역 주민과 상호작용하는 경험을 제공한다(Bruce, 2010).

이러한 시뮬레이션을 개발하는 데 드는 비용을 감안할 때, 분석 단계에서 중요한 결정은 시뮬레이션을 사내에서 구축할 것인지 아니면 시중에서 판매되는 문제 해결을 구매할 것인지 하는 것이다. 이 결정을 내릴 때 고려해야 할 질문은 다음과 같다.

- 시뮬레이션을 구성하는 데 필요한 전문 지식이 내부적으로 제공되는가?
- 시뮬레이션을 내부적으로 구성하는 데 얼마나 많은 시간과 자원이 필요한가?
- 상업적으로 이용 가능한 문제 해결은 무엇이며 비용은 얼마인가? 얼마나 빨리 조달하고 구현할 수 있는가? 어떤 지속적인 지원이 제공되는가?
- 상업적 문제 해결에 대한 효과, 작업을 나타내는 정도 등에 대한 정보는 무엇인가?

필요 시간

- 준비 시간: 30분에서 1시간 이상
- 시뮬레이션: 30분에서 수 시간
- 후속 인터뷰(선택 사항): 30~60분

신체적 시뮬레이션을 수행하는 데 필요한 시간은 1시간에서 수 시간까지 다양하다. 예를 들어, 장비를 조립하거나 결함이 있는 장비의 문제를 해결하는 데 몇 분밖에 걸리지 않을 수 있다. 그러나 팀을 숲으로 안내하는 데는 몇 시간에서 하루 종일 또는 그 이상이 걸릴 수 있다.

시뮬레이터에는 종종 녹화 장비가 포함되어 있어 후보자는 사후에 자신의 성과를 관찰하고 향후 개선을 위한 매우 구체적인 피드백과 지침을 얻을 수 있다. 따라서 후속 조치는 간단한 인터뷰일 수도 있고, 성과 녹화를 검토하고 발생한 상황에 대해 자세히 논의하는 과정이 될 수도 있다. 피드백은 시뮬레이션 중에도 제공될 수 있다. 예를 들어, 한 레이더 시뮬레이션에서 각 세션은 약 10분 동안 지속되었고 참가자들에게 접근하는 항공기에 대한 레이더 정보를 제공하고 각 항공기에 대해 어떻게 대응할지 결정을 내리도록 요구했다. 각 세션 후에 참가자는 자신의 결정 결과(예: 적군 항공기에 적절하게 도전 또는 실수로 아군 항공기에 도전)를 받은 다음 후속 세션에서 재수행할 기회를 가졌다. 시뮬레이션을 반복하면서 진행자는 피드백을 통해 학습하는 참가자의 학습 능력과 궁극적인 레이더 감지 능력을 검사할 수 있었다.

[그림 10-1]에 자동차 조립의 고충실도 시뮬레이션의 예가 나와 있다. 자동차 조립 공장에서 일하는 사람들의 업무는 수년에 걸쳐 크게 바뀌었다. 오늘날의 근로자는 모든 주요 조립 작업을 수행할 수 있어야 하며, 그들의 할당은 매일, 때로는 근무 중에 달라질 수 있다. 복잡한 자동차 조립 시뮬레이션에서 시뮬레이션된 6개 이상의 과제가 지원자에게

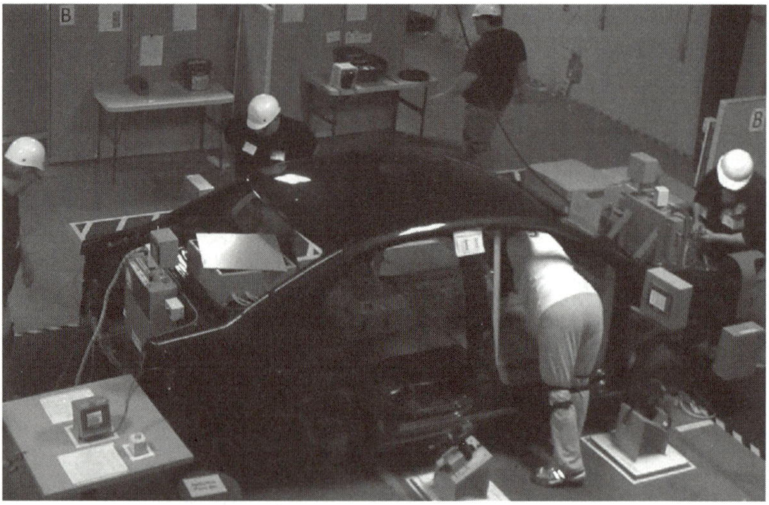

[그림 10-1] 자동차 조립 시뮬레이션

출처: DDI의 허가를 받아 사용.

직무와 직접 관련된 하나의 큰 시뮬레이션으로 나타난다. 지원자는 대상 업무를 처리하도록 훈련을 받은 후, 몇 시간에 걸쳐 업무를 처리하는 방법을 보여 준다. 정확도, 속도, 일관성, 안전 의식 등이 자동으로 평가되고, 그들의 행동 결과는 알고리즘으로 집계된다. 시뮬레이션은 새로운 기술 학습, 지시 이행, 한 작업에서 다른 작업으로 물리적으로 빠르게 이동하기, 문제 파악 및 적절한 조치(종종 물리적으로) 취하기, 물리적 안전 규칙 준수, 팀 워크, 개선 아이디어 제안과 같은 핵심 요구 사항을 평가한다.

참가자 자료

참가자는 시나리오에 대한 일반적인 배경 자료 외에도 시뮬레이션 자체를 운영하는 방법에 대한 자세한 지침이 필요할 수 있다. 예를 들어, 기술 지식을 평가하기 위해 통신 시스템의 장비 모형을 만들었던 사례에서, 모형이 실제 통신 시스템과 다소 달랐기 때문에 참가자는 시뮬레이션을 성공적으로 수행하기 위해 시뮬레이션 자체에 대한 배경 정보가 필요했다. 어떤 경우에는 참가자가 시뮬레이션에 참여하기 전에 공식적인 교육 프로그램을 이수해야 할 수도 있다. 예를 들어, 비행 시뮬레이터를 작동하는 데는 비용이 많이 들고 시뮬레이터에서 보내는 시간은 제한적이다. 따라서 시뮬레이션에 참여하기 전에 참가자는 사전 필수 교육을 이수해야 할 수도 있다.

많은 시뮬레이션과 마찬가지로 신체적 시뮬레이션의 배경 자료에 평가 기준이 포함될 수 있다. 참가자에게 달성해야 할 것(결과)과 그 결과에 도달하기 위해 따라야 할 과정을 설명하는 것이 중요하다. 예를 들어, 레이더 운영자는 항공기를 올바르게 식별해야 하며(결과), 이를 위해 통신 프로토콜 준수와 같은 적절한 절차를 따라야 한다(과정). 과정은 참가자가 준수해야 할 체크리스트나 테크니컬 매뉴얼에 문서화할 수 있다. 이는 참가자가 할당된 과제에 자유롭게 다양한 방식으로 접근할 수 있는 다른 유형의 시뮬레이션과 대조적이다.

신체적 시뮬레이션 구축은 다양한 형태의 문서 자료가 있는 다른 형태의 시뮬레이션 개발과 본질적으로 다르다. 신체적 시뮬레이션은 물리적 환경과의 상호작용을 필요로 하며 특수 장비의 설치가 필요할 수 있다. 올바른 물리적 환경을 구성하는 방법에 대한 자세한 설명은 이 책의 범위를 벗어나는 것이다. 그러나 개발자가 물리적 환경을 설치하는 데 도움이 될 수 있는 몇 가지 질문이 제시되어 있다.

- 환경: 중요한 직무 관련 특성을 재현하는 데 필요한 물리적 환경은 무엇인가? 이 환경은 자연에서 활용 가능한가(예: 숲, 사막, 바다), 아니면 구축해야 하는가(예: 시뮬레이션 조립 라인)? 환경이 자연인 경우, 사용하는 데 요구조건은 무엇인가(예: 임대, 허가 등)? 환경을 구축해야 하는 경우, 적합한 공간이 있는가?
- 특수 장비 또는 기술: 참가자가 시뮬레이션 작업 과제를 효과적으로 완료하는 데 필요한 도구, 보급품, 재료, 장비, 기술 등은 무엇인가? 이것이 실제 작업에 사용되는 것인가, 아니면 복제품(예: 실탄 대신 공포탄)인가?
- 효과: 문제나 과제(예: 장비의 기계적 고장, 적의 총격, 자연 재해, 환자 부상)를 시뮬레이션하는 데 필요한 효과는 무엇이며, 이러한 과제를 안전하고 설득력 있게 제시하려면 어떻게 해야 하는가?

신체적 시뮬레이션의 사례

미국 해병대는 전체적인 호송 경험을 재현하는 완전 몰입형 시뮬레이션인 가상 전투 호송 훈련(Virtual Combat Convoy Trainer)을 개발했다. 이 시뮬레이션에는 험비(Humvee, 군용 지프차의 일종)와 유틸리티 차량이 배치된 여러 개의 구역이 있으며, 비디오 화면이 이를 둘러싸고 있다. 비디오 화면은 지형과 적 전투원을 시뮬레이션하는 데 사용된다. 험비는 실제 조종 장치가 있으며, 차량의 움직임을 시뮬레이션한다. 이 시뮬레이션은 해병들이 차량과 무기를 안전하게 다루는 방법, 효과적으로 의사소통하는 방법 그리고 위험하고 낯선 환경에서 예기치 않은 도전에 대응하는 방법을 가르친다. 해병들은 팀으로 함께 작업하여 시뮬레이션을 완수하며, 그들의 행동은 비디오로 촬영되어 후속 검토와 피드백을 제공한다(Banicki, 2015).

테크놀로지 활용

신체적 시뮬레이션은 실제 행동으로 할 수 있고 테크놀로지를 사용하여 가상으로 할 수도 있다. 시뮬레이션 자체에 사용된 테크놀로지는 실제 작업 환경을 반영해야 한다. 예를 들어, 시뮬레이션된 구조를 수행하는 소방관에게는 실제 행동이 필요하다. 그러나 앞서 설명한 해병대 사례에서와 같이 테크놀로지를 사용하여 참가자가 조치를 취하는 상황을 시뮬레이션하고 참가자의 반응을 기록할 수도 있다.

신체적 시뮬레이션의 특징은 평가의 주요 대상이 참가자의 신체 행동이라는 점이므로, 테크놀로지가 이러한 행동을 대체하거나 시뮬레이션해서는 안 된다. 예를 들어, 신체적 시뮬레이션은 사막 지형과 적 전투원을 테크놀로지로 시뮬레이션할 수 있지만, 해당 과제에 대한 능숙성을 입증하기 위한 실제 신체적 반응이 필요하다. 다시 말해, 가상 현실이나 비디오 게임과 같은 환경이 배경 조건을 시뮬레이션하는 데 적합할 수 있지만, 이러한 테크놀로지가 참가자가 필수적으로 수행해야 할 신체적 작업의 필요성을 없애지 않도록 주의해야 한다. 숙련도를 진정으로 평가하려면 참가자가 가능한 한 현실적인 행동을 취해야 한다(예: 무기 발사, 실제 험비 장비 작동).

이 시뮬레이션에서 테크놀로지를 사용하는 것은 논란의 여지가 있다. 테크놀로지를 구축하는 것은 때로는 비용이 매우 많이 필요하다(예: Virtual Combat Convoy Trainer는 제작 비용이 900만 달러 이상이며, 여기에는 유지 관리 및 운영에 드는 지속적인 비용은 포함되지 않음). 이 정도의 비용을 정당화할 만큼 충분한 이점이 있는지에 대한 비판이 있다. 게다가 충실도에 대한 문제도 있다. 가상 전투원이 실제 전투원처럼 행동하는가, 아니면 안전한 비디오 게임을 하는 것과 너무 비슷하지는 않은가? 이러한 비판을 감안할 때, 개발자는 테크놀로지 사용으로 인한 투자 수익과 테크놀로지가 현실성을 훼손하는 데 미치는 위협을 신중하게 고려해야 한다.

신체적 시뮬레이션을 설계할 때 점점 더 높은 수준의 테크놀로지를 활용하려는 유혹이 있다. 그러나 때로는 저-테크놀로지 문제 해결이 고-테크놀로지 문제 해결보다 더 낫지는 않더라도 낮은 비용으로 효과적으로 활용될 수 있다. 시뮬레이션 개발자는 제안된 테크놀로지가 비용을 상쇄할 만큼 참가자의 경험에 충분한 가치를 더할지 끊임없이 의문을 가져야 한다. 예를 들어, 제대로 설계된 비행 시뮬레이터의 가치는 명확하게 확보되어 있다. 적절한 훈련 없이 실제 비행기를 조종하는 것은 위험하고 매우 값비싼 실수를 초래할 수 있기 때문이다. 비행 시뮬레이터는 생명과 장비를 구하는 것으로 입증되었다. 그러나 테크놀로지의 가치가 명확하지 않은 상황이 있을 수 있다. 예를 들어, 특수한 시청각 효과와 가상 현실이 군인을 전투에 더 잘 대비시키고 생명과 재산을 구할 수 있는가? 이 의문에 대한 의견은 엇갈리는 듯하며, 혁신적인 최신 기술의 증분 가치를 평가하기 위한 추가 연구가 필요하다.

평가자, 진행자 및 역할연기자 지원 자료

신체적 시뮬레이션 진행자는 시뮬레이션이 올바르고 원활하게 작동하고 안전하게 진행될 수 있도록 계속 참석해야 하는 경우가 많다. 진행자는 평가자와 같은 수준의 분야 전문 지식이 필요하지 않을 수 있지만, 시뮬레이션 자체가 어떻게 작동하는지에 대한 전문 지식은 있어야 한다. 진행자는 시뮬레이션을 운영하는 방법 및 기술적인 문제가 발생했을 때 무엇을 해야 하는지에 대한 명확한 지침이 필요하다. 또한 시뮬레이션은 참가자들을 위험한 상황에 놓이게 할 수 있으므로(예: 폭발을 시뮬레이션하기 위해 특수 효과가 사용될 때), 진행자와 평가자는 안전 절차에 대해 잘 숙지하고 있어야 한다.

신체적 시뮬레이션에서 보다 더 사실적인 묘사를 위해 역할연기자가 사용되는 경우가 있다. 그러나 다른 유형의 시뮬레이션과 달리 역할연기자의 상호작용은 일반적으로 평가의 초점이 아니라 부수적인 것이다. 예를 들어, 역할연기자는 재난으로 인해 부상을 입은 피해자 역할을 하고, 참가자는 부상을 평가하고 치료하는 능력을 평가받는 시뮬레이션을 가정해 보자. 참가자는 역할연기자와 상호작용해야 하며, 이 상호작용은 평가의 일부이지만 평가의 핵심은 아니다. 역할연기자는 역할을 효과적으로 수행하는 방법에 대한 지침을 받지만 참가자가 필요한 조치를 수행하는 능력을 방해해서는 안 된다(예: '환자'는 치료를 완전히 거부해서는 안 되지만 우려 사항을 표현하고 질문을 하여 현실성을 높여야 함). 역할연기자는 평가되는 역량과 관련된 행동을 유발하거나 유발하지 않는 단서를 제공하도록 훈련받을 수 있다. 예를 들어, 소방관이 불타는 건물에서 사람들을 구조하는 시뮬레이션에서 역할연기자는 참가자가 잠재적인 피해자를 찾기 위해 특정 위치를 확인하지 않았다고 불평하는 구경꾼 역할을 할 수 있다.

신체적 시뮬레이션에서 평가자는 일반적으로 참가자가 운영하는 기술 분야의 전문가여야 한다. 예를 들어, 앞서 설명한 해병대 사례에서 평가자는 호송대를 운영하는 데 전문 지식이 있는 경험이 풍부한 해병대 선임 또는 은퇴한 해병대원이다. 해당 분야의 전문 지식 외에도 평가자는 시뮬레이션 자체와 작동 방식에 대해 철저히 알고 있어야 한다. 자료에는 예시와 예상되는 참가자 반응이 포함될 수 있으며, 필요시 개입하여 코칭과 재지시를 어떻게 할지에 대한 지침도 포함될 수 있다.

주제 전문가(SME)가 평가자로 일할 때의 한 가지 문제는 참가자를 평가할 때 자신의 경험에 지나치게 의존하는 경향이 있다는 것이다. 이들은 평가 정책과 절차에 의해 평가하기보다는 자신이라면 상황을 어떻게 처리할지에 따라 성과를 판단할 위험이 있다. 따라서 시뮬레이션이 무엇을 어떻게 측정하려는지 철저히 이해하는 것이 중요하다. 평가자를 개발 과정에 참여시켜서 그들이 이를 받아들이고 그에 따라 평가하게 하는 것이 도움이 될 수 있다. 또한 평가자는 진행자와 역할연기자가 어떻게 훈련되었는지 알아야 차원과 관련된 행동을 이끌어 내려는 단서를 포착할 수 있다.

평가 기준에는 일반적으로 참가자가 수행해야 하는 구체적인 행동과 달성해야 하는 최종 결과에 대한 체크리스트가 포함된다. 즉, 평가에는 참가자가 따르는 행동 과정와 작업 과제의 산물 또는 결과에 대한 평가가 포함될 수 있다. 예를 들어, 용의자를 체포하는 경찰은 용의자를 성공적으로 구금해야 할 뿐만 아니라, 이 과정에서 적법한 절차를 따라야 한다. 그렇지 않으면 용의자에 대한 기소가 법원에서 기각될 수 있다(예: 용의자에게 미란다 권리를 제대로 고지하지 않은 경우). 평가 기준에는 어떤 행동이 사소하거나 중요한지, 어떤 오류가 중요한지를 구분하는 것도 포함될 수 있다.

앞서 언급했듯이, 올바른 조치가 올바른 순서로 취해졌는지 평가하는 데 테크놀로지가 사용될 수 있다. 예를 들어, 비행 시뮬레이터는 참가자가 취한 모든 행동과 그 결과를 기록한다. 실시간 행동 시뮬레이션의 경우, 평가자들은 무엇을 찾아야 하는지와 결과를 어떻게 측정할지에 대한 구체적인 지침이 필요하다. 예를 들어, 장비에 문제가 생겼을 때 무엇을 점검하고 어떻게 조치해야 할지에 대한 단계별 절차가 나와 있는 테크니컬 매뉴얼을 제공할 수 있다.

평가자는 특정 행동을 관찰하는 것 외에도 차원 평가를 제공해야 할 수도 있다. 평가 기준은 각 차원을 설명하는 행동 체크리스트 또는 각 차원에 대한 행동 기준 평정척도의 형태일 수 있다. 기술 숙련도 및 스트레스 내성 차원에 대한 행동 기준의 예가 〈표 10-2〉에 제시되어 있다. 이 행동 예는 다소 일반적이며 특정 시뮬레이션의 내용을 참조한 것이 아니다. 실제 응용 프로그램에서 행동 기준은 시뮬레이션의 특정 측면을 참조한다. 또한 시뮬레이션 개발자는 해당 과제를 완료하는 데 효과적인 행동과 비효과적인 행동을 결정하는 데 해당 분야 전문가를 참여시키고자 할 것이다.

〈표 10-2〉 **신체적 시뮬레이션에서 일반적으로 평가하는 두 평가 차원에 대한 행동 기준 평정척도**

기술적 능력	
척도	행동 기준 예시
5	전문적인 수준의 기능적·기술적 지식과 기술을 보여 주고 다른 사람들에게 할당된 작업을 수행하도록 지시할 수 있다. 관련 과정, 절차, 표준, 방법 및 기술을 적용하여 원하는 결과를 달성하고, 필요에 따라 적응하여 과제를 완수한다. 작업에 오류가 없다.
4	
3	할당된 작업을 수행하는 데 필요한 기능적·기술적 지식과 기술을 보여 준다. 정상적인 조건에서 원하는 결과를 달성하기 위해 관련 과정, 절차, 표준, 방법 및 기술을 적용한다. 오류는 최소화되고 쉽게 수정된다.
2	
1	할당된 작업을 수행하는 데 필요한 기능적·기술적 지식과 기술을 보여 주지 않는다. 관련 과정, 절차, 표준, 방법 및 기술을 적용하지 못하거나 잘못 적용하여 오류가 발생하거나 원하는 결과를 달성하지 못한다.
스트레스 내성	
척도	행동 기준 예시
5	큰 압박, 불확실성, 역경에 직면하더라도 회복탄력성, 에너지, 열정을 보여 준다. 다른 사람들이 부정적인 감정이나 정서를 극복하도록 돕고, 자신의 감정이 생산성을 방해할 때 이를 인식하고 효과적으로 처리한다.
4	
3	비상 상황 및 기타 상황에 적절하게 대응한다. 최소한의 지원과 격려로 변화하는 작업 조건에 쉽게 적응한다. 적당한 수준의 불확실성과 모호성에서도 생산적이고 낙관적이다.
2	
1	압박, 불확실성 또는 역경에 직면하면 성과, 태도, 에너지 및 열정이 크게 감소한다. 작은 장애물이나 사소한 업무 압박에 직면하면 지속하는 데 어려움이 있다.

후속 단계

신체적 시뮬레이션의 최종 결과를 평가하는 데에는 몇 가지 중요한 기준이 있다. 첫째, 시뮬레이션에서 직무를 수행할 준비가 된 참가자와 그렇지 않은 참가자를 정확하게 구별했는가? 시뮬레이션을 성공적으로 완료한 개인은 성공하지 못한 개인보다 직무 성과가 높아야 한다. 성과는 객관적인 데이터(오류 감소, 폐기물 또는 재작업 감소, 안전 사고 감소 등) 및 주관적인 평가(예: 참가자의 자신감 증가 및 감독자 평가 향상)와 같은 다양한 방법으로 측정할 수 있다. 표준적인 성과 평가가 종종 성과 외의 많은 다른 요소의 결과물인 경우가 많기 때문에(Murphy & Cleveland, 1995 참조), 시뮬레이션의 가치를 평가하기 위해서는 운영 성과 평가가 신뢰할 수 있고 타당하다는 증거가 있을 때만 사용되는 것이 권장된다.

둘째, 시뮬레이션 비용이 제공한 가치에 적절한지 여부이다. 다시 말해, 시뮬레이션 개발 및 관리에 드는 시간과 비용을 정당화할 만큼 충분히 성과가 향상되었고 오류가 감소했는가? 이 유형의 시뮬레이션은 비용이 많이 들기 때문에 비용–편익 분석이 특히 중요하다. 어떤 경우에는 금전적 측면에서 편익을 계산하는 것이 비교적 간단할 수 있다. 예를 들어, 조립 라인 작업자를 위한 시뮬레이션은 생산 속도를 높이고 오류를 줄이도록 설계될 수 있다. 생산 속도와 오류는 명확하게 비용과 관련이 있을 가능성이 높으므로 증가 또는 감소를 금전적으로 표현하고 시뮬레이션 비용과 비교하여 전반적인 투자 수익률을 결정할 수 있다. 수익률을 정량화하기 어려운 경우도 있다(예: 성과 기준이 안전성 증가 또는 예상치 못한 문제에 대처할 준비성 향상과 같은 것일 때). 이와 같은 상황에서 시뮬레이션 개발자와 경영진은 비용과 편익을 신중하게 고려하고 시뮬레이션의 가치에 대해 합리적이고 책임감 있는 판단을 내려야 한다.

참고문헌

Banicki, A. (2015, June 7). Marine corps expands its virtual combat convoy training. *Marine Corps Times*. Retrieved from http://www.marinecorpstimes.com/story/military/tech/2015/06/07/marine-corps-expands-its-virtual-combat-convoy-training/28313861/

Bruce, D. (2010, December 28). Civilian expeditionary workforce prepares civilians for deployments. *The Official Homepage of the United States Army*. Retrieved from https://www.army.mil/article/49909/Civilian_Expeditionary_Workforce_prepares_civilians_for_eployments/

Fly Away. (2010, July 12). *Flight simulator technology through the years*. Retrieved from http://flyawaysimulation.com/news/4045/flight-simulator-technology-through-years/

Murphy, K. R., & Cleveland, J. N. (1995). *Understanding performance appraisal: Social, organizational and goal-based perspectives*. Sage.

제11장

저충실도 시뮬레이션

이 장에서는 세 가지 주요 유형의 저충실도(low-Fidelity) 시뮬레이션을 설명한다.

- 상황 면접: 참가자에게 가상 시나리오를 제시하고 이를 어떻게 처리할 것인지 질문하는 구조화된 면접(예: "~한 고객이 있다고 상상해 보세요.")
- 행동 면접[행동 사건 면접(Behavioral Event Interview: BEI)이라고도 함; McClelland, 1998]: 참가자에게 자신의 경험에서 과거의 사례를 회상하고 설명하도록 요청하는 구조화된 면접(예: "까다로운 고객을 응대했던 경험에 대해 말해 주세요.")
- 상황 판단 검사(Situational Judgment Test: SJT): 가상의 상황(예: "고객이 가게에 들어와서 이렇게 말합니다…….")을 묘사하는 짧은 이야기를 포함한 평가 도구로 그 상황에 어떻게 반응할지에 대한 여러 가지 선택지를 제공하며, 참가자는 그중에서 적절한 반응을 선택해야 한다.

이와 같은 평가를 저충실도 시뮬레이션이라고 한다(이러한 유형의 평가를 시뮬레이션이라고 부르지 않는 사람도 있다). 복잡한 행동 반응이 필요하지 않기 때문이다. 그러나 지금까지 논의한 고충실도(high-Fidelity) 시뮬레이션과 몇 가지 특징을 공유한다. 첫째, 기존 시뮬레이션에서 발견되는 완전하고 고충실도의 맥락을 제공하지는 않지만, 직무 상황과 관련된 일부 맥락을 제공한다. 둘째, 명백한 행동의 예를 이끌어 내지는 않지만, 특정 상황과 관련된 개인의 사고 과정이나 판단이 드러나게 할 수 있으며, 이는 미래 행동을 예측하는 데 유용하다. 셋째, 직무의 복잡성 수준을 더 잘 모방하기 위해 난이도를 높이거나 낮출 수 있다.

〈표 11-1〉 **고충실도 및 저충실도 시뮬레이션 비교**

충실도의 요소*	고충실도 시뮬레이션	저충실도 시뮬레이션		
		상황 면접	행동 면접	상황 판단 검사
자극	복잡한 조직 상황 제시	상황이나 문제에 대한 비교적 간단한 설명	과거 상황을 되돌아보게 하는 질문	상황이나 문제에 대한 비교적 간단한 설명
반응	복잡한 외현적 행동 요구	장래 행동할 의도	과거 행동에 대한 자체 보고	반응은 제공된 대안 중에서 선택
내용	표준화된 다양한 콘텐츠 제공	표준화된 다양한 콘텐츠 제공	알 수 없음: 후보자가 설명할 콘텐츠를 선택	표준화된 다양한 콘텐츠 제공
난이도	매우 어렵게 만들 수 있음	매우 어렵게 만들 수 있음	알 수 없음: 후보자가 설명할 상황의 난이도 수준 선택	매우 어렵게 만들 수 있음
맥락	복잡한 조직 및 환경 상황을 제시	맥락 정보는 다소 제한적	알 수 없음: 후보자가 설명할 상황 맥락 선택	맥락 정보는 다소 제한적
평가되는 요소	행동적 기술 측정	자기-보고 기술 측정	자기-보고 기술 측정	신념과 판단 측정

* 충실도의 요소에 대한 설명은 제3장에 제시하였음.

따라서 이 책에서는 이러한 유형의 평가를 '저충실도 시뮬레이션'으로 간주한다. 이는 복잡한 상황을 제시하고, 복잡한 외적 행동은 아니더라도 판단을 요구하기 때문이다. 〈표 11-1〉은 제6~10장에서 설명된 고충실도 시뮬레이션과 이 장에서 다루는 세 가지 저충실도 시뮬레이션 유형을 충실도의 여러 측면과 관련하여 비교한 표이다. 이러한 평가들은 시뮬레이션의 충실도 수준에 따라 다르게 평가될 수 있다.

상황 면접과 행동 면접

구조화된 면접의 질문은 상황적 질문과 행동적 질문의 두 가지 주요 범주로 나뉜다(Dipboye & Johnson, 2013; Dipboye, Wooten, & Halverson, 2004; Eder & Harris, 1999). 앞서 언급했듯이, 상황적 질문은 후보자에게 가상의 상황에서 무엇을 할 것인지 묻는 반면, 행동적 질문은 후보자에게 과거 상황에서 보인 행동의 자체 보고 사례를 묻는다. 행동적 질문은 후보자가 이미 직장에서 입증할 기회가 있었던 속성을 평가하는 데 유용한 반면, 상황적 질문은 후보자가 아직 입증할 기회가 없었을 수도 있는 속성을 평가하는 데 유용하다. 예를 들어, 평가의 목적이 아직 리더가 된 적이 없는 후보자 중에서 미래의 잠재적 리더를 파악하는 것이라면, 상황적 질문은 후보자가 리더십 책임을 어떻게 처리할 것인지에 대한 통찰력을 얻는 데 적절하다. 〈표 11-2〉에 각 유형의 면접 질문의 예가 나와 있다. 〈표 11-3〉에는 이러한 질문에 대한 응답을 채점하기 위한 두 가지 행동 기준 평정척도의 예가 제시돼 있다.

구조화된 상황 및 행동 면접의 장점은 개발하고 관리하기가 비교적 쉽다는 것이다. 질문은 광범위한 주제를 다룰 수 있다. 또한 구조화된 면접은 타당도가 상당히 높다(McDaniel, Whetzel, Schmidt, & Maurer, 1994). 단점은 구조화된 면접이 충실도가 높은 행동적 반응을 끌어내지 못한다는 것이다. 실제로 '행동' 면접이라는 용어는 잘못된 명칭이다. 이는 참가자가 주어진 상황에서 무엇을 하려고 하는지 또는 과거에 무엇을 했는지에 대해 자체 보고된 표현일 뿐이다. 따라서 이 유형의 면접은 행동 수행에 대한 진정한 예시를 제공하지는 않지만 후보자의 사고 과정을 밝혀낼 수 있다.

〈표 11-2〉 **면접 질문 예**

역량	면접 유형	질문
고객 서비스	행동적	매우 까다로운 고객 문제를 해결해야 했던 적이 있다면 말씀해 주세요. 1) 어떻게 문제를 발견하셨나요? 2) 문제를 해결하기 위해 어떤 조치를 취하셨나요? 3) 결과는 어땠나요?
판매 능력	상황적	현재 제품을 사용하는 기존 고객이 있다고 가정해 보겠습니다. 곧 대체할 새로운 제품이 있는데, 약간 더 비싸지만 이 고객에게 더 가치 있을 것으로 생각합니다. 그러나 새로운 제품에는 아직 입증되지 않은 새로운 기술이 포함되어 있습니다. 고객은 위험을 회피하고자 하고 가격에 민감합니다. 그는 새로운 제품으로 바꾸고 싶어 하지 않습니다. 그에게 새로운 제품을 구매하도록 설득하기 위해 어떤 조치를 취하시겠습니까?

〈표 11-3〉 **두 가지 평가 차원에 대한 행동 기준 평정척도**

고객 서비스	
척도	행동 기준 예시
5	적극적으로 고객 피드백을 구하고 잠재적인 문제를 발견한다. 고객 관계에서 주인의식을 갖고 고객의 문제를 해결하기 위해 주도권을 행사하며 공감과 이해를 보여 준다. 고객이 완전히 만족할 때까지 문제를 해결하기 위해 노력하고 필요할 때 창의적인 문제 해결을 찾는다.

4	
3	고객 문제가 제기되면 이를 인식한다. 문제를 해결하기 위해 노력할 때 공감과 관심을 보여 준다. 회사 정책과 자신의 직무 범위 내에서 고객 문제를 해결하려고 시도한다.
2	
1	고객 문제가 주요 문제가 될 때까지 인식하지 못할 수 있다. 문제를 해결하려고 할 때 긴박감이나 관심이 부족함을 보여 준다. 회사 정책이나 자신의 제한적 권한을 변명으로 삼아 고객 우려 사항을 충분히 해결하지 않는다.

판매 능력	
척도	행동 기준 예시
5	연구 결과를 활용하여 신제품이 고객에게 어떻게 더 많은 가치를 제공하는지를 보여 준다. 제품의 이점을 고객의 고유한 요구 사항 및 상황과 연관시킨다. 충족되지 않은 요구 사항을 발견하고 이를 새로운 제품과 연결하기 위해 개방형 질문을 한다. 고객의 요구 사항과 예산에 따라 신제품이 실제로 고객에게 가장 유익한지 고려한다.
4	
3	고객에게 신제품의 특징과 장점을 보여 주는 상당히 일반적인 접근 방식을 사용한다. 신제품이 어떻게 더 많은 가치를 제공할 수 있는지 보여 주기 위해 투자 수익률 또는 비용–편익 분석을 제안한다. 고객이 현 제품을 유지하는 것보다 신제품을 구매하는 것의 장점을 고려하도록 유도하는 질문을 한다.
2	
1	고압적이거나 협상적인 전술을 사용하여 고객이 새로운 제품을 구매하도록 설득하려고 한다(예: 이전 제품은 더 이상 지원되지 않는다고 주장, 첫 해 할인 제공). 고객의 요구 사항과 연결하지 않고 새로운 제품의 기능과 이점에만 초점을 맞춘다.

상황 면접 및 행동 면접 개발의 예비 단계

모든 시뮬레이션에서와 마찬가지로, 면접 질문이 대상 직무와 관련이 있도록 맥락을 분석하는 것이 중요하다. 상황적 질문을 개발할 때, 직무 전문가에게 주요 사건에 대한 의견을 들어 가상 상황과 이에 대한 지원자의 대응 옵션을 만드는 데 사용하는 것이 좋다. 주요 사건 기법(Flanagan, 1954)은 직무 전문가 그룹에게 과거에 실제로 발생한 사건에 대한 이야기를 듣는 것이다. 각 사건에 대해 전문가는 상황과 중요한 맥락적 요소, 무슨 일이 있었는지(사람들이 말하고, 행동하고, 느낀 것 포함), 결과가 무엇인지 설명해야 한다. 이때 성공과 실패 사례를 모두 회상하도록 요청할 수 있으며, 특정 상황에 대한 사례를 제공하도록 요청할 수 있다. 예를 들어, 어려운 고객을 대한 사례, 비상 상황을 처리한 사례, 어려운 문제를 해결한 사례를 회상하도록 요청할 수 있다. 주요 사건은 면접 질문을 개발하는 데 유용할 뿐만 아니라 답변을 채점하기 위한 행동 기준 평정척도를 구성하는 데에도 유용하다.

필요 시간

일반적으로 지원자에게 준비 시간이 필요하지 않다. 면접 자체는 보통 60~90분 동안 진행된다. 참가자가 수행에 대한 피드백을 받을 때까지 후속 조치나 브리핑이 필요하지 않다.

배경

상황적 면접 질문은 Latham과 동료들에 의해 처음 개발되었으며(예: Latham, 1989; Latham, Saari, Pursell, & Campion, 1980), 개인의 의도가 미래의 행동을 예측할 수 있다는 이론을 전제로 한다. 행동적 면접 질문의 기원은 다양한데, 주요 사건 면접법(Flanagan, 1954)과 Janz 등의 행동기술 면접법(예: Janz, 1982, 1989; Janz, Hellervik, & Gilmore, 1986) 등이 있다. 이 접근 방식 또한 과거 행동이 미래 행동을 예측한다는 생각에 기반을 둔다.

참가자 자료

일반적으로 참가자가 받는 유일한 자료는 구두 또는 서면 질문이다. 참가자에게 제공되는 것이 거의 없다는 점이 평가 기법으로서 구조화된 면접의 특징이다. 물론 평가자에게는 자세한 지침이 필요하다.

평가자, 진행자 및 역할연기자 지원 자료

구조화된 면접에서는 일반적으로 평가자와 진행자의 역할이 결합되어 있으며, 면접 패널에 여러 사람이 있을 수 있다. 이들은 면접을 실시간으로 관찰하거나 녹화된 영상을 검토할 수 있다. 사용되는 자료는 면접을 어떻게 진행할지에 대한 지침, 지원자에게 묻는 구체적인 질문과 심층 질문 등으로 비교적 간단하다. 또한 면접을 평가하는 데 행동 기준 평정척도가 유용하다.

만약 관리자가 면접을 진행한다면, 구조화된 접근 방식을 사용하는 방법에 대한 교육이 필요하다. 다른 유형의 시뮬레이션과 달리, 많은 관리자가 비구조화된 면접을 진행한 경험이 있기 때문에 처음에는 구조화된 형식이 다소 제약적이고 어색하게 느껴질 수 있다. 따라서 관리자가 비구조화된 면접을 시도하는 기존 습관을 '잊어버리도록' 돕는 교육이 필요할 수 있다. 보다 객관적인 행동 반응을 이끌어 내고 이를 평가하는 데서 더 나은 평가가 이루어진다. 제13장에 제시된 평가자 교육에 대한 모든 권장 사항이 면접관 교육에도 해당된다.

테크놀로지 활용

면접은 실시간 또는 온라인(예: 전화 또는 화상 회의)으로 진행할 수 있다. 응답은 나중에 보고 채점하기 위해 녹화할 수 있다.

후속 단계

지원자들은 질문이 타당하고 직무와 관련이 있는 것으로 보일 때 면접에 긍정적으로 반응한다(Hausknecht, Day, & Thomas, 2004). 그러나 앞서 언급했듯이 관리자들은 때때로 형식이 제한적이라고 생각하기 때문에 구조화된 면접에 저항한다. 따라서 결과를 평가할 때 참가자와 관리자의 과정, 공정성 및 유용성에 대한 인식을 수집하는 것이 중요하다. 관리자는 구조화된 면접을 너무 어렵거나 제약적이라고 생각하는 경우 사용하지 않을 가능성이 크다. 궁극적으로 검사의 가치는 면접 결과가 미래의 직무 성과를 예측하는지 여부이다. 예측의 증거를 수집하면 관리자와 기타 이해관계자에게 면접의 가치를 설득하는 데 도움이 될 수 있다(제14장 참조).

행동 면접 사례의 예

정부 고위급 전문가를 선발하는 역할을 맡고 있는 어떤 조직이 국가 안보 문제에 관해 다른 기관과 소통하는 역할을 맡을 전문가를 찾고 있다. 과거에는 선발위원회가 자격 증명(과거 직책, 교육 이력 등)을 검토하여 후보자를 선발했다. 그러나 조직의 리더는 일부 후보자가 소통 역할을 성공적으로 수행하는 데 필요한 리더십과 대인관계 기술이 없다고 우려했다. 따라서 이러한 특성을 평가하기 위해 구조화된 행동 면접을 개발했다.

이 프로젝트를 진행하는 컨설팅 팀은 성공에 필요한 핵심 업무 활동과 역량을 파악하기 위해 먼저 연락 담당자 역할에 대한 직무 분석을 실시했다. 그런 다음 여러 직무 전문가를 면접하여 주요 사건을 수집하고, 이 정보를 사용하여 구조화된 질문과 행동 기준 평정척도를 만들어 답변을 채점했다. 처음에는 선발위원회 위원들이 시간이 많이 걸릴 것이라는 우려 때문에 새로운 과정을 사용하기를 꺼렸다. 그러나 절차를 검사하고 질문과 채점을 개선하기 위한 의견을 제공한 후, 위원들은 새로운 과정을 열렬히 지지했다. 구조화된 면접은 후보자 자격 검토와 병행 사용되었고, 그 결과 신입 스태프의 질이 향상되었다.

상황 판단 검사

상황 판단 검사(Situational Judgment Tests: SJT)는 간략한 시나리오와 제한된 응답 옵션 세트를 제공하는 것이다. SJT 문항은 서로 독립적인 짧은 이야기일 수도 있고, 더 복잡한 시뮬레이션의 자극 자료일 수도 있다. 예를 들어, In-Box 콘텐츠로 시나리오를 제공하고 참가자는 개방형 응답 대신 제한된 수의 옵션 중에서 응답 방법을 선택할 수 있다. 각 응답 옵션에는 응답의 효과성에 따라 특정 점수 또는 가중치가 할당된다(예: 가장 효과적이지 않은 응답은 0점, 가장 효과적인 응답은 5점).

SJT의 장점은 한번 개발되면 실시와 채점이 매우 빠르고 비용 효율적이라는 점이다. 여러 사람을 한 번에 검사할 수 있으며, 감독이 있거나 없는 환경 모두에서 가능하다. 채점은 자동으로 가능하며, 평가자의 판단에 의존하는 것보다 더 표준화된 방식으로 진행된다. SJT는 인지능력 및 성격 검사 이상의 증분 타당도와 우수한 준거 타당도를 나타내며 소수 민족에 대한 부정적인 영향이 적다는 것이 입증되었다(Lievens, 2006; Lievens, Peeters, & Schollaert, 2007).

SJT는 몇 가지 단점이 있다(Lievens et al., 2007). 주요 단점은 무엇을 정확히 측정하고 있는지 알기 어렵다는 점이다. 대부분의 문항이 다차원적이고 수행이 여러 문항과 높은 상관관계를 보이기 때문에 특정 차원을 순수하게 측정하기 어렵다. 또한 형식과 지침에 따라 인지적 부담이 클 수 있으며, 코칭이나 거짓반응에 취약할 수 있다. 문항들은 판단력 자체보다 다루는 영역에 대한 지식을 측정할 가능성이 있으며(Lievens & Motowidlo, 2016), 이는 사진이나 비디오를 사용하여 감소시킬 수 있다. 또 다른 단점은 주제 전문가(SME)의 의견을 반영해도 타당한 응답 옵션을 개발하고 이러한 옵션의 효과를 평가하는 것은 매우 어려운 경우가 많다. 마지막으로, 객관적으로 채점되는 SJT는 응답 옵션이 한정적이므로 참가자의 응답을 제한하게 된다. 예를 들어, 〈글상자 11-1〉에 제시된 시나리오에 대하여 참가자는 실제로는 옵션에 없는 행동을 선택하거나 여러 옵션에 모두 해당하는 다양한 행동을 선택할 수 있지만, SJT에서는 단 하나의 옵션만 선택해야 한다.

글상자 11-1 SJT 문항 예시

고객이 매장에 들어와 어제 구매한 품목이 손상되었다고 불평하기 시작한다. 그녀는 큰 소리로 즉시 전액 환불을 요구하고, 다른 고객들은 그 장면을 응시한다. 그러나 품목은 '완전한 상태로' 판매되었고 매장 정책에 따라 판매된 품목은 환불이 불가능하다. 이 고객에게 가장 적합한 대응은 다음 중 어느 것인가?

1. 고객에게 매장 정책을 차분하게 설명하고 환불이 불가함을 알린다.
2. 정책에 어긋나더라도 매장 크레딧을 제공하여 타협을 제안한다.
3. 사과하고 전액 환불해 준다.
4. 고객의 불평을 차분하게 논의할 수 있도록 목소리를 낮추어 달라고 요청한다.

SJT 개발의 예비 단계

구조화된 면접 구성 과정와 유사하게, SJT 문항을 구성하려면 개발자는 직장에서 경험할 가능성이 있는 도전적인 시나리오와 가능한 대응 옵션을 확인해야 한다. 가능한 대응 옵션은 모두 타당하되 가장 효과적인 대응은 하나여야 한다. 주요 사건 기술은 이러한 정보를 수집하는 데 유용한 방법이다(Flanagan, 1954).

필요 시간

SJT에는 일반적으로 별도의 준비가 필요하지 않지만 검사 자체는 30분에서 3시간 정도 걸릴 수 있다. 결과는 보통 참가자와 즉시 검토하지 않으며, 나중에 검토할 수는 있다.

배경

McDaniel, Bruhn Finnegan, Morgeson, Campion과 Braverman(2001)에 따르면, SJT는 1920년대 George Washington Social Intelligence Test에서부터 일반적인 판단력을 평가하기 위해 사용되었다. SJT의 초기 목적은 단순히 일반적인 인지능력을 반영하는 것이 아

닌 판단력을 평가하는 것이었다. 그러나 처음에 SJT는 추상적 지능을 평가하는 검사와 높은 상관관계를 보인다는 이유로 비판을 받았고, 따라서 지능과 별개의 것을 평가하는 방법이 아니라고 여겨졌다. 방법이 발전하면서 SJT의 초점은 감독자로서의 잠재력을 측정하는 방향으로 전환되었으나, 여기서도 SJT는 여전히 일반적인 인지능력검사와 상관관계를 보였다. 이후 Motowidlo, Dunnette와 Carter(1990)는 SJT를 저충실도 시뮬레이션으로 지칭하고, 입사 초기 관리자를 선발하는 데 효과적임을 밝혔다.

시뮬레이션 자료

자극 자료는 서면 진술문, 사진, 비디오 및 자동화된 시뮬레이션(예: In-Box 문서)과 같은 다양한 형태를 취할 수 있다. 자극 자료는 참가자에게 시나리오를 제시하고 응답은 응답 방법에 대한 한정된 옵션 목록을 제공하는 것이다. 응답 방법에는 두 가지 주요 접근 방식, 즉 행동적 반응("당신은 무엇을 하시겠습니까?")과 지식적 반응("당신은 무엇을 해야 합니까?")이 있다(McDaniel & Nguyen, 2001). 행동적 반응은 참가자에게 해당 상황에서 자신이 무엇을 할 것인지 응답 옵션 중 하나를 선택하도록 한다. 이는 고충실도 시뮬레이션과 같은 참가자의 실제 행동을 보여 주는 외현적인 반응은 아니다. 참가자는 자신이 행동할 가능성이 가장 높은 옵션을 선택하거나 가능성이 가장 낮은 옵션을 선택하도록 지시받는다. 지식적 반응은 참가자가 무엇을 해야 하는지를 선택해야 한다. 참가자는 옵션 목록에서 가장 효과적인 옵션을 선택하거나, 가장 효과적인 그리고 가장 효과적이지 않은 옵션 둘을 선택하거나, 모든 옵션의 효과성을 순위를 매기거나 평가한다. 연구에 따르면, 다른 모든 조건이 동일하다면 SJT는 이론 기반(주요 사건에만 기반하는 것과 대조적으로)이고, 서면 시나리오를 제시하고, 모든 응답에 대한 평가를 요구하고, 팀워크 기술을 평가할 때(사회적 기술과 대조적으로; Campion, Ployhart, & MacKenzie, 2014; 〈표 11-4〉 참조) 더 신뢰할 수 있는(즉, 내부적으로 일관된) 평가를 제공한다.

McDaniel, Hartman, Whetzel과 Grubb(2007)의 포괄적인 메타분석도 응답 유형이 평가의 특성에 상당한 영향을 미친다는 것을 보여 주었다. 지식 응답 SJT는 행동 응답 SJT보다 인지능력과 더 높은 상관관계가 있었고, 행동 응답 SJT는 지식 응답 SJT에 비해 특정 성격 특성과 더 높은 상관관계가 있는 것으로 나타났다. 검사의 내용이 동일한 경우, 지식 응답 SJT가 행동 응답보다 준거 타당도가 더 높다. 그러나 검사 내용이 일정하게 유지된 연구는 거의 없다는 점에 유의해야 한다. 모든 연구를 살펴보면 준거 타당도는 응답 유형에 따라 차이가 없는 것으로 보인다. 기존 연구들을 종합하면, 지식 응답은 최대 성과를 평가하고 인지적으로 많은 부담을 주며, 행동 응답은 일반적인 성과를 평가하며 성격과 더 관련이 있다. 어떤 유형의 응답 지침을 제공해야 하는지에 대한 선택은 평가의 목적 그리고 인지능력이 평가에 포함되는 정도에 따라 달라진다.

SJT의 응답을 채점하는 방법은 개발 과정에서 중요한 고려 사항이다. 일반적으로 채점은 SME의 판단에 기반을 둔다. 이 접근법은 직무 전문가 그룹이 각 응답 옵션의 효과성을 평가하도록 하고(예: 1~5점 척도), 효과성의 평균값을 해당 응답 옵션에 할당된 점수로 사용하는 방식이다. SME 간의 의견 불일치가 있는 옵션은 제거할 수 있다. 따라서 개발 초기 단계에서 개발자는 제거될 옵션을 고려하여 최종적으로 필요한 것보다 더 많은 응답 옵션을 개발해야 한다.

이 접근법은 이론적 접근법을 통해 보완될 수 있다. 이 방법은 먼저 효과성 수준이 서로 다른 행동 예시들을 포함하는 측정 모형을 구축하고, 각 효과성 수준에 적합한 응답 옵션을 만든다. 그런 다음, 각 옵션이 모형과 얼마나 일치하는지에 따라 점수를 할당받는다(예: 1~5점). SME는 응답 옵션과 채점을 검토하고 수정하는 데 활용될 수 있다. 최종 채점은 각 옵션에 특정 점수 값을 할당하는 방식(예: 1~5점 척도)이나 SME 평가에서 나온 효과성 점수의 평균을 내는 방식으로 이루어진다.

〈표 11-4〉 **상황 판단 검사의 설계 및 결과 신뢰도**

	신뢰도 없음	신뢰도 낮음	신뢰도 높음
상황과 문항 개발 방법		주요 사건	이론적 틀
답안 개발 방법	추론 기반	경험 기반	이론 기반
채점 방법	연속적 또는 이분적		
시나리오가 제시되는 방식	구두, 역할연기	시청각 방식	지필 방식
자극 매체	웹, 대인관계	동영상	서면
응답 매체	서면, 구두, 웹캠	컴퓨터	
응답 형식	객관식 이중 응답, 상호작용형, 자유응답형, 순위형/다중 응답형	객관식 단일 답변, 순위형	모든 응답 평가
지시 형식	지식, 행동		
연구 조사 환경	현장, 실험실		
평가 요소	다양성에 대한 태도, 리더십, 기본 성격, 직무 지식	사회적 기술 응용력	팀워크 기술

출처: Campion et al. (2014)에서 수정.

테크놀로지 활용

SJT는 자동화에 적합하다. 문항을 전달하고, 응답을 캡처하고, 채점하는 데 테크놀로지를 사용할 수 있다. 예를 들어, 시나리오는 서면 대신 비디오로 제공할 수 있다. 비디오를 사용하면 SJT 결과와 인지능력 간의 상관관계가 낮고 준거 타당도가 더 높다(Lievens & Sackett, 2006).

그러한 예 중 하나는 CEB사의 PDRI가 개발한 자동화 시뮬레이션이다([그림 11-1] 참조). 이 시뮬레이션은 직무와 조직에 대한 배경 정보를 담은 비디오로 시작하는 현실적인 직무 미리보기(realistic job preview)를 포함하고 있다. 참가자는 복잡한 In-Box 시뮬레이션을 완료하게 되는데, 이 시뮬레이션에는 이메일, 인스턴트 메시지, 비디오, 심지어 위키피디아가 포함된다. In-Box 항목에 대한 응답은 개방형 행동 및 SJT 유형의 선택지로 제공된다. 그러나 참가자는 표준적인 객관식 선택지 체크박스에 단순히 클릭하는 대신, '드래그 앤 드롭'과 같은 다양한 행동을 취할 수 있다. 이는 항목을 한 곳에서 다른 곳으로 이동시켜 해당 항목을 처리하는 방법을 나타내는 방식이다. 질문은 지시 기반 및 행동 기반 응답이 혼합되어 있다. 채점 기준은 SME의 판단과 실증적 기준을 혼합하여 결정되었다. 후보자들은 이 경험이 현실적이고 몰입감 있게 느껴지며, 빠르게 변화하는 환경에 대응하는 압박감과 스트레스를 잘 전달한다고 말했다.

후속 단계

참가자들은 자신의 업무와 관련이 있는 것으로 보이는 SJT에 더 긍정적으로 반응하는 경향이 있다. 사진과 비디오는 충실도를 개선할 수 있다. SJT의 가치는 SJT의 성적이 궁극적으로 성과를 예측하는지 여부에 달려 있다.

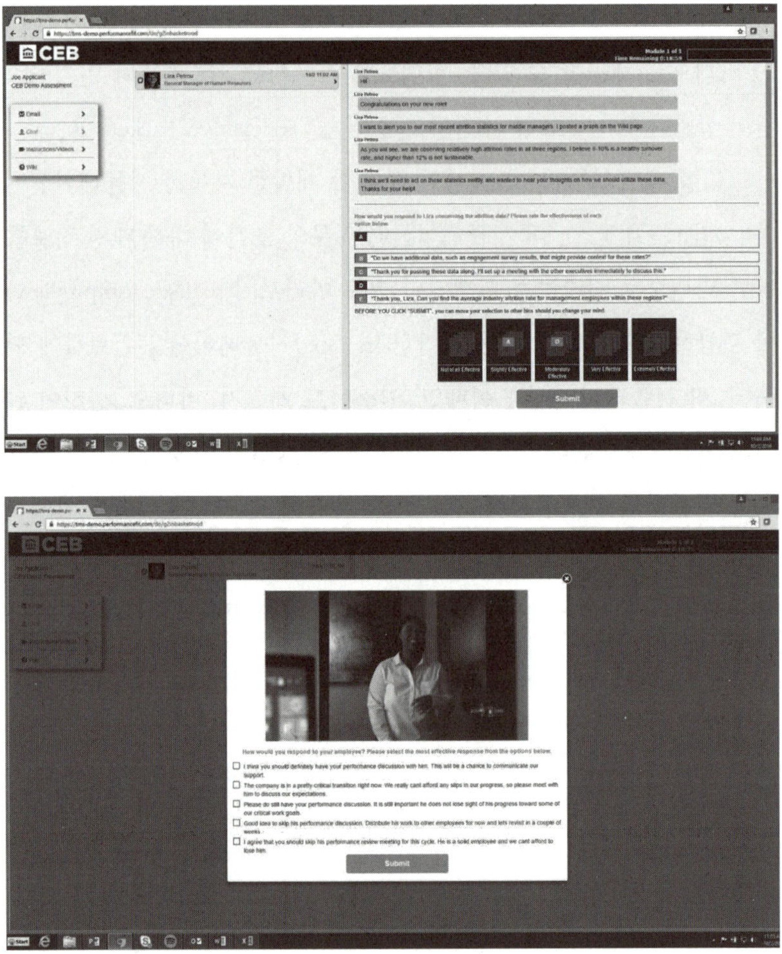

[그림 11-1] **자동화된 저충실도 시뮬레이션의 스크린샷 예**

출처: CEB 회사인 PDRI의 허가를 받아 사용.

SJT 사례

한 조직은 약 10,000명의 리더들을 평가하여 리더의 강점과 개발 필요성을 파악할 방법을 찾고 있었다. 이들은 조직 내 여러 직급에서 선택되었고, 평가 범위가 매우 광범위했기 때문에 고충실도 시뮬레이션을 사용하는 것은 불가능했으며, 직무 성과에 대한 360도 평가 또한 업무 수행에 방해되어 적합하지 않다고 판단되었다. 따라서 조직은 여러 가지 온라인 저충실도 시뮬레이션을 개발했다. 여기에는 상호작용, 분기형 역할극, 사례 연구 분석, 자동화된 In-Box가 포함되었다.

자동화된 In-Box에서 참가자에게 이메일, 음성 메일, 인스턴트 메시지, 짧은 비디오 클립 형태로 주어지는 즉석 방문객을 맞는 상황과 같은 복잡한 자극을 주었다. 참가자들은 새로운 자극을 받을 때마다 여러 대응 옵션들을 제시받았다(예: 이메일을 무시하거나, 'X'라고 응답하거나, 이메일 내용을 논의하기 위해 회의 일정을 잡거나, 이메일을 부하 직원에게 전달하여 처리하도록 하는 등). 참가자들에게 각 대응 옵션의 효과를 평가하도록 했다. 채점은 자동으로 이루어졌으며, 참가자들은 자동화된 피드백 보고서를 통해 전체 점수와 역량 개발을 위한 제안을 받았다.

항목들은 특정 리더십 역량을 평가하도록 작성되었으며, 각 활동은 세 개의 역량을 측정한다. 이를 위해 각 역량에 대해 높은, 중간, 낮은 효과성을 나타내는 행동 예시를 정의하는 측정 모형이 개발되었다. 이 측정 모형은 시뮬레이션 내에서 가능한 응답 옵션을 구성하는 데 사용되었다. 응답 옵션들은 먼저 측정 모형에 얼마나 부합되는가에 따라 순위가 매겨졌고, 이후 SME가 각 응답 옵션의 효과성을 평가했다. SME의 효과성 평가의 평균은 응답 옵션의 순위를 조정하는 데 사용되었다. 평가자 간 일치도가 낮은 문항/응답 옵션은 평가에서 제외되었다. 그 결과, 수천 명의 잠재적 및 현재 리더들을 효율적이고 비용 효과적인 방식으로 평가하고, 그들의 향후 개발을 위한 피드백을 제공할 수 있었다.

요약

저충실도 시뮬레이션은 인재 관리 시스템의 중요한 도구이다. 이는 인사 선발, 승진 및 개발 프로그램에 기여할 수 있다. 게다가 이는 많은 강점을 가진 연구 방법을 제공한다. 잘 개발된 저충실도 시뮬레이션은 적절한 신뢰도와 타당도를 갖는다.

개발자는 저충실도 시뮬레이션이 고충실도 시뮬레이션의 특징을 일부 가지고 있지만 모든 특징을 가지고 있지는 않다는 점을 명심해야 한다. 고충실도 시뮬레이션과 비교했을 때, 저충실도 시뮬레이션은 현실적인 작업 상황의 시나리오를 제공하지만(일반적으로 복잡성이 낮음), 참가자에게 어려운 도전을 제시할 수 있으며(종종 매우 집중적임), 지식, 통찰력, 판단력을 요구할 수 있고(이들은 구분이 안 되는 경우도 있음), 어려운 선택을 요구할 수도 있다(복잡한 행동 반응은 아님).

참고문헌

Campion, M. C., Ployhart, R. E., & MacKenzie, W. I. (2014). The state of research on situationaljudgment tests: A content analysis and directions for future research. *Human Performance, 27*, 283-310.

Dipboye, R. L., & Johnson, S. K. (2013). Understanding and improving employee selection interviews. In K. F Geisinger (Ed.), *APA handbook of testing and assessment: Vol. 1. Test theory and testing and assessment in industrial and organizational psychology* (pp. 479-500). American Psychological Association.

Dipboye, R. L., Wooten, K., & Halverson, S. K. (2004). Behavioral and situational interviews.In J. H. Thomas (Ed.), *Comprehensive handbook of psychological assessment, Volume 4: Industrial and organizational assessment* (pp. 297-316). JohnWiley.

Eder, R. W., & Harris, M. M. (Eds.). (1999). *The employment interview handbook*. Sage.

Flanagan, J. C. (1954). The critical incident technique. *Psychological Bulletin, 51*, 327-358.

Hausknecht, J. P., Day, D. V., & Thomas, S. C. (2004). Applicant reactions to selection procedures:An updated model and meta-analysis. *Personnel Psychology, 57*, 639-683.

Janz, T. (1982). Initial comparisons of patterned behavior description interviews versus unstructured interviews. *Journal of Applied Psychology, 67*, 577-580.

Janz, T. (1989). The patterned behavior description interview: The best prophet of the future is the past. In R. W. Eder & G. R. Ferris (Eds.), *The employment interview: Theory, research, and practice* (pp. 158-168). Sage.

Janz, T., Hellervik, L., & Gilmore, D. C. (1986). *Behavior description interviewing: New, accurate, cost-effective*. Allyn and Bacon.

Latham, G. P. (1989). The reliability, validity, and practicality of the situational interview. In R. W. Eder & G. R. Ferris (Eds.), *The employment interview: Theory, research, and practice* (pp. 169-182). Sage.

Latham, G. P., Saari, L. M., Pursell, E. D., & Campion, M. A. (1980). *The situational interview Journal of Applied Psychology, 65*, 422-427.

Lievens, F. (2006). International situational judgment tests. In J. A. Weekley

& Ployhart, R. E. (Eds.), *Situational judgment tests: Theory, measurement and application* (pp. 279-300). Lawrence Erlbaum.

Lievens, F., & Motowidlo, S. J. (2016). Situational judgment tests: From measures of situationaljudgment to measures of general domain knowledge. *Industrial and Organizational Psychology: Perspectives on Science and Practice, 9*, 3-22.

Lievens, F., Peeters, H., & Schollaert, E. (2007). Situational judgment tests: A review of recent research. *Personnel Review, 37*, 426-441.

Lievens, F., & Sackett, P. R. (2006). Video-based versus written situational judgment tests: A comparison in terms of predictive validity. *Journal of Applied Psychology, 91*, 1181-1188.

McClelland, D. C. (1998). Identifying competencies with behavioral-event interviews. *Psychological Science, 9*, 331-339.

McDaniel, M. A., Bruhn Finnegan, E., Morgeson, E. P., Campion, M. A., & Braverman, E. P. (2001). Use of Situational judgment tests to predict job performance: A clarification of the literature. *Journal of Applied Psychology, 86*, 730-740.

McDaniel, M. A., Hartman, N. S., Whetzel, D. L., & Grubb, W. L., III (2007). Situational judgment tests, response instructions, and validity: A meta-analysis. *Personnel Psychology, 60*, 63-91.

McDaniel, M. A., & Nguyen, N. T. (2001). Situational judgment tests: A review of practice and constructs assessed. *International Journal of Selection and Assessment, 9*, 103-113.

McDaniel, M. A., Whetzel, D. L., Schmidt, F. L., & Maurer, S. D. (1994). The validity of employment interviews: A comprehensive review and meta-analysis. *Journal of Applied Psychology, 79*, 599-616.

Motowidlo, S., Dunnette, M. D., & Carter, G. W. (1990). An alternative selection procedure: The low-fidelity simulation. *Journal of Applied Psychology, 75*, 640-647.

제12장

통합 시뮬레이션 '하루 일과'

이 장에서는 두 개 이상의 시뮬레이션을 사용하여 참가자를 평가하는 기법을 설명한다. 여기서 다음과 같은 질문이 제기된다. 여러 시뮬레이션을 배열할 때 이러한 시뮬레이션을 각각 다른 조직으로 설정하고 이름과 문제를 다르게 분리할 것인가? 아니면 여러 활동을 하나의 조직 내의 더 큰 단일 시뮬레이션 세트로 통합할 것인가? 이 책에서 지금까지 대부분 각 시뮬레이션을 개별적으로 논의했다. 몇 군데에서만 한 시뮬레이션의 정보를 다른 형태의 평가에서 활용할 수 있는 방법을 언급했다. 예를 들어, 정보 분석 시뮬레이션의 결과를 발표하거나 그룹 토론의 시작점으로 사용할 수 있는 배열에 대해 언급했다. 이 장에서는 평가 활동을 훨씬 더 정교한 형식으로 연결하는 아이디어를 다룬다. 시뮬레이션을 개념적으로 연결하는 것을 '하루 일과(Day in the Life)' 시뮬레이션이라고 하는데, 그러한 연결이 스태프, 관리자 또는 임원이 직장에서 직면하는, 많은 일이 한꺼번에 일어나는 상황과 더 유사하기 때문이다.

통합 시뮬레이션: 예시

〈표 12-1〉은 실사(live action)와 테크놀로지 지원 환경에서 통합 시뮬레이션을 구성하는 방법의 예이다. 〈표 12-1〉에서 볼 수 있듯이, 해결해야 할 핵심 문제와 시뮬레이션 유형은 실사 또는 테크놀로지 지원 버전에서 동일하다. 실사 시뮬레이션은 보디 랭귀지를 포함한 대면 상호작용을 관찰할 수 있는 기능을 제공하는 반면, 테크놀로지 지원 시뮬레이션은 이메일, 음성 메일, 즉석 메시지, 심지어 시뮬레이션된 방문자의 형태로 정보를 효율적으로 전달할 수 있다. 이 두 가지 예는 별도로 제시되어 있지만, 두 가지의 측면을 혼합하여 사용할 수 있는 방법을 쉽게 상상할 수 있다. 예를 들어, 참가자는 온라인으로 정보를 받지만 회의는 직접 만나서 할 수 있다. 〈표 12-2〉는 통합 시뮬레이션에 사용될 수 있는 행동 기준 평정척도의 예시이다.

전통적인 실사 '하루 일과' 시뮬레이션의 주요 단점은 이를 관리하는 데 드는 시간과 비용이다. 이 시뮬레이션을 수행하는 데 하루 종일 또는 그 이상이 걸릴 수 있으며, 특히 여러 후보자가 동시에 평가되는 경우 많은 평가자 및 관리자, 사무실 공간이 필요하다. 임원을 위한 통합 시뮬레이션은 종종 참가자에게 미리 전송되는 사전 작업으로 시작하는데, 이는 시뮬레이션 중에 중요한 배경 정보를 제공할 뿐만 아니라 참가자에게 온라인 평가 플랫폼을 사용하여 이메일을 주고받고, 웹캠을 사용하여 화상 통화를 수행하는 연습을 할 수 있는 기회를 제공한다. 그런 다음 지정된 시작 시간에 참가자는 원격으로 시스템에 로그인하고 '하루'가 시작된다. 이 경험은 바쁜 임원의 전형적인 하루의 현실감을 반영한다. 참가자는 이메일, 달력 및 연락처 목록에 액세스할 수 있다. 이메

〈표 12-1〉 **실사(live action) 및 테크놀로지 기반 시뮬레이션의 비교**

시간	시뮬레이션 유형	실사	테크놀로지 지원
이른 아침	준비	참가자에게 조직, 구조, 해결해야 할 핵심 이슈에 대한 개요를 설명하는 정보 패킷이 서면으로 제공된다. 이 정보에는 나중에 일어날 일에 대한 예고(예: 동료와의 회의가 포함된 일정)가 포함될 수 있다. 이 정보는 일반적으로 메모, 이메일 등의 형태로 제공된다.	참가자에게는 조직, 구조, 해결해야 할 핵심 문제에 대한 개요를 설명하는 정보 패킷이 전자적으로 제공된다. 이 정보에는 나중에 일어날 일에 대한 예고(예: 동료와의 회의가 포함된 일정)가 포함될 수 있다. 이 정보는 참가자가 배경 정보를 검토하는 동안 동적으로 나타나는 이메일, 음성 메일 및 시뮬레이션된 '예고 없는' 방문자의 형태로 제공될 수 있다.
늦은 아침	정보 분석 시뮬레이션	참가자는 조직이 직면한 중요한 문제를 다루기 위해 상사에게 프레진테이션을 하도록 요청받는다. 참가자에게 프레젠테이션을 준비하는 데 필요한 정보가 제공된다.	참가자에게 조직이 직면한 중요한 문제를 다루기 위해 상사에게 프레젠테이션을 하도록 요청하는 긴급 이메일이 전달된다. 참가자는 프레젠테이션을 준비하기 위한 정보를 온라인에서 찾아야 한다.
이른 오후	그룹 내 시뮬레이션	참가자는 동료(다른 참가자)와 직접 만나 주요 홍보 문제에 관해 논의한다. 그룹은 이 문제를 처리하는 방법에 대한 권고안을 내놓을 책임을 맡는다.	참가자는 동료(다른 참가자)와 온라인(전화나 화상 회의)으로 주요 홍보 문제에 대해 논의한다. 그룹은 이 문제를 처리하는 방법에 대한 권장안을 내놓을 책임을 맡는다.
오후 중반	정보 분석 시뮬레이션	참가자는 그날 일찍 할당된 프레젠테이션을 마무리하는 것과 동시에 해결해야 할 여러 개의 메모, 보고서, 이메일 등을 받는다.	참가자는 그날 일찍 할당된 프레젠테이션을 마치라는 지시를 받는 동시에 이메일, 음성 머시지, 인스턴트 메시지를 지속적으로 받는다.
늦은 오후	대인관계 시뮬레이션	참가자는 대면 회의에서 '사장'에게 권고안을 제시하도록 요청받는다. 사장은 참가자에게 프레젠테이션에 대해 이의를 제기할 뿐 아니라 그룹의 권고안에 대해서도 이의를 제기한다.	참가자는 웹 기반 회의에서 '사장'에게 권고안을 제시하도록 요청받는다. 사장은 참가자에게 프레젠테이션에 대해 이의를 제기할 뿐 아니라 그룹의 권고안에 대해서도 이의를 제기한다.

〈표 12-2〉 **통합 시뮬레이션에서 일반적으로 평가하는 두 평가 차원에 대한 두 차원에 대한 행동 기준 평정척도**

계획 및 조직화	
척도	행동 기준 예시
5	자신과 다른 사람들을 위한 목표와 행동 방침을 명확히 한다. 자원 배분을 극대화하는 방식으로 사람들에게 과제를 할당한다. 의사결정과 책임을 명확히 한다. 수행할 단계에 대한 일정을 설정한다. 진행 상황을 모니터링하기 위한 절차를 수립한다. 다른 사람들과 관련하여 자신의 역할을 명확히 한다.
4	
3	다른 사람들에게 작업을 할당해야 하는 목표를 수락한다. 다른 사람에게 작업을 할당하지만 가장 적합한 사람을 고려하지 않는다. 시간/피드백/모니터링 과정 설정이 불명확하다. 나중에 체크하겠다고 말한다.
2	
1	과제에 대한 목표가 없다. 누가 무엇을 해야 하는지 막연하게 말한다. 언제 작업을 완료해야 하는지 지정하지 않는다. 진행 상황을 모니터링할 방법을 설정하지 않는다.
전략적 계획	
척도	행동 기준 예시
5	조직의 가장 중요한 전략적 우선순위와 각 우선순위에 대한 구체적인 목표를 구분한다. 목표는 조직의 가장 큰 기회 및 위협과 명확하게 관련이 있다.
4	
3	조직의 우선순위와 각 우선순위에 대한 구체적인 목표를 구분한다. 목표는 조직의 가장 중요한 기회 및 위협과 관련성이 있지만 명확하게 다루지 않는다.
2	
1	우선순위가 너무 많거나 모호하다. 목표가 불분명하고 조직의 가장 큰 위협 및 기회와 관련이 없다.

일을 받고 답장할 수 있으며, 동료에게 음성 메일을 남길 수 있으며, 웹캠을 통해 다른 사람과 여러 번 대화할 수 있다. 인터페이스는 대부분의 일반적인 이메일 및 달력 프로그램과 비슷한 모양과 기능을 가지고 있다. 참가자가 시나리오의 현실성에 더 몰입할 수 있도록, 즉석 방문객을

시뮬레이션하는 비디오 등의 인위적인 자극은 피한다.

테크놀로지의 발전으로 이러한 유형의 평가 툴이 저렴한 가격으로 제공된다. 예를 들어, Pinsight는 일선 리더부터 고위 임원까지 다양한 리더십 수준에 대한 온라인 '하루 일과' 시뮬레이션을 제공한다. [그림 12-1]은 Pinsight의 온라인 평가 플랫폼의 스크린숏이다. 이전 메시지 스트림과 함께 수신 이메일이 표시되어 있다. 맨 위에는 캘린더, 연락처 및 시뮬레이션의 다른 섹션으로 연결되는 대시보드에 대한 액세스가 있다.

다양한 도전 과제는 사례 연구 분석, In-Box, 역할연기 및 사실 조사 시뮬레이션의 요소들이 자연스럽게 흐르는 여러 시간에 걸쳐 결합된다. 상호작용은 모두 테크놀로지를 활용하여 이루어지지만, 역할연기는 웹캠을 통해 실시간으로 평가자와 함께 진행할 수 있으며, 나중에 검토 및 평가를 위해 녹화될 수 있다. 원격 평가자는 또한 참가자가 생성하는 산출물, 즉 이메일, 음성 메일 및 내부 및 외부 당사자에 대한 프레젠테이션의 내용을 검토하고 평가한다. 참가자와 경영진은 임원들의 강점과 개발 필요 사항을 특정 행동(예: 동의 얻기)과 더 큰 전략적 우선 사항(예: 전략적 방향 설정) 측면에서 자세히 기술한 보고서를 받는다. 시뮬레이션의 목표는 조직이 누가 더 큰 리더십 책임을 맡을 준비가 되어 있는지 판단하는 데 사용할 수 있는 풍부한 데이터를 제공하고, 개발 계획에 도움을 주는 것이다. 동시에 진행자들은 참가자들에게 긍정적인 경험을 제공하기 위해 노력하여, 그들이 원하는 만큼 잘하지 못하더라도 시뮬레이션을 마친 후에는 시간을 가치 있게 사용했다는 기분을 느낄 수 있도록 한다.

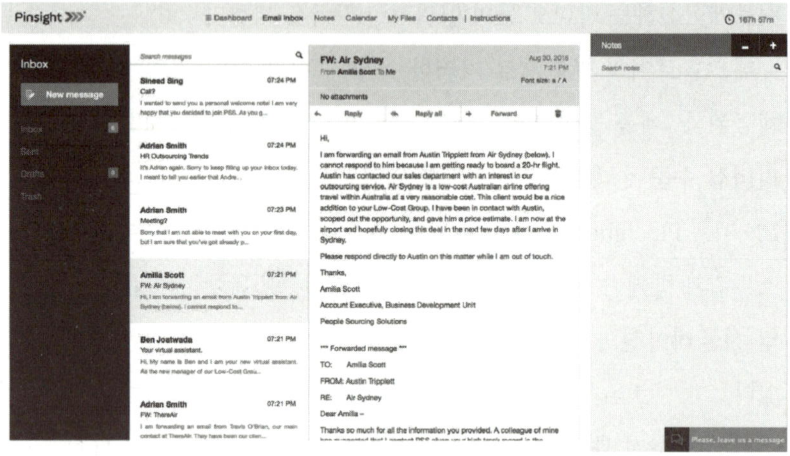

[그림 12-1] **통합 시뮬레이션을 위한 대시보드**

출처: 허가를 받아 사용.

통합 시뮬레이션의 장점

통합 시뮬레이션은 지난 수년 동안 특히 테크놀로지의 발전으로 인기를 얻고 있다. 미국 조직의 평가 센터 초기에는 완전 통합 시뮬레이션이 사실상 존재하지 않았지만 최근에는 두드러지게 증가하고 있다. 예를 들어, Thornton과 Byham(1982)이 1980년까지의 모든 프로그램을 요약한 내용에는 통합 시뮬레이션이 전혀 포함되지 않았다. 1990년대 후반에는 주로 미국 기업의 18%(Kudisch et a1.,1999)에서 20%(Spychalski, Quinonones, Gaugler, & Pohley, 1997)가 완전 통합 시뮬레이션을 사용한다고 보고했다. 2012년에는 대규모 국제 설문 조사에 응답한 사람의 39%가 통합 시뮬레이션을 사용한다고 보고했다(Hughes, Riley, Shalfrooshan, Gibbons, & Thornton, 2012).

통합 시뮬레이션을 도입한 조직의 비율이 높지는 않지만, 통합 시뮬레이션에는 몇 가지 장점이 있다. 아마도 가장 매력적인 장점은 통합 시뮬레이션이 개별 시뮬레이션보다 조직의 현실을 더 잘 반영한다는 것이다. 예를 들어, 바쁜 관리자는 아침에 몇 시간을 독립적으로 전략적 계획을 수립한 다음, 스태프와 일대일로 만나 성과 코칭을 제공하고, 그룹 회의에 참석하여 분쟁이 있는 고객 계약을 협상할 수 있다. 효과적인 관리자는 한 작업에서 다음 작업으로 빠르게 이동해야 하며, 한 상황에서의 경험은 다음 상황에서의 성과에 영향을 미칠 수 있다.

통합 시뮬레이션 지지자들은 '하루 일과' 배치가 보다 더 현실적이라는 주장 외에도 작업 간에 빠르게 전환해야 하는 요구가 개별 시뮬레이션으로는 재현할 수 없는 수준의 스트레스를 유발한다고 주장한다. 게다가 전문가는 여러 출처의 정보를 사용하여 후속 문제를 해결해야 한다. 한 상황에서 배운 내용은 다음 상황으로 이어져야 한다. 마지막으로, 참가자 자신도 통합 시뮬레이션이 더 현실적이고 도전적이라고 생각할 수 있으므로 평가 맥락에서 더 수용적일 수 있다.

통합 시뮬레이션의 단점

통합 시뮬레이션이 문제가 될 수 있는 이론적 · 실제적 이유가 있다. 측정 관점에서 보면, 행동을 관찰할 수 있는 기회가 많으면 일반적으로 단일 기회보다 더 신뢰성 있고 타당하다. 그러나 '하루 일과' 배열에서 참가자는 과제를 잘 처리할 수 있는 단 한 번의 기회만을 갖는다. 참가자가 초기 배경 정보를 이해하지 못하면 이후의 모든 활동에서 잘할 수 없다. In-Box의 중요한 항목을 철저히 읽지 않으면 참가자는 다른 상호작용을 수행하는 데 필요한 정보를 얻지 못할 수 있다. 초기 분석이 제대로 수행되지 않으면 참가자는 이어지는 그룹 토론에서 잘할 수 없다. 반면 시뮬레이션이 분리된 경우 참가자는 각 시뮬레이션마다 잘 수행할 수 있는 기회를 갖는다. 참가자는 새로운 시뮬레이션마다 다시 시작할 수 있다. 이런 의미에서 시뮬레이션은 별도의 독립적인 검사 항목과 유사하다.

'하루 일과' 방식의 실질적인 단점은 모든 다양한 이벤트가 정확한 시점에 발생하도록 해야 하는 데 따른 물류적 어려움이다. 특히 여러 참가자가 동시에 평가되고 여러 평가자가 거의 동시에 모든 참가자와 동일한 활동을 수행해야 할 때 더욱 어렵다. 〈표 12-1〉에 나와 있는 예에서 여러 평가자는 전화를 걸고 '사장' 역할을 하며 새로운 정보를 모두 동시에 배포해야 한다. 그러나 테크놀로지가 이러한 기능 중 많은 부분을 자동화하여 평가자의 부담을 덜어 줄 수 있다는 점은 주목할 만하다. 모든 평가자는 이러한 모든 평가 활동을 수행하고 평가하기 위해 교차 훈련을 받아야 한다.

물론 전화 통화가 주어진 시간 내에 참가자 간에 분산되도록 참가자의 일정을 약간 변경하는 것은 가능하다(예: 오전 10시~10시 45분). 이렇게 하면 표준화가 약간 부족해질 뿐이다. 이러한 약간의 차이가 별로 중요하지 않고 허용되는 경우가 있는가 하면, 표준화가 부족하여 평가 테크놀로지가 모든 참가자에게 동일하지 않았다는 법적 제소의 근거가 될 수도 있다.

시뮬레이션을 별개로 유지하면 참가자에게 어떤 순서로든 시행할 수 있다. 따라서 대인관계 시뮬레이션을 한 참가자는 오전 9시에, 다른 참가자는 오전 10시에 시행할 수 있다. 이 일정은 하나의 시뮬레이션에만 매우 익숙한 '시뮬레이션 전문' 평가자를 활용할 수 있다. 이러한 방식을 지지하는 사람들은 평가자와 역할연기자가 한 분야를 전문적으로 수행할 때 더 나은 평가가 이루어진다고 주장한다. 전문화는 테크놀로지 지식이 필수적인 일부 시뮬레이션에서 특히 중요하다. 예를 들어, 은행 부사장의 업무는 역할연기로 설득력 있게 연기하기에 너무 복잡하다.

글상자 12-1 시뮬레이션이 실패하는 이유: 평가 차원이 너무 많을 때

한 개발 프로그램에서 평가자는 복잡한 시뮬레이션의 여러 부분에서 12개 차원을 평가하도록 요청받았다. 메모를 작성하고, 평가를 내리고, 관찰 후 결과를 논의하고, 차원을 포함하는 보고서를 작성하는 과정은 매우 힘들었다. 메모는 구체적이지 못했고, 평가는 피상적인 방식으로 이루어졌으며, 평가자는 차원을 구분할 수 없었고, 보고서는 너무 간결해서 유용하지 않았다. 피드백 제공자/코치는 평가대상자와의 개발 계획을 위해 평가 결과를 활용할 수 없었다. 관리자들이 소요되는 시간에 비해 가치가 거의 없다고 판단하여 프로그램이 중단되었다.

요약

'하루 일과' 기법에는 많은 매력적인 특징이 있다. 개발자가 여러 시뮬레이션 세트를 사용하고자 하는 경우, 지금까지 설명한 통합 배열은 흥미롭고 가치 있는 평가 도구를 제공한다. 이러한 프로그램을 시작하기 전에 개발자는 이전 장에서 설명한 개별 시뮬레이션의 모든 단계를 따라야 한다. 특히 어려운 점은 시뮬레이션이 서로 호환되고 시뮬레이션 간에 불일치가 없는지 확인하는 것이다. '하루 일과' 기법에서는 파일럿 테스트를 통해 전체 시뮬레이션 세트에 논리적 일관성이 있는지 확인해야 한다. 개발자는 또한 한 시뮬레이션에서 다음 시뮬레이션으로 넘어갈 때 수행 '오염' 가능성이 있음을 인식하고, 참가자가 초반 시뮬레이션에서 성과가 좋지 않았다는 이유로 이후 시뮬레이션에서도 부진한 성적을 거두는 구조가 되지 않도록 설계해야 한다. 그렇지 않으면 참가자에게 이중으로 불이익을 주게 된다.

참고문헌

Hughes, D., Riley, P., Shalfrooshan, A., Gibbons, A., & Thornton, G. C., III (2012). *A global survey of assessment centre practices*. Assessment & Development Consultants. Retrieved from http://wwwadc.uk.com/resources/library/?resources_page1&catfl=16

Kudisch, J. D., Avis, J. M., Fallon, J. D., Thibodeaux, H. F., III, Roberts, F. E., Rollier, T. J., & Rotolo, C. T. (1999, June). *Benchmarking for success: A look at today's assessment center practices worldwide*. Paper presented at the 27th annual meeting of the International Congress on Assessment Center Methods, Orlando, FL.

Spychalski, A. C., Quinonones, M. A., Gaugler, B. B., & Pohley, K. (1997). A survey of assessment center practices in organizations in the United States. *Personnel Psychology, 50*, 71-90.

Thornton, G. C., III, & Byham, W. C. (1982). *Assessment centers and managerial performance*. Academic Press.

제3부

실시 및 평가

제3부에서는 시뮬레이션을 실시하고, 평가하고, 시뮬레이션 사용과 관련된 규제를 준수하는 데 필수적인 내용을 다룬다. 제13장에서는 시뮬레이션의 성공에 필수적인 평가자 및 기타 스태프를 선정하고 교육하는 것에 대해 설명한다. 제14장에서는 시뮬레이션이 의도한 목표를 달성한다는 것을 검증하는 여러 가지 방법을 보여 준다. 제15장에서는 다양한 법률 및 표준 지침을 포함하여 시뮬레이션이 준수해야 하는 몇 가지 중요한 규제를 강조한다. 제16장은 책 전체에 걸쳐 언급된 주요 요점을 요약하며 마무리한다.

제13장

평가자, 역할연기자, 진행자, 피드백 제공자/코치, 테크놀로지 지원 담당자 선정 및 교육

이 책 전반에 걸쳐 조직 시뮬레이션을 위한 자료를 구성하는 과정에 대해 논의했다. 시뮬레이션되는 상황 자체에 대한 묘사가 매우 중요하지만, 평가자, 역할연기자, 피드백 제공자/코치, 진행자 및 테크놀로지 담당 스태프의 역할도 시뮬레이션의 성공에 중요하다. 이들은 참가자가 직면하는 복잡한 상황에서 일정 부분을 맡는다. 적절하게 훈련된 스태프는 참가자의 역량 관련 행동을 유도하고, 평가하고, 개발되게 할 수 있다. 훈련이 적절하게 되지 않은 스태프는 참가자 및 기타 이해관계자에게 시뮬레이션 과정에 대한 부정적인 인식, 법적 그리고 표준화의 문제, 신뢰도 및 타당도의 부족을 야기할 수 있다. 이러한 잠재적인 문제는 각 역할을 맡는 스태프를 신중하게 선정하고 훈련함으로써 극복할 수 있다. 이 장에서는 스태프가 조직 시뮬레이션을 제공할 수 있도록 준비하기 위한 단계별 가이드를 제공한다.

시뮬레이션 과정 초기에 조직은 스태프 교육을 내부 스태프가 실시할지, 외부 컨설턴트가 실시할지를 결정해야 한다. 이 장에서는 두 옵션 모두를 설명한다. 내부 스태프가 교육을 개발하고 관리하는 경우, 이 장은 직접적인 지침을 제공한다. 외부 컨설턴트를 고용하는 경우, 이 장은 원하는 교육을 정의하기 위한 지침과 효과적인 과정 수행을 위해 검토해야 할 문제를 제공한다.

스태프 선정

조직은 신뢰성 있고, 지지적이며, 중립적인 스태프를 선발해야 한다. 조직(HR 포함)은 시뮬레이션을 처음 사용하는 경우가 많으므로, 모든 스태프는 시뮬레이션이 적절하게 개발되고, 일관되게 관리되고, 정확하게 평가되도록 교육받아야 한다. 모든 스태프는 참가자가 시뮬레이션에 완전히 참여하여 프로그램에서 제공하는 최상의 경험을 하도록 도와야 한다. 시뮬레이션이 선발이나 승진 등 중요한 결정을 내리는 데 사용되는 경우, 스태프는 과정이 신뢰성 있고, 타당하며, 공정하게 진행되도록 돕는다. 시뮬레이션이 개발 및 교육에 사용되는 경우, 스태프는 참가자가 최선을 다하고 적극적으로 참여하도록 돕는다.

평가자 선정

평가자 교육 프로그램을 실시하기 전, 조직은 평가자로 조직 내부자 또는 외부 전문가를 사용할지 결정해야 한다. 내부 평가자는 인사 전문가, 교육훈련 전문가, 조직개발 전문가 또는 직속 상사일 수 있다. 외부 평가자는 주로 행동을 관찰하고 평가하는 데 특별한 교육을 받은 심리학자 또는 컨설턴트이다. 모든 평가자는 신뢰할 수 있어야 한다. 〈글상자 13-1〉에 제시된 바와 같이, 평가자의 신뢰성 부족은 전체 평가 과정에 대한 의문으로 이어진다.

글상자 13-1 시뮬레이션이 실패하는 이유: 평가자의 신뢰성 부족

한 경찰서에서 경위 승진 시뮬레이션에 참여하는 후보자를 평가하기 위해 다른 관할 경찰서에서 평가자를 모집했다. 평가자들은 평가해야 하는 수준의 관리에 대한 최소한의 기준을 충족하지 않았다. 평가자 교육 기간 동안 상당수가 기본적인 필기 능력 또는 평가 정확도에 미흡했다. 그럼에도 불구하고 이들은 승진 프로그램에서 평가자로 역할을 수행했고, 그 과정에서 그들은 성실하거나 유능하거나 신뢰할 수 있는 것처럼 보이지 않았다. 승진 후보자들은 관할권에서 가장 형편없는 관리자만 보냈을 것이라고 말했다. 전체 과정의 신뢰성에 의문이 제기되었다. 부정적인 결과는 없었지만, 프로그램 관리자는 이후 완전히 자격을 갖춘 평가자를 모집하기 위해 노력했다.

평가자는 적절한 조건에서 정확한 평가를 내릴 수 있다. 제3장에서 정확한 판단을 내리는 과정과 정확성을 얻을 가능성이 더 높은 조건을 추적하는 Realistic Accuracy Model(Funder, 2012)을 검토했다. 훌륭한 평가자는 편안한 분위기를 조성하여 평가대상자가 개방적이고 풍부하게 표현할 수 있는 공간을 제공한다. 조직 내부 평가자든 또는 외부 평가자를 사용하든 다른 사람을 잘 판단할 수 있는 기술을 가진 사람이어야 한다. 그러한 개인은 다른 사람에게 관심을 갖고, 주의 깊게 듣고, 대화에 쉽게 참여하며, 사람들을 성급하게 판단하지 않는다.

내부 평가자를 사용하는 한 가지 장점은 일반적으로 대상 직무에 대해 더 잘 알고 있다는 것이다. 또한 내부 평가자를 사용하면 외부 컨설턴트를 고용할 필요성이 없으므로 비용을 낮출 수 있다. 내부 평가자를 사용하는 단점은 교육에 참여하고 평가자 역할을 하기 위해 업무 중 시간을 내야 한다는 것이다. 또한 시뮬레이션이 승진에 사용되는 경우, 참가자를 모르는 내부 평가자를 찾기가 어려울 수 있다. 시뮬레이션 전에 참가자를 이미 알고 있는 평가자는 참가자를 모르는 평가자만큼 객관적이지 않을 수 있다(Schmitt, Schneider, & Cohen, 1990). 또한 참가자가 낮은 평가를 받을 경우, 참가자와 평가자 간의 향후 업무 관계가 나빠질 수 있다.

외부 평가자는 참가자에 대한 선입견을 가질 가능성이 적으므로 보다 객관적으로 참가자 성과를 평가할 수 있다. 또한 외부 평가자는 다른 조직 관리자의 행동을 관찰하고 평가하는 데 특별한 경험과 훈련을 받았을 가능성이 높다. 여러 연구에 따르면, 관리자 외에 심리학자를 평가자로 사용하면 예측 타당성이 높아진다(예: Gaugler, Rosenthal, Thornton, & Bentson, 1987; Sagie & Magnezy, 1997). 외부 평가자를 사용하는 단점은 대상 직무의 요구 사항에 익숙하지 않을 수 있다는 것이다. 따라서 외부 평가자는 조직 특수적인 기술보다는 리더십이나 의사소통과 같은 일반적인 기술을 평가할 때 더 적합한다. 외부 평가자를 사용하는 또 다른 단점은 추가 비용 발생이다. 조직은 외부 또는 내부 평가자만 사용할 필요는 없으며 두 유형을 모두 사용하여 각각의 장단점을 균형 있게 조정할 수 있다.

평가자를 교육할 때 필요한 수보다 더 많은 평가자를 교육하는 것이 좋다. 교육을 완료하지 못하거나, 평가자 역할을 수행할 수 없는 평가자가 발생할 수 있기 때문이다. 나중에 추가 인력을 교육하는 것보다 처음에 몇 명의 추가 인력을 포함시켜 교육하는 것이 더 효율적이다.

역할연기자 선정

역할연기자는 대인관계 시뮬레이션(제6장)과 그룹 간 시뮬레이션(제9장) 등 많은 시뮬레이션에서 중요한 요소이다. 역할연기자는 자신이 대표하는 직책, 조직 맥락, 시뮬레이션을 사용하는 프로그램의 목적 및 모든 참가자와의 표준화된 상호작용 제공 등의 중요성을 알아야 한다. 조직 내 스태프, 배우 그리고 대학생이 역할연기자로서 활용된다. 내부 스태프를 사용하는 데 따른 이점은 직무, 조직, 관행 및 현 문제에 대한 익숙함과 필요할 때 즉각 대처할 수 있는 능력에 있다. 내부자의 단점은 참가자를 알 수 있다는 것이다. 외부자의 이점은 참가자와의 거리이다. 전문 배우로 훈련받은 사람은 역할에서 일관성을 유지할 수 있지만, 조직 규범에 익숙하지 않기 때문에 조직 구성원처럼 행동하는 데 더 어려움을 겪을 수 있으며 너무 공식적이고 어색해 보일 수 있다. 학생들은 조직에 대한 익숙함, 공식적인 연기 훈련 또는 경험이 부족하다. 반면, 산업 및 조직심리학이나 인적 자원 관리를 전공하는 학생이 조직 역학과 평가에 대한 학습에 관심을 가질 경우, 역할연기자로서 뛰어난 성과를 낼 수 있다.

진행자 선정

시뮬레이션 진행자는 평가 프로그램의 전문적이고 효과적인 분위기를 조성하는 데 매우 중요하다. Funder(2012)는 그의 Realistic Accuracy Model에서 정확한 평가는 평가받는 사람이 편안하고 개방적인 느낌을 받을 때 가능하다고 말한다. 진행자는 일정을 관리하고, 프로그램을 소개하고, 지침을 제공하고, 배부하고, 질문에 답하고, 불가피하게 발생하는 특이 상황을 처리한다. 그들은 행동 평가 프로그램에 내재된 많은 유동적인 부분을 관리하기 위해 세심하고 꼼꼼해야 한다. 진행자는 프로그램의 무결성을 유지하면서 모든 참가자를 편안하게 하고 개별 요구사항을 해결하는 것 사이에서 섬세한 균형을 맞춰야 한다.

피드백과 코칭 제공자 선정

시뮬레이션이 진행된 후에는 후속 활동이 중요하다. 이러한 활동은 시뮬레이션 구성 과정의 일부는 아니지만, 개발자는 성공적인 후속 활동을 지원하기 위해 시뮬레이션 데이터를 어떻게 활용할지 계획해야 한다. 주요 후속 활동 중 하나는 피드백을 제공하는 것이다(이 주제에 대한 광범위한 검토는 Thornton, Rupp, & Hoffman, 2015 참조).

피드백을 제공하는 데에는 여러 가지 이유가 있다. 피드백의 유형과 수준은 시뮬레이션의 목적에 따라 달라진다. 인사 선발의 맥락에서 피드백은 매우 간단할 수 있다(예: 지원자가 컷오프 점수보다 높았는지 낮았는지). 교육 진단의 맥락에서 피드백은 평가된 차원과 관련된 강점과 개발 요구 사항이 산출된다. 개발의 맥락에서 피드백은 작업 활동에서 보여야 할 특정 행동을 제공할 수 있다. 이와 같은 피드백의 유형에 따라 서로 다른 피드백 기술이 요구되며 따라서 각 유형별 피드백을 제공할 수 있는 다양한 사람이 필요한데, 이는 평가자나 진행자 또는 기타의 전문가가 수행할 수 있다. 피드백 제공자가 수행하는 활동에는 서면 보고서 작성, 후속 개발 활동 확인, 평가 결과 피드백 및 코칭이 포함된다. 이러한 모든 활동은 참가자의 평가 프로그램, 조직, 자신과 미래 잠재력에 대한 견해에 영향을 미친다.

테크놀로지 지원 스태프 선정

제5장에서 시뮬레이션을 포함한 평가 프로그램의 진행, 전달 및 관리에 테크놀로지를 활용하는 여러 가지 방법에 대해 논의했다. 여기에는 다음이 포함될 수 있다.

- 평가자, 평가대상자 및 기타 스태프의 일정 관리를 위한 웹 기반 도구 사용
- 평가자가 행동 관찰을 기록하고, 분류하고, 평가할 수 있는 소프트웨어
- 평가자들의 채점을 빠르고 효율적으로 통합하고 피드백 보고서를 생성할 수 있는 네트워크 데이터베이스
- 평가자 교육에 사용되는 비디오 도구 및 시뮬레이션
- 시뮬레이션 내에서 그리고 평가자 교육 및 피드백/코칭에서 사용되는 비디오 기반 웹 채팅
- 안전하고 합법적인 데이터 저장 및 전송(때로는 국가 간)을 허용하는 다중 서버, 클라우드 기반 저장소

대부분의 조직에는 테크놀로지를 지원할 수 있는 정보 기술(IT) 스태프가 있지만, 일부 시뮬레이션 개발자는 내부에서 제공할 수 있는 수준을 넘어선 전문 지식이 필요할 수 있다. 비디오, 아바타, 가상 현실 및 웹 기반 시뮬레이션 제공을 전문으로 하는 컨설팅 회사들은 이러한 많은 문제에 대해 기술적인 자문을 제공할 수 있는 역량을 갖추고 있다. 조직은 공급업체에게 전문적인 질문을 던져, 그들이 제5장, 제14장, 제15장에서 논의된 다양한 문제에 대해 충분한 지식과 전문성을 갖추었는지 확인하는 것이 좋다.

조직이 테크놀로지를 포함하는 시뮬레이션을 자체적으로 개발하는 경우, IT 전문가들이 시뮬레이션과 지원 도구가 기술적인 관점에서 단순히 '작동'하는 것을 넘어서 심리적 · 심리측정학적 · 법적 관점에서 적절하도록 하기 위해 평가 전문가와 협력해야 한다. IT 인력 구조와 관계없이 시뮬레이션 개발자는 기술을 지원하는 부서와 정기적으로 기술적

이슈를 미리 파악해야 한다. 여기에는 제5장에서 논의된 정보 보안 정책 개발도 포함되어야 한다. 조직 시뮬레이션을 자체 개발할지 구매할지를 결정할 때 고려해야 할 추가 사항은 Pritchard와 Riley(2011)를 참조하라.

스태프 교육

조직 시뮬레이션의 효과는 참가자와 상호작용하는 모든 스태프에 달려 있다. 시뮬레이션이 선발 및 승진과 같은 고위험 의사결정에 사용되는 경우, 각 스태프는 표준화된 조건이 준수되고 과정이 모든 후보자에게 신뢰성 있고 타당하며 공정한지 확인해야 한다. 시뮬레이션이 개발 목적으로 사용되는 경우, 각 스태프는 참가자가 직무 숙련도 수준을 향상시키는 목표에 기여해야 한다.

모든 스태프에게 교육을 제공하면 발표, 시연, 교육 과정에 참여할 기회, 적극적으로 연습하고 피드백을 받을 기회 등 다양한 방식의 혜택을 누릴 수 있다. 능동 학습(active learning) 과정(Anderson & Coleman, 2015; Keith & Wolff, 2015)은 스태프 교육에 특히 중요하다. 시뮬레이션 교육에 적용할 경우, 이는 역량이 실제 직무에서 어떤 의미를 가지는지 탐색할 기회, 관찰의 일반 원칙에 대한 이해의 확장, 동료 피드백, 연습 중 실수로부터 배우는 기회를 포함한다.

평가 센터 운영을 위한 지침 및 윤리적 고려 사항(International Taskforce on Assessment Center Guidelines, 2015)은 시뮬레이션을 운영하는 데 필요한 평가자, 역할연기자 및 기타 스태프를 교육하기 위한 많은 유용한 권장 사항을 제공한다. 지침은 모든 시뮬레이션 프로그램 스태프에게 다음 주제와 관련된 문서를 제공하고 이에 대해 철저히 교육해야 한다고 권장한다.

- 시뮬레이션의 목적과 목표
- 참가자 선정 방법
- 평가자 선정 방법
- 평가자의 평가(및 참가자로부터 수집한 기타 데이터)를 사용하는 방법과 접근 제한
- 다양한 역할(예: 진행자, 평가자, 역할연기자, IT 지원 인력, 코치)을 담당하는 스태프에게 필요한 자격
- 시뮬레이션 사용을 뒷받침하는 검증/평가 증거에 관한 정보
- 데이터 저장, 전송, 보관 및 접근을 둘러싼 문제를 포함하여 고려해야 할 법적 문제

평가자 교육

약간의 차이가 있을 수 있지만 평가자 교육 프로그램을 개발할 때 항상 거쳐야 할 여섯 가지 단계가 있다. 이러한 단계는 〈표 13-1〉에 요약되어 있다.

〈표 13-1〉 **평가자 교육 프로그램 개발 단계**

1단계: 교육 시간 결정
2단계: 교육 형식 결정
3단계: 교육 내용 개발
4단계: 교육 프로그램의 일정 및 환경 결정
5단계: 교육생 성과 평가
6단계: 교육 효과 평가

1단계: 교육 시간 결정

평가자를 교육하는 데 필요한 시간은 몇 시간에서 며칠까지 다양하다. 일반적으로 평가마다 2일간의 교육을 제공하는 것이 좋다(International Taskforce on Assessment Center Guidelines, 2015). 이 시간은 평가자의 경험 수준과 평가 프로그램의 목적에 따라 다를 수 있다. 과거에 평가자로 일했고 행동을 관찰 · 기록 · 평가하는 역량이 입증된 사람은 교육이 덜 필요할 수 있다. 반면, 경험이 부족한 사람은 시간이 더 많이 필요할 수 있다. 일부 평가자는 경험이 있고 다른 평가자는 경험이 부족한 경우, 교육은 경험이 부족한 그룹을 대상으로 해야 하며, 경험이 많은 사람은 자신의 경험에서 얻은 통찰을 제공해야 한다.

평가 프로그램의 설계는 교육 기간에 영향을 미친다. 시뮬레이션이 길수록 보다 정교한 교육이 필요하다. 또한 여러 가지 차원을 평가하는 경우 평가자가 각 차원에 완전히 익숙해질 수 있도록 더 많은 시간이 필요하다. 평가자는 종종 역할연기자, 진행자, 평가 결과 및 피드백 전달자 등 여러 역할을 한다. 이들 역할에 대한 교육은 이 장의 후반부에서 설명한다. 평가자에게 할당된 역할이 많으면 각 역할마다 다른 지식과 기술이 필요하므로 필요한 교육도 많아진다.

외부 평가자 비용, 내부 관리자의 시간 요구, 개인의 이전 성과 평가 능력에 대한 선입견 등으로 인해 교육 시간을 최소화하려는 조직적 압력이 있을 수 있다. 그러나 경험이 풍부한 평가자들이라고 하더라도 교육을 소홀히 하지 않는 것이 좋다. Page(1995)가 지적했듯이, 많은 조직이 고품질 시뮬레이션을 개발하는 데 막대한 비용을 지출했지만 평가자를 적절히 교육할 충분한 시간을 투자할 의향이 없어서 프로그램이 실패했다. 경영진이 평가자 교육 기간에 난색을 표하는 경우 한 가지 해결책은 교육을 여러 개의 작은 구성 요소로 나누는 것이다. 우리가 일했던 한 조직에서는 하루 교육이 필요했지만 경영진은 4시간의 공식 교육만 허용했다. 평가자가 적절한 교육을 받았는지 확인하기 위해 세션을 세 가지 구성 요소, 즉 ① 2시간의 배경 자료, ② 4시간의 공식 교육, ③ 시뮬레이션 파일럿 테스트 동안 2시간의 현장실무교육(on-the-job training)으로 나누었다. 경영진은 공식적인 교육을 교육 시간으로만 해석했기 때문에 만족했지만, 다른 구성 요소를 통해서도 추가적인 학습을 전수할 수 있었다.

2단계: 교육 형식 결정

성인 학습자는 여러 가지 면에서 아동 · 청소년과 다르다(Knowles, 1973; Merriam, 2014; Noe & Colquitt, 2002). 첫째, 성인 학습자는 전통적인 교실 훈련에서 얻는 것이 적고 체험 학습에서 얻는 것이 더 많다. 둘째, 성인은 일반적으로 풍부한 경험을 학습 환경으로 가져오며, 새로운 자료를 과거 경험과 연관시키면 일반적으로 더 잘 학습한다. 셋째, 성인 학습자는 일반적으로 자신의 생각과 아이디어를 공유할 수 있는 상호작용 방식의 학습을 선호한다(Anderson & Coleman, 2015). 결과적으로 형식은 교훈적 학습과 토론 및 체험적 활동이 혼합되어야 한다. 훈련 참가자가 기술을 연습하고 피드백을 받을 기회를 가질 때 학습이 향상된다는 증거가 있다. 사회 학습의 원리는 훈련을 통해 성인 학습을 향상시키는 데에도 적용될 수 있다(Goldstein & Sorcher, 1974; Latham & Saari, 1979). 여기에는 교육생들에게 다른 사람들의 효과적인 행동을 관찰하고, 그 행동을 연습하고, 다른 사람들로부터 피드백을 받는 기회를 제공하는 것이 포함된다.

3단계: 교육 내용 개발

International Taskforce on Assessment Center Guidelines(2015)에 따르면, 평가자 교육 프로그램은 최소한 평가자가 다음 사항에 대한 철저한 지식과 이해를 갖추도록 보장해야 한다.

- 평가하는 조직 및 직무 그리고 평가할 참가자의 특성
- 평가할 차원, 정의, 직무 수행과의 관계, 각 차원에 대한 효과적 · 비효과적 수행의 예
- 시뮬레이션에 참여하는 참가자에게 요구되는 작업(즉, 참가자에게 제시된 구체적인 과제)
- 평가를 내리고 보고서를 생성하는 데 사용되는 도구와 테크놀로지를 포함하여 행동을 관찰, 기록, 분류 및 평가하는 과정
- 평가 내용 및 데이터의 사용 방법, 저장 및 전송 방법, 누가 접근할 수 있는지를 포함한 조직의 평가 정책
- 피드백 절차(해당하는 경우) 및 효과적이고 정확한 구두 또는 서면 피드백을 제공하는 방법(평가자가 이 역할을 수행하는 경우).

또한 평가자는 행동을 관찰 · 기록 · 차원으로 분류하는 능력을 보여야 하며, 평가자가 역할연기자 역할을 할 경우 객관적이고 일관되게 역할을 수행할 수 있는 능력을 갖춰야 한다. 이러한 각 콘텐츠 영역은 다음에서 자세히 설명한다.

조직, 직무 및 참가자에 대한 지식

평가자는 평가 프로그램이 구축된 대상 업무를 이해하는 것이 중요하다. 여기에는 조직과 평가대상 참가자 유형까지 포함된다. 대부분의

외부 평가자는 광범위한 배경 자료가 필요하다. 내부 평가자를 사용하는 경우 이들은, 항상 그렇지는 않지만 조직과 대상 업무를 이미 이해하고 있을 수 있다. 또한 전략적 업무 분석을 통해 업무가 변화하고 있음을 발견하는 경우도 있다. 예를 들어, 우리가 작업한 경찰 평가 프로그램에서 서장은 평가자에게 새로운 부서 목표(예: 다양한 인종간 커뮤니티 관계에서 새로운 절차)에 대한 브리핑을 제공했다.

참가자의 특성을 이해하면 평가자는 후보자에게 어떤 수준의 성과를 기대해야 하는지 알 수 있다. 예를 들어, 고위 임원 후보자에게는 하위 및 중간 관리자보다 일부 측면에서 더 높은 수준의 능력을 기대한다. 평가자는 참가자가 어떤 기술을 가지고 있고, 장래에 어떤 기술을 배워야 하는지 아는 것도 중요하다. 예를 들어, 승진 결정에서 조직은 참가자에게 문제 해결 능력과 대인관계 기술을 요구하지만, 정교한 경영 기술은 기대하지 않을 수 있다. 다만, 조직은 참가자가 미래에 이러한 기술을 개발할 잠재력이 있는지 평가하는 데 관심이 있을 수 있다.

평가할 차원에 대한 지식

시뮬레이션에서 평가할 차원에 대한 평가자 교육에는 차원의 정의에 대한 철저한 검토가 수반되어야 한다. 이는 배경 자료, 강의 및 토론 방식으로 실시할 수 있다. 직무 및 조직 분석 단계에서 수집된 정보는 특히 도움이 될 것이다. 그러나 평가자가 차원의 의미를 아는 것만으로는 충분하지 않다. 오히려 다양한 행동이 차원과 어떻게 관련이 있는지, 이러한 차원이 전반적인 직무 성과에 어떤 영향을 미치는지에 대한 이해를 공유해야 한다. 평가자 교육은 평가자들이 다양한 환경의 차원을 설명하는 데 익숙해지도록 해야 하지만, 더 중요한 것은 사용되는 특정 시뮬레이션에서 입증할 수 있고 입증해야 하는 행동에 익숙해지도록 하는 것이다. 이해를 공유하도록 개발하는 효과적인 한 가지 기술은 참조틀(Frame Of Reference: FOR) 훈련이다.

FOR 훈련은 평가자가 고수하는 고유한 기준을 제거하고 이를 평가 등급을 할당하기 위한 공통된 기준 틀로 대체하는 것이다(Jackson, Atkins, Fletcher, & Stillman, 2005; Schleicher, Day, Mayes, & Riggio, 2002). Pulakos(1984)는 FOR 훈련에 포함된 단계를 다음과 같이 설명했다.

- 평가자에게 직무에 중요한 차원과 각 차원을 나타내는 행동에 대해 교육한다. 여기에는 성과 차원에 대한 정확한 정의를 내리고 각 차원의 행동적 본보기를 철저히 논의하는 것이 포함된다. 예를 들어, 대인 민감성 차원의 행동에는 팀원에게 문제에 대한 의견을 묻고, 다른 사람에게 공감을 보이고, 다른 사람이 말할 때 방해하지 않는 것이 포함된다.
- 다양한 수준의 성과를 나타내는 특정 행동에 대해 논의한다. 여기에는 특정 등급을 받을 수 있는 행동의 예를 생성하는 것이 포함되며, 이는 평가자에게 성과를 평가하기 위한 적절한 기준을 제공하는 데 도움이 된다. 예를 들어, 1~5점의 평정척도에서 다른 사람이 말하는 동안 방해하면 1점을 받고, 주의 깊게 듣고 명확한 이해를 위해 질문하면 5점을 받을 수 있다.
- 새로운 기준 프레임으로 평정하는 연습을 하고 평가의 정확성에 대한 피드백을 받는다.

이 과정의 전체 목표는 평가자들이 각 차원의 각 성과 수준별 행동의 공통된 프로토타입 또는 정신적 이미지를 공유하도록 돕는 것이다. 이 과정은 시간이 걸리지만, FOR 훈련은 일관되게 평가 정확도를 향상시키고 따라서 평가 과정의 타당도를 높이는 것으로 나타났다(예: Gorman & Rentsch, 2009; Schleicher et al., 2002; Woehr, 1994).

시뮬레이션에 적용될 때, FOR 훈련은 각 시뮬레이션에서 참가자들이 측정할 각 차원에 대해 효과적인 행동과 비효과적인 행동을 나타내는 행동을 이해하는 것으로 구성된다(효과성은 대상 직무/조직에서 정의됨). 따라서 In-Box 시뮬레이션에서 효과적인 적응력을 나타내는 행동은 대인관계 시뮬레이션에서의 행동과 다를 수 있다. 또한 고객 서비스 담당자에게 기대되는 적응 행동은 관리자에게 기대되는 행동과 다를 수 있으며, 역동적인 하이테크 조직의 소프트웨어 엔지니어에게 기대되는 적응성 수준과 유형은 동일한 직무를 맡고 있지만 공무원 조직에 근무하는 사람들에게 기대되는 것과 다를 수 있다.

시뮬레이션 내용에 대한 지식

평가자는 참가자와 역할연기자에 대한 지침을 포함하여 작업할 시뮬레이션에 대해 철저히 알고 있어야 한다. 이러한 정보를 가르치는 효과적인 방법은 평가자가 먼저 모든 관련 시뮬레이션 자료를 읽은 다음, 참가자가 하듯이 시뮬레이션을 수행해 보는 것이다. 시뮬레이션에 직접 참여함으로써 평가자는 실제 참가자가 어떤 경험을 하게 될지 예상할 수 있게 된다. 평가자가 시뮬레이션의 내용에 익숙해지면 시뮬레이션에서 다른 사람의 성과를 관찰하고 평가하는 연습으로 넘어갈 수 있다. 시뮬레이션에 대한 질문과 토론을 위한 시간도 허용해야 한다. 이 부분에서 평가된 차원과 관련된 특정 행동을 이끌어 내기 위해 시뮬레이션에 포함되어 있는 행동적 단서에 대한 지침도 제공해야 한다. 평가자는 이를 잘 알고 있어야 하며, 퀴즈를 통해 확인받아야 한다.

행동을 관찰하고 기록하는 능력

평가자 교육에는 일반적인 관찰 오류를 피하는 방법에 대한 과정도 포함되어야 한다. 이 과정은 인간의 사회적 상호작용을 관찰하는 과정에서 발생할 수 있는 오류에 대한 설명으로 시작할 수 있다(Campbell, 1958; Thornton & Zorich, 1980). 이러한 오류는 〈표 13-2〉에 제시되어 있다. 교육의 목표는 평가자가 관찰 오류에 대한 민감성과 저항력을 개발하도록 돕는 것이다. 이를 위해 일반적인 오류를 제시하고, 평가자에게 시뮬레이션 맥락에서 오류가 어떻게 나타날 수 있는지에 대한 예를 제공하고, 이후 연습에서 오류가 발생하면 오류 사례를 지적한다.

〈표 13-2〉 **관찰 오류**

체계적 오류	시뮬레이션에서 관찰의 예
주의를 기울이지 않음	피로나 주의 산만으로 인해 평가자가 참가자의 주요 발언을 놓침
단순화로 인한 세부 사항 손실	참가자가 다른 사람을 설득하는 데 사용한 단어를 기록하지 못하고 "그는 설득력이 있다."라는 것만 기록함
단일 소스에 대한 과도한 의존	관련된 모든 행동을 보기 전에 성급하게 판단을 내림
중간 메시지 손실	시뮬레이션 중간에 발생하는 행동을 관찰하지 못하고 시뮬레이션 초반이나 후반의 발언을 기반으로 평가함
분류 오류	과제 수행 중 거의 항상 정확하게 계산을 한 참가자가 저지른 한 번의 실수를 알아차리지 못함; 참가자의 수행을 더 세밀하게 평가하지 않고 잘하거나 못한다는 극단적 평가만 함
맥락적 오류	상황이 관찰에 영향을 미침
편견이나 고정관념	남성 참가자의 주장을 남성은 공격적이라는 선입견을 기반으로 부당하게 평가함
후광 효과	평가자가 한 참가자에 대해 받은 일반적인 인상이 그의 여러 측면의 행동 평가에 영향을 미침
메모를 하지 못함	평가자가 자신의 기억력을 맹신하거나 주의 산만으로 기록을 하지 않음

일반적인 시뮬레이션에서 참가자는 복잡한 행동을 보이고 평가자는 가능한 한 정확하게 이 행동을 관찰하고 기록해야 한다. 평가자가 이 기술을 배우는 가장 좋은 방법은 관찰/기록을 연습한 다음 관찰의 정확성에 대해 피드백을 받는 것이다. 평가자가 시뮬레이션에 참여하는 피평가자의 비디오나 실황 버전을 시청하면서 연습을 할 수 있다. 시뮬레이션 참가자의 비디오가 있는 경우 행동 모델링을 사용할 수 있다. 즉, 비디오 내에서 행동이 전개되는 동안 교육자는 평가자가 기록해야 하는 행동 관찰 노트를 화면에 보여 준다.

평가자 메모에는 다음 정보가 포함되어야 한다.

- 참가자가 말하는 것: 평가자는 가능한 경우 참가자가 말한 내용을 그대로 기록해야 하며, 이것이 불가능한 경우 참가자가 말한 내용을 면밀히 요약해야 한다.
- 참가자가 말하지 않거나 행동하지 않는 것: 상황이 참가자에게 분명히 요구할 때, 특히 단서를 받았음에도 불구하고 조치를 취하지 않는 것은 해당 차원에서 수행이 좋지 않다는 증거이다.
- 참가자의 비언어적 행동(예: "참가자가 역할연기자를 손가락으로 가리켰다.")
- 해당되는 경우 다른 참가자와 역할연기자의 반응(예: "다른 참가자는 그녀의 의견 중 세 가지를 지지하여 최종 보고서에 포함했다." "역할연기자는 참가자가 그에게 소리를 지르자 의자에 기대 앉았다.")
- 역할연기 상황 중 행동의 변화(예: "참가자가 조용한 목소리로 대화를 시작한 다음 토론이 계속되면서 목소리를 높였다. 토론이 끝날 무렵 참가자는 역할연기자에게 소리를 지르고 있었다.")

평가자는 자신의 관찰이 효과적인지 확인하기 위해 다음 지침을 따라야 한다.

- 참가자를 명확하게 보고 들을 수 있도록 자리를 잡는다(Funder, 2012 참조). 제8장과 제9장에 설명된 그룹 시뮬레이션에서 관찰자는 평가실을 돌아다녀야 할 수도 있다(또는 비디오 카메라 각도와 마이크 레벨을 실시간으로 조정해야 할 수도 있음). 관찰자는 충분히 가까이 있어야 하지만 방해가 되어서는 안 된다.
- 구체적인 행동 관찰을 적는다. 메모는 행동용어를 사용하여 작성해야 한다(예: 그는 "이 사건을 문서화할 거야."라고 말했다).
- 관찰은 구체적일수록 좋다. 나중에 평가자는 일반적인 행동패턴을 찾기 위해 메모를 검토하게 된다.
- 평가적 용어가 아닌 기술적(descriptive) 용어로 메모를 작성한다. 그러면 성급한 판단을 예방할 수 있다.
- 평가자는 다른 관찰자가 자신이 기록한 내용을 확인할 수 있을지 자문해 봐야 한다. 답이 "예."라면 자신이 쓴 내용이 행동적이고, 구체적이며, 평가적이지 않다는 것을 알 수 있다.

또한 평가자는 다음과 같은 관찰 내용을 기록하지 않도록 훈련을 받아야 한다.

- 과잉 일반화(예: "그는 지나치게 예민했다.")
- 참가자의 행동 해석(예: "그녀는 역할연기자에게 화가 나서 눈을 굴렸다.")
- 참가자의 감정 추정(예: "그는 화가 났다.")

• 참가자의 성격 묘사(예: "그녀는 내성적이다.")

각 시뮬레이션 직후, 평가자는 기록을 완성하기 위한 몇 분의 시간을 가져야 한다. 전통적인 방법 중 하나는 평가자가 자신의 기록을 신중하게 검토하고, 관찰한 행동을 관련된 차원으로 분류하여 이를 코드화한 후, 분류된 행동을 사용하여 차원 평가를 수행하는 것이다. 여기서 차원을 가장 잘 설명하는 행동 옆에 차원의 이름을 기입하고, 각 행동 옆에 (+) 또는 (−) 기호를 붙여 해당 차원의 효과적인 예시인지 비효과적인 예시인지를 나타내는 작업을 포함할 수 있다.

일부 조직에서는 시뮬레이션이 진행되는 동안 평가자가 현장에 있거나, 시간적 압박을 덜 받고 행동을 평가할 수 있도록 시뮬레이션을 비디오로 녹화하기도 한다. 비디오 녹화는 더 많은 관찰을 가능케 하지만, 일반적으로 더 정확한 관찰로 이어지지는 않는다(Ryan et al., 1995). 비디오를 통해 행동을 관찰하고 기록하는 것은 실시간 관찰보다 시간이 더 오래 걸리는데, 일반적으로 평가자가 비디오 녹화의 일부분을 여러 번 검토하는 경향이 있기 때문이다.

일반적으로 사용되는 또 다른 기법은 행동 체크리스트이다. 〈표 13−3〉에 체크리스트 예시가 나와 있다. 체크리스트는 다양한 평가자의 관찰 간의 변동성을 줄이는 데 도움이 될 수 있다. 그러나 연구에 따르면, 이 기법을 사용한다고 해서 반드시 더 정확한 평가로 이어지는 것은 아니다(Hennessy, Mabey, & Warr, 1998). 대안적으로, 체크리스트를 전통적인 노트 필기 기법과 함께 사용할 수 있다. 이 경우 평가자는 시뮬레이션 중에 노트를 작성한 다음, 체크리스트를 사용하여 행동을 분류한다.

노트 필기가 불필요하다고 생각하는 평가자들이 있을 수 있다. 경험

〈표 13-3〉 대인관계 시뮬레이션의 코칭 차원에 대한 행동 체크리스트

____ (+) 역할연기자에게 의견을 표현할 기회를 줌

____ (+) 역할연기자가 말하는 동안 경청함

____ (+) 역할연기자에게 성과 문제가 무엇인지 명확하게 설명함

____ (+) 역할연기자의 행동이 팀에 부정적인 영향을 미치는 방식을 설명함

____ (+) 성과 문제를 설명하기 위해 예를 사용함

____ (+) 직무 설명서에서 성과 기대치를 언급함

____ (+) 역할연기자가 개선을 위해 무엇을 해야 하는지 명확하게 설명함

____ (+) 역할연기자에게 개선 방법을 제안함

____ (+) 적절한 경우 역할연기자에게 긍정적인 피드백을 제공함

____ (+) 역할연기자의 행동의 이유를 알아내기 위해 탐색적인 질문을 함

____ (+) 역할연기자에게 행동 수행의 약속을 얻음

____ (+) 역할연기자가 개선 계획을 개발하도록 도움

____ (+) 역할연기자의 개선에 대한 개인적 책임을 지지 않음

____ (+) 앞으로 역할연기자를 어떻게 후속 조치할 것인지 명확하게 설명함

____ (+) 성과 문제에 집중하여 대화를 유지하되, 가혹하거나 비동정적이지 않음

____ (+) 회의가 어떻게 진행되었는지에 대한 현실적인 인식이 있음(후속 응답을 통해 보임)

____ (–) 역할연기자가 주제에서 벗어난 대화를 하는 것을 허용함

____ (–) 역할연기자에게 참을성이 없거나 갑작스럽게 행동함

____ (–) 토론과 관련이 없는 개인적인 문제(예: 역할연기자의 가족)를 제기함

____ (–) 역할연기자의 문제 중 일부를 다루지 않음

____ (–) 성과 문제에 대한 역할연기자의 변명을 그대로 받아들이고 해결을 위한 대화를 하지 않음

____ (–) 성과 문제가 '문제 행동패턴'의 일부라는 것을 인식하지 못함

____ (–) 직무 기술서에 제시된 표준을 참조하지 않음

____ (–) 역할연기자가 개선을 위해 앞으로 무엇을 해야 하는지 명확하게 말하지 않음

____ (–) 역할연기자가 스스로 개선의 책임을 지도록 하지 않고 자신이 책임을 짐

____ (–) 역할연기자가 자신의 성과 개선에 전념하도록 만들지 못함

이 부족한 평가자에게는 철저한 노트 필기를 하도록 설득해야 한다. 평가자에게 노트 필기를 철저히 하도록 설득하기 위해 다음과 같은 이유를 제시할 수 있다.

- 행동 기록은 판단과 평가의 정확성을 높여 준다.
- 철저한 기록은 다른 평가자와 평가를 논의할 때 평가자의 신뢰성을 높여 준다. 이는 여러 평가자들과 여러 개의 시뮬레이션으로부터 나온 정보를 통합해야 하는 경우에 특히 중요하다.
- 명확한 기록은 통해 평가팀은 다양한 상황에서 참가자의 반응에서 차별적인 행동패턴을 진단할 수 있다.
- 낮은 평가를 받은 승진 후보자의 이의제기를 평가 차원의 비효과적인 행동을 철저하게 기술해 놓은 기록을 통해 방어할 수 있고, 결과를 더 수용 가능하게 할 수 있다.
- 고용 차별 소송에서 법적 도전이 발생하는 경우 기록은 평가의 근거로 활용될 수 있다.
- 평가가 역량 개발 목적으로 사용되는 경우 행동 관찰 기록은 참가자가 문제를 해결하고 다른 사람과 상호작용하는 데 효과적인 행동과 비효과적인 행동에 대한 통찰력을 얻는 데 도움이 된다.

성과를 평가하고 평정하는 능력

행동이 분류되면 평가자는 참가자의 성과를 평가하고 전체 차원을 평정할 준비를 한다. 첫째, 평가자는 사용된 평정 방법과 테크놀로지에 대한 교육을 받아야 한다. 행동 평가에서 가장 일반적으로 사용되는 평가 도구 중에는 행동 기준 평정척도(BARS)가 있다. BARS는 참가자가 보이는 행동을 공통된 기준에 기반하여 평정하는 것이다. 이 책 전체에

BARS의 예가 포함되어 있다.

시뮬레이션 내에서 성과를 평가하고 평정하도록 평가자를 훈련하는 두 번째 단계는 일반적인 평가 오류에 대해 인식하도록 하는 것이다. 일반적인 평가 오류는 〈표 13-4〉에 정의되어 있다. 일반적인 관찰 오류와 마찬가지로 참가자는 이러한 오류와 이를 피하기 위한 전략을 교육받고 퀴즈를 통해 확인받아야 한다. 이전 연구에 따르면, 평가자에게 연습과 피드백을 통한 훈련으로 이러한 오류를 더욱 줄일 수 있음이 입증되었다(예: Latham, Wexley, & Pursell, 1975). 이는 이전에 설명한 참조 틀(FOR) 훈련법을 통해 달성할 수 있다.

이 과정에는 평가자가 이전에 한 관찰(예: 시뮬레이션 참가자의 비디오나 재연 관찰)을 기반으로 독립적으로 평정하는 것이 포함된다. [그림 13-1]은 평가자의 관찰과 평정 점수를 통합하는 데 도움이 되는 컴퓨터화된 네트워크 플랫폼이다. 그룹 설정에서 평정에 대해 논의할 수 있으며, 논의하는 동안 각 평가자는 평정하는 데 사용한 과정와 해당 차원의 효과적인 또는 비효과적인 특정 행동을 예시로 설명해야 한다. 이 토론은 잠재적인 편견이 드러나게 하고 평가자는 그룹으로부터 평정에 대한 직접적이고 즉각적인 피드백을 받게 된다. 평가자 각자가 독립적으로 평정한 후 논의하는 이 과정은 평가자들이 모두 일관된 방식으로 평정 점수를 제공할 때까지 반복해야 한다(이는 또한 개발자에게 평정의 평가자 간 일치에 대한 초기 증거를 제공함. 제14장 참조). 이상적으로 평가자는 성과 스펙트럼의 상위, 하위, 중간 수준에 해당하는 참가자를 평정하는 연습 기회를 가져야 한다.

〈표 13-4〉 **일반적인 평가 오류**

오류	정의	예	회피 방법
후광 효과	참가자의 각 차원별 성과에 대한 개별적인 평정보다 전반적인 인상에 기초하여 평가하는 것	평가자는 참가자가 효과적인 리더십 기술을 가지고 있다고 믿고 그 사람의 의사소통 능력과 대인관계 민감성도 높게 평가한다.	평가자에게 차원을 서로 독립적으로 평가해야 함을 상기시킨다. 후보자는 모든 차원에서 높거나 낮을 수 있으며, 또는 높음과 낮음이 섞인 프로파일을 보일 수도 있다.
최신 효과	이전의 모든 행동을 바탕으로 평정하지 않고 가장 최근의 행동을 바탕으로 평정하는 것	참가자는 시뮬레이션 내내 적절하게 수행하지만 마지막에 명백한 실수를 한다. 평가자는 전체적으로 낮은 점수를 준다.	평가자에게 시뮬레이션 전체 기간 동안 면밀히 메모하고, 평가를 하기 전에 모든 행동을 검토하도록 상기시킨다.
유사성/상이성 편견	참가자의 특정한 자질이나 특성이 평가자와 유사하거나 다름을 기준으로 더 높거나 낮은 평가를 내리는 것	남성 평가자는 자신과 같은 성별인 남성에게 더 높은 점수를 준다.	가장 좋은 방어책은 이러한 잠재적 편견을 인식하는 것이다. 평가자는 자신과의 유사점이나 차이점을 무시하고 성과에 기반한 평정을 할당하기 위해 의식적으로 노력해야 한다. 행동 기준 평정척도(BARS)는 평가가 편견이 아닌 성과에 기반하게 하는 데 도움이 될 수 있다.
고정관념	성과보다 특정 집단 소속 여부에 따라 평정하는 것	평가자는 여성이 남성보다 자기 주장이 약하다고 생각하여 리더십 측면에서 여성에게 낮은 점수를 준다.	고정관념에 대한 솔직한 토론은 종종 이러한 편향을 밝혀낼 수 있다. 또한 평가자는 긍정적인 고정관념조차도 부정적일 수 있다는 것을 알고 있어야 한다. 체크리스트와 행동 기준 평정척도(BARS)는 실제 성과에 기반을 둔 평정을 가능케 한다.
관대함, 엄격함, 중앙 집중 경향성	관대함은 모든 참가자에게 높은 평가를 주는 경향. 엄격함은 모든 참가자에게 낮은 평가를 주는 경향. 중앙 집중 경향성은 모든 참가자에게 평균적인 평가를 주는 경향	평가자는 부정적인 평가를 내릴 수 없어서 모든 참가자에게 일률적으로 높은 점수를 준다.	훈련 중에 성과에 대해 높음, 중간, 낮음 평정을 주는 연습을 한다. 참조 틀(FOR) 훈련을 사용하여 평가자들이 높음, 중간, 낮음 성과의 정의에 대해 공통된 이해를 갖게 한다.

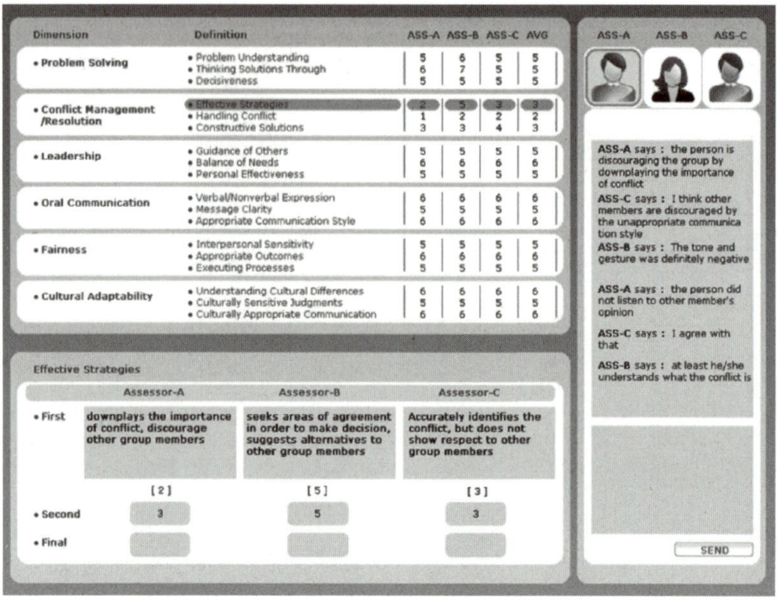

[그림 13-1] 컴퓨터화된 네트워크 평가자 플랫폼을 통해 생성된 통합 평가자 평가의 예

출처: Reynolds & Rupp (2010); Assessta 제공.

평가 정책 및 실행에 대한 지식

평가자는 시뮬레이션과 관련된 조직의 정책과 실행을 이해해야 한다. 구체적으로, 평가자는 시뮬레이션이 어떻게 사용될지(예: 선발, 승진, 교육, 개발, 연구)와 더 넓게는 시뮬레이션이 인적 자원 관리 과정에 어떻게 들어맞는지 알아야 한다. 예를 들어, 시뮬레이션이 선발에 사용될 경우 평가자는 시뮬레이션이 과정 초기에 사용될지 또는 마지막 단계가 될지 알아야 한다. 또한 평가자는 시뮬레이션 결과에 누가 접근할 수 있는지, 참가자가 어떻게 피드백을 받을지도 알아야 한다. 평가자가 해당 정보에 접근할 권한이 없는 사람과 참가자의 수행에 대해 논의해서는 안 된다는 것을 명확히 이해하도록 기밀 유지를 강조해야 한다. 마지막으로, 평가자는 정보 보안과 관련된 문제에 대해 설명을 들어야 한다. 여기에는 데이터를 저장·전송하고 접근하는 방법에 대한 법률 및 규정이 포함된다(제5장 및 제15장 참조).

효과적인 역할연기자로서의 능력

평가자는 평가자 역할과 함께 역할연기자로서도 활동해야 하는 경우가 있다. 좋은 평가자가 좋은 역할연기자가 되지 못할 수도 있고, 그 반대의 경우도 마찬가지다. 따라서 모든 평가자가 효과적인 역할연기자가 될 기술이나 동기를 갖고 있지 않을 경우, 조직은 평가자 중 일부만을 역할연기자로 활동하도록 요청할 수도 있다.

역할연기와 평가는 모두 어려운 작업이기 때문에 한 사람이 두 역할을 동시에 수행하는 것은 권장되지 않는다. 게다가 효과적인 역할연기자가 되는 법을 배우는 것은 효과적인 평가자가 되는 법을 배우는 것과는 상당히 다르며, 따라서 더 많은 훈련 시간이 필요하다. 이전 장(특히 제6장과 제9장)에서 역할연기자 훈련의 다양한 측면을 논의했으며, 다음에서 (독립적인) 역할연기자 훈련에 대해 좀 더 다룬다. 따라서 여기서는 가장 효과적인 역할연기자 훈련에는 연습과 피드백이 필요하다는 것을 강조할 것이다.

4단계: 교육 일정 및 환경 결정

사소해 보이지만, 교육 환경은 교육의 성공에 매우 중요하다. 첫째, 교육 날짜와 시간을 정해야 한다. 일정은 종종 평가자와 교육자의 가용성과 조직의 제약에 따라 달라지지만, 다른 요소도 고려해야 한다. 예를 들어, 교육이 길다면 하나의 긴 세션을 계획하는 것보다 여러 개의 작은 세션으로 나누는 것이 더 나을 수 있다. 그러나 중간에 자료를 잊지 않도록 세션 간의 간격은 가깝게 진행해야 한다. 또한 교육 시기는 교육

생의 주의가 산만해질 수 있는 다른 주요 이벤트와 가까워서는 안된다. 예를 들어, 회사 주주들이 대규모 합병에 대해 투표하는 날과 같은 날에 교육 훈련이 진행되었던 사례에서, 투표가 매우 치열하고 논쟁이 많았으며, 교육생들이 교육 중에 주의가 매우 산만해졌다고 보고된 바 있다.

교육 일정이 적절한지 확인하는 것 외에 교육 장소도 중요하다. 교육 시설은 교육생이 쉽게 접근할 수 있어야 하고 편안해야 하며 실제 평가 중에 사용되는 시설과 유사해야 한다(이상적으로는 동일해야 함). 화장실과 식수대는 쉽게 접근할 수 있어야 하며, 조직은 교육 중에 간식과 음료를 제공하는 것을 고려할 수 있다. 또한 교육장은 산만하지 않아야 한다. 평가자들에게 교육 중 업무 관련 메시지 확인을 위해 스마트폰이나 태블릿 등을 사용하는 것을 가급적 금지해 달라고 요청하는 것이 좋다.

5단계: 교육생 성과 평가

교육 세션 동안 평가자들의 학습 성과를 평가하여 참가자 수행을 평가하는 데 필요한 기술을 습득했는지 확인해야 한다. 평가는 공식적이거나 비공식적일 수 있다. 공식적 평가에는 평가자가 기능을 수행할 수 있는지 여부를 확인하기 위한 일련의 수행 활동이 포함된다. 이러한 활동에는 다음이 포함될 수 있다.

- 평가자에게 관찰 목록이 실제 행동인지 식별하도록 요구하는 검사
- 평가자가 관찰 목록을 적절한 차원으로 정확하게 분류할 수 있는지에 대한 검사
- 비디오를 관찰하고, 메모를 하고, 행동을 분류하고, 성과 효과를 평가하는 작업, 그 후 평가자 간의 토론

일부 평가자 교육 프로그램은 평가자로서 자격을 갖추고 있다는 인증서를 수여하기도 한다. 인증을 위한 평가는 공식적인 필기 검사이나 수행 검사일 필요는 없다. 그러나 교육자는 연습 세션 동안 평가자를 관찰하고 평가 실습을 통해 정확한 관찰과 평가를 내리고 있는지 확인해야 한다. 최소한의 수행 기대치에는 다음이 포함되어야 한다 (International Taskforce on Assessment Center Guidelines, 2015).

- 행동을 적절한 차원으로 인식, 관찰, 분류하는 능력
- 표준화된 방식으로 행동을 평가하는 능력
- 시뮬레이션을 관리하고, 후속 질문을 하고, 역할연기하고, 피드백을 제공하는 능력(평가자가 이러한 역할을 수행하는 경우)

이러한 기술을 습득하는 데 어려움을 겪는 평가자는 피드백과 추가 훈련을 받아야 한다. 추가 코칭 후에도 평가자가 적절하게 수행하지 못한다는 것이 분명하면 실제 참가자를 평가하도록 허용해서는 안된다. 실제로 필요한 수보다 더 많은 평가자를 교육함으로써 이러한 잠재적 탈락자를 보충할 수 있다. 필요한 것보다 더 많은 평가자를 보유하면 조직이 자격 없는 평가자를 사용하거나 적절한 기술을 보여 주지 못하는 일부 평가자들로 인한 난관을 예방하는 데 도움이 된다.

평가자 교육에는 종종 모의 참가자를 평가하고 피드백을 제공하는 것이 포함된다. 이 경험은 현실적이어야 하지만, 〈글상자 13-2〉에서 설명한 것처럼 모의 참가자가 교육에서 평가자에게 어려운 도전을 제시할 가능성이 있다.

글상자 13-2 시뮬레이션이 실패하는 이유: 지나치게 공격적인 시범 참가자

그린우드 병원은 간호사, 보조원, 지원 스태프의 구두 조사 기술을 진단하고 개발하는 프로그램에서 사용할 시뮬레이션을 개발했다. 시범 프로그램에서는 행정 인턴이 모의 참가자로 활용되었다. 첫 번째 교육 세션 후 연습 피드백에서 인턴은 전체 과정에 대해 매우 비판적이었다. 그는 역할 수행자가 정보를 제공하는 속도가 너무 느리고, 직접 질문을 해도 정보를 숨긴다고 주장했다. 또한 평가자들이 자신의 적절한 행동에 점수를 주지 않았다고 주장했다. 그는 피드백을 준 평가자에게 언어적 공격을 했다. 그는 실제 프로그램이 시행되면 참가자들이 이런 저항을 보일 수 있기 때문에 이것이 좋은 준비가 될 것으로 생각했다. 그러나 스태프들은 이 경험에 매우 좌절하여 결국 프로그램을 시행하지 않았다.

6단계: 교육의 효과성 평가

교육이 완료되면 교육 과정 자체에 대한 피드백을 받아야 한다. 교육이 시뮬레이션 적용에 전이되었는지를 검토하는 것이 중요하다. 능동 학습법을 사용하면 훈련 전이로 이어진다(Keith & Wolff, 2015). 새로 훈련된 평가자는 실제로 평가자 역할을 수행한 후에야 교육 효과에 대한 피드백을 제공할 수 있다. 학습한 기술을 적용할 기회가 생기면 교육이 얼마나 도움이 되었는지 다음과 같은 질문으로 확인할 수 있다.

- 시뮬레이션에서 참가자 행동을 관찰하는 데 교육이 얼마나 도움되었는가?
- 참가자 행동을 분류하고 평가하는 데 교육이 얼마나 도움되었는가?
- 참가자에게 성과에 대한 피드백을 제공하는 데 교육이 얼마나 도움되었는가?
- (교육 구성 요소 목록을 제공하고 다음과 같이 질문한다.) 교육의 어떤

구성 요소가 가장 도움이 되었는가? 어떤 구성 요소가 가장 도움이 되지 않았는가?

• 향후 평가자 교육을 개선하기 위한 제안 사항이 있는가?

이러한 질문 외에도 시뮬레이션에 대한 교육 참가자의 반응은 교육의 효과에 대한 귀중한 통찰력을 제공할 수 있다. 참가자가 어떤 영역에 지속적으로 문제가 있다고 언급하는 경우(예: 메모 작성) 이는 향후 교육 세션에서 관심을 두어야 할 영역이다.

역할연기자 교육

역할연기자는 후보자와의 상호작용에서 평가 역량과 관련된 행동을 이끌어 내는 언어적 단서를 제공할 수 있다(Lievens, Schollaert, & Keen, 2015). 역할연기자는 특히 시뮬레이션이 선발이나 승진과 같은 중요한 의사결정에 사용될 때, 모든 후보자와 모든 시간에 걸쳐 일관성 있게 단서를 제공하도록 훈련되어야 한다. 이러한 표준화는 모든 참가자가 동일하게 풍부한 경험을 가질 수 있게 하기 위해 역량 개발 프로그램에서도 중요하다. 역할의 일관성은 다른 모의 참가자와 교류하는 역할연기자들이 서로를 관찰함으로써 개발할 수 있다. 서로를 관찰하면서 다양한 참가자의 의견과 도전에 반응하는 표준적인 방식을 배우는 것이다.

역할연기자는 일관된 캐릭터를 유지하는 것과 다양한 참가자와 현실적으로 상호작용하기 위해 즉흥적으로 행동하는 것 사이에서 균형을 유지해야 한다. 이는 평가자 교육과 더불어 경험과 연습을 통해 가능해진다. 역할연기자는 차원과 관련된 행동을 이끌어 내기 위해 적절한 단서를 제공하는 법을 배워야 하며, 평가자는 주시해야 할 단서와 평가받는 사람에게서 나올 수 있는 다양한 행동을 이해해야 한다. 평가자는 역할연기자에게 그들이 수행하는 '역할'의 연기 품질에 대해 피드백을 제공할 수 있다. 평가자들은 역할연기자들이 참가자들의 능력 차이를 보여 줄 수 있도록 단서를 제공하되, 그 단서가 너무 강하지 않도록 조언해야 한다. 단서가 너무 강하면 참가자들의 개별적인 차이가 드러나지 않을 수 있기 때문이다.

진행자 교육

진행자는 시뮬레이션 구현에서 다양한 역할을 수행하며, 프로그램 효과와 참가자의 경험에 중요한 영향을 미친다. 진행자는 프로그램을 소개하고, 지침을 제공하고, 평가자를 조정하고, 문서를 수집 및 관리하고, 비상 상황을 처리하고, 관계자들의 질문에 답한다. 평가자 및 역할연기자와 마찬가지로 진행자는 참가자에게 긍정적인 분위기를 조성하는 데 중요한 역할을 한다. 시뮬레이션이 채용이나 승진과 같은 행정적 의사결정에 사용되는 경우 참가자는 자연스럽게 스트레스를 느낄 것이다. 진행자는 참가자에게 절차의 표준화와 공정성을 보장해야 한다. 시뮬레이션이 개발에 사용되는 경우 관리자는 참가자가 배우고 성장할 수 있는 기회를 활용하도록 장려할 수 있다. 진행자는 평가자가 가장 정확한 평가를 내릴 수 있는 조건을 확립하는 데 중요한 역할을 한다.

피드백 제공자/코치를 위한 교육

피드백을 제공하는 스태프는 복잡하고 도전적이며 때로는 상충되는 역할을 한다. 기본적으로 그들은 효과적인 피드백을 제공할 수 있어야 하지만, 참가자들은 종종 다르게 수행할 수 있는 방식이 있는지, 개선 방식이 무엇인지에 대한 지침을 원한다. 시뮬레이션이 승진, 교육 또는 개발에 사용될 때, 참가자들은 자신의 수행에 대한 피드백을 기대한다. 이 장 앞 부분에서 언급했듯이, 수행을 평가한 평가자가 이 피드백을 제공할 수 있는 가장 좋은 입장일 수도, 아닐 수도 있다. 피드백을 제공하는 방식은 참가자가 피드백을 어떻게 인식하고 실천하는지에 상당한 영향을 미친다. 게다가, 특히 수행에서 문제가 관찰될 때 피드백을 주고받는 것이 어려울 수 있다. 따라서 교육 프로그램 스태프들이 피드백을 효과적으로 제공하도록 교육하는 것이 중요하다. 피드백 교육은 효과적인 피드백의 핵심 요소에 대한 논의로 시작해야 한다.

- 적시성: 피드백 회의는 실제 시뮬레이션 직후에 가능한 한 빨리 이루어져야 참가자와 피드백 제공자 모두에게 정보가 신선하게 전달된다. 또한 피드백을 기다리는 것은 스트레스가 될 수 있으므로 참가자의 불안을 최대한 줄이는 것이 중요하다.
- 객관적이고 행동 지향적: 피드백은 개인적 특성보다 행동에 초점을 맞출 때 가장 효과적이다. 예를 들어, 참가자에게 대인관계 기술이 부족하다고 말하는 대신, 비효과적인 대인관계 행동의 예를 보여주는 것이 더 효과적이다. 개인에 초점을 맞추면 긍정적인 피드백조차도 해로울 수 있으므로(Kluger & DiNisi, 1996), 긍정적인 피드백도 행동 지향적이어야 한다.
- 구체적이고 건설적: 피드백은 각 측면에서 참가자의 강점과 약점을 보여 주는 구체적인 예를 기반으로 해야 한다. 비언어적 행동의 직접적인 인용이나 예는 이러한 노력에 도움이 될 것이다. 예를 들어, 피드백 제공자는 다음과 같이 말할 수 있다. "일대일 상호작용

시뮬레이션에서 역할연기자에게 '저는 당신의 개인적인 문제에 관심이 없다.'라고 말했습니다. 이것은 효과가 없었습니다. 그 이유는 _____ 때문입니다. 이를 효과적으로 처리하는 방법은 _____ 입니다."

- 지지적: 참가자는 피드백 과정을 성장과 발전의 기회로 보아야 한다. 따라서 피드백은 긍정적인 행동에 초점을 맞추고 가혹하고 부정적인 비판을 피함으로써 지지적인 방식으로 제공되어야 한다.
- 개발적(해당되는 경우): 피드백 세션은 또한 참가자가 타임라인과 함께 변화에 대한 구체적인 목표를 설정하여 개발을 계획하는 데 도움이 되어야 한다. 이상적으로는 참가자에게 이러한 목표에 대한 진행 상황을 논의할 수 있는 감독자 또는 멘토가 있어야 한다. 또한 피드백 제공자는 참가자의 발달적 요구 사항과 관련된 자원(예: 추가 수업, 독서 자료 등 제안)을 제공할 수 있다.
- 구두 및 서면으로 전달: 피드백에는 각 차원에서 참가자의 능숙도에 대한 설명과 효과적 · 비효과적인 행동의 예가 포함되어야 한다. 구두 피드백은 강점과 약점을 논의할 수 있는 기회를 제공할 수 있지만, 참가자는 피드백을 즉각적으로 완전히 이해하지 못할 수 있다. 서면 보고서는 참가자가 나중에 자신의 결과를 보다 주의 깊게 검토할 수 있게 한다. 앞서 언급했듯이, 평가가 선발이나 승진과 같은 인사 결정을 위한 것이라면 구두 및 서면 피드백 모두가 더 제한적일 수 있다.
- 참가자의 응답에 개방적: 참가자는 피드백을 명확히 이해하기 위해 질문을 하는 등, 피드백에 반응하도록 허용되어야 한다. 참가자가 피드백을 이해하고, 의견을 표명하고, 자신의 성과에 대한 정밀한 설명으로 인식하는 것이 중요하다.

피드백 제공자에게 이러한 원칙을 제시하고 그에 따른 논의를 한 후, 실습을 통해 이를 구현할 기회가 주어져야 한다. 실습은 피드백 제공자를 짝지어 놓고 서로에게 피드백을 전달하는 역할 연습을 하는 것이 가장 좋다. 긍정적이면서 건설적인 피드백을 전달하는 연습을 해야 한다. 이 기법은 참가자가 피드백에 어떻게 반응하고 자신의 수행에 대한 평가를 듣고 어떻게 느끼는지에 대한 통찰력을 제공한다.

테크놀로지 지원 스태프 교육

평가 프로그램의 개발, 제공 및 관리를 지원하는 정보 기술(IT) 스태프가 프로그램의 복잡성, 타당도 증거의 필요성, 프로그램에 내재된 다양한 윤리적 · 법적 문제를 이해하는 것이 중요하다. IT 스태프가 자신의 직업에 매우 능숙할 수 있지만 심리 평가, 고용평등(Equal Employment Opportunity: EEO) 문제 및 행동 시뮬레이션, 채점 및 피드백과 관련된 부분에 대한 이해는 거의 없을 수 있다. IT 스태프에게 시뮬레이션의 전반에 대해 알려 주면 매우 효과적인 다기능 지원팀을 구축하는 데 큰 도움이 될 수 있다. 이들을 모의 참가자로 시뮬레이션을 경험하게 하고, 평가자 교육에 참여시키고, 제5장, 제14장 및 제15장에 제시된 전문적 · 윤리적 및 법적 표준 중 일부에 노출시키는 것이 효과적이다.

훈련의 전이

평가자 교육의 효과를 궁극적으로 검사하는 방법은 교육이 시뮬레이션 실행에 실제로 적용되는지 여부이다. 이 장에서 제시된 스태프 선발 및 훈련 방법, 특히 참조 틀 훈련(Schleicher et al., 2002)과 능동적 학습(Keith & Wolff, 2015)이 실제 적용 프로그램으로의 전이가 이루어지게 한다는 증거가 있다. 교육과 실제 평가 사이에 시간이 많이 경과한 경우, 평가 프로그램으로 전이가 이루어졌는지를 확인하려면 각 프로그램 전에 보충교육을 실시하고, 평가자들이 행동을 관찰·분류·평가하는 업무를 잘 수행할 수 있는지 다시 점검하는 것이 좋다.

결론

모든 평가자는 프로그램의 효과적인 실행을 위해 적절한 교육을 받아야 한다. 각 스태프는 참가자가 마주하는 복잡한 사회적 상황의 일부이다. 스태프 중 단 한 명의 부적절한 행동만으로도 잘 개발된 시뮬레이션의 효과를 손상시킬 수 있다. 적절한 교육을 통해 시뮬레이션이 표준화되고 공정하며, 신뢰성 있고 타당한 수행 평가를 산출할 수 있다.

참고문헌

Anderson, L., & Coleman, C. (2015). Action learning: Approached, applications, and outcomes.In K. Kraiger, J. Passmore, N. R. dos Sandos, & S. Malvezzi (Eds.), *The psychology of training, development, and performance improvement* (pp. 261-277). Wiley.

Campbell, D. T. (1958). Systematic errors on the part of human links in communication systems. *Information and Control, 1*, 334-369.

Funder, D. C. (2012). Accurate personality judgment. *Current Directions in*

Psychological Science, 21, 177-182.

Gaugler, B. B., Rosenthal, D. B., Thornton, G. C., III, & Bentson, C. (1987). Meta-analysis of assessment center validity. *Journal of Applied Psychology, 72*, 493-511.

Goldstein, A. P., & Sorcher, M. (1974). *Changing supervisory behavior*. Pergamon Press.

Gorman, C. A., & Rentsch, J. R. (2009). Evaluating frame-of-reference rater training effectiveness using performance schema accuracy. *Journal of Applied Psychology, 94*, 1336-1344.

Hennessy, J., Mabey, B., & Warr, P. (1998). Assessment center procedures: An experimental comparison of traditional, checklist, and coding methods. *International Journal of Selection and Assessment, 6*, 222-231.

International Taskforce on Assessment Center Guidelines. (2015). Guidelines and ethical considerations for assessment center operations. *Journal of Management, 41*, 1-30.

Jackson, D. J. R., Atkins, S. G., Fletcher, R. B., & Stillman, J. A. (2005). Frame of reference training for assessors: Effects on inter-rater reliability when rating behavior and ability traits. *Public Personnel Management, 34*, 17-29.

Keith, N., & Wolff, C. (2015). Encouraging active learning. In K. Kraiger, J. Passmore, N. R. dos Sandos, & S. Malvezzi (Eds.), *The psychology of training, development, and performance improvement* (pp. 93-116). Wiley.

Kluger, A. N., & DiNisi, A. (1996). Effects of feedback intervention on performance: A historical review, a meta-analysis, and a preliminary feedback intervention theory. *Psychological Bulletin, 119*, 254-284.

Knowles, M. (1973). *The adult learner: A neglected species*. Gulf Publishing.

Latham, G. P., & Saari, L. M. (1979). Application of social-learning theory to training supervisors through behavioral modeling. *Journal of Applied Psychology, 64*, 239-246.

Latham, G. P., Wexley, K. N., & Pursell, E. D. (1975). Training managers to minimize rating errors in the observation of behavior. *Journal of Applied Psychology, 60*, 550-555.

Lievens, E., Schollaert, E., & Keen, G. (2015). The interplay of elicitation and evaluation of trait-expressive behavior: Evidence in assessment center exercises. *Journal of Applied Psychology, 100*, 1169-1188.

Merriam, S. B. (2014). *Adult learning: Linking theory and practice*. Jossey-Bass.

Noe, R. A., & Colquitt, J. A. (2002). Planning for training impact: Principles of training effectiveness. In K. Kraiger (Ed.), *Creating, implementing, and managing effective training and development* (pp. 53-79). Jossey-Bass.

Page, B. T. (1995). *Assessment center handbook*. Gould.

Pritchard, S., & Riley, P. (2011). Fit for purpose: Considerations when using "off-the-shelf" versus "customized" simulation exercises. In N. Povah & G. C.Thornton (Eds.), *Assessment centres and global talent management* (pp. 61-76). Routledge.

Pulakos, E. D. (1984). A comparison of training programs: Error training and accuracy training. *Journal of Applied Psychology, 69*, 581-588.

Reynolds, D. H., & Rupp, D. E. (2010). Advances in technology-facilitated assessment. In J. C. Scott & D. H. Reynolds (Eds.), *Handbook of workplace assessment: Evidence-based practices for selecting and developing organizational talent* (pp. 609-641). Jossey-Bass.

Ryan, A. K., Duam, D., Bauman,T., Grisez, M., Mattimore, K., Naladka, T., & McCormick, S. (1995). Direct, indirect, and controlled observation and rating accuracy. *Journal of Applied Psychology, 80*, 664-670.

Sagie, A., & Magnezy, R. (1997). Assessor type, number of distinguishable dimension categories,and assessment center construct validity. *Journal of Occupational and Organizational Psychology, 70*, 103-108.

Schleicher, D. J., Day, D. V., Mayes, B. T., & Riggio, R. E. (2002). A new frame for frameof-reference training: Enhancing the construct validity of assessment centers. *Journal of Applied Psychology, 87*, 735-746.

Schmitt, N., Schneider, J. R., & Cohen, S. A. (1990). Factors affecting the validity of a regionally administered assessment center. *Personnel Psychology, 43*, 1-12.

Thornton, G. C., III, Rupp, D. E., & Hoffman, B. J. (2015). *Assessment center perspectives for talent management strategies* (2nd ed.). Routledge.

Thornton, G. C., III, & Zorich, S. (1980). Training to improve observer accuracy. *Journal of Applied Psychology, 64*, 351-354.

Woehr, D. (1994). Understanding frame-of-reference training: The impact of training on the recall of performance information. *Journal of Applied Psychology, 79*, 525-534.

제14장

시뮬레이션의 가치 입증

시뮬레이션의 효과성과 가치를 평가하는 방법을 고려할 때, 개발자는 시뮬레이션의 주요 목적을 염두에 두어야 한다. 조직 시뮬레이션은 선발, 승진 등 중요한 의사결정을 위한 평가, 역량 개발 계획의 첫 단계인 강점과 약점 진단, 리더십, 관리 의사소통 및 기타 기술 교육, 설문조사나 현장 연구에 적합하지 않은 문제를 연구하는 연구 방법 등 다양한 목적으로 사용된다. 다양한 유형의 증거가 이러한 목적을 뒷받침하는 데 도움이 된다. 〈글상자 14-1〉은 다양한 목적으로 사용되는 시뮬레이션과 관련된 증거 유형을 설명한다.

글상자 14-1 프로젝트 목표와 관련된 시뮬레이션의 가치

시뮬레이션의 가치를 입증하려면 개발자가 제1장과 제2장에서 논의한 기본 사항으로 돌아가야 한다. 시뮬레이션의 목적과 시뮬레이션이 달성하려는 바를 다시 확인하고 시뮬레이션의 가치를 뒷받침하는 설득력 있는 증거를 수집하여야 한다. 입증 가능한 증거는 시뮬레이션의 용도에 따라 다르다. 가치는 심리측정 연구, 행동이 변화했다는 증거, 프로그램 또는 조직의 목표가 달성되었다는 증거, 고품질 연구가 수행되었다는 증거를 통해 입증할 수 있다. 이러한 증거를 정리하는 것은 쉽지 않지만 가능하며, 시뮬레이션 참가자, 시뮬레이션을 개발하고 구현하는 스태프, 다양한 이해관계자에게 그만한 가치가 있을 것이다.

이 장에서는 평가대상자와 평가자 및 기타 이해관계자의 반응, 표준화와 신뢰도 및 타당도에 대한 전통적인 심리측정 평가, 공정성과 차별금지의 증거, 교육생이 실제로 학습/개선한다는 증거, 사회적 타당도와 영향 등 시뮬레이션의 가치를 입증하는 방법에 대해 설명한다.

전통적인 심리측정 평가

심리측정 연구는 시뮬레이션에서 나온 점수가 의도한 목적을 효과적으로 충족한다는 경험적 증거를 제공한다. 시뮬레이션을 개발하는 체계적인 단계는 고품질 평가에 큰 도움이 되지만, 후속 연구는 결과의 정확성을 확인한다. 전통적으로 표준화, 신뢰도, 타당도의 세 가지 증거가 검토된다.

- 표준화: 모든 평가 기법은 모든 참가자가 동일한 지침, 환경 및 자극 조건을 갖도록 균일한 방식으로 관리되어야 한다. 채점 또한 특정 행동이 일관되게 동일한 평가를 받도록 표준화되어야 한다.
- 신뢰도: 시뮬레이션 결과의 점수는 일관되고 반복 가능해야 한다.
- 타당도: 평가 기법이 의도된 속성을 측정하고 점수에서 추론한 내용이 증거에 의해 뒷받침되어야 한다.

시뮬레이션의 특별한 과제

인사평가 기법의 심리측정적 품질을 입증하는 것은 쉽지 않은 경우가 많지만, 특히 시뮬레이션은 다양하게 활용된다는 점에서 검사 표준과 최상의 실행을 달성하기가 어렵다. 여기서는 이러한 어려움을 설명하고 극복 방법을 제시한다.

평가를 위해 자체 시뮬레이션을 개발하려는 한 가지 논거는 시뮬레이션이 조직에 맞춤형으로 개발된다는 것이다. 이러한 시뮬레이션은 잘 수행되면 안면 타당도와 수용성이 높아진다. 단점은 새로운 시뮬레이션에 필요한 심리측정 평가를 수행하기가 어렵다는 점이다. 대규모 출판사에서 제공하는 인지능력검사나 성격 및 흥미검사와 동일한 수준의 평가 연구를 제공할 수 있는 자원이 있는 개발자와 조직은 거의 없다. 그렇다면 자체 시뮬레이션 개발자는 어떻게 해야 하는가? 시뮬레이션의 측정적 품질을 확보하기 위해 합리적이고 책임감 있고 적절한 단계를 취할 수 있다. 이 책에서 기술한 시뮬레이션 개발의 체계적인 단계를 따르고, 그 과정에서 각 단계와 결과를 철저히 문서화하는 것이다. 다음에서 이러한 조치를 표준화, 신뢰도 및 타당도의 세 가지 핵심 영역에 따라 요약한다. 이러한 제안을 따르면 시뮬레이션을 사용해 얻은 점수가 전문적·법적 기준을 충족할 가능성이 높아진다.

표준화

시뮬레이션에서 조건의 표준화는 평가 과정의 여러 단계에서 사람이 중요한 역할을 하기 때문에 특히 어렵다. 시뮬레이션 진행자들의 지침 제공 방식이 참가자들의 행동에 영향을 미칠 수 있다. 시뮬레이션 참가자들은 어떻게 반응해야 할지를 잘 알 수 없을 때 진행자들에게서 중요한 힌트를 찾으려고 할 것이다. 진행자가 참가자마다 일관되지 않으면, 참가자들은 서로 다른 방향으로 반응할 수 있다. 개발자들은 진행자에게 명확하게 스크립트된 지침을 전달함으로써 표준화 결여 가능성을 최소화하고 시뮬레이션 진행의 일관성을 극대화할 수 있다. 이는 전통적인 검사에서도 흔히 사용하는 방법이며, 시뮬레이션에서도 강력히 권장된다. 일부 진행자는 지침을 녹음하여 시뮬레이션을 진행하기도 한다.

평가자 또한 시뮬레이션 표준화의 잠재적 위협이다. 예를 들어, 정보 분석 시뮬레이션 중에 때때로 어색하거나 우스꽝스러운 사건이 발생했을 때, 어떤 평가자는 도움을 주려고 하거나 웃을 수 있지만, 다른 평가자는 무표정한 표정을 지을 수 있다. 비정상적이거나 바람직하지 않은 사건이 발생할 때 모든 평가자가 동일하게 대응하도록 지침을 제공해야 한다.

역할연기자도 시뮬레이션 실행에서 변이의 또 다른 원천이다. 역할연기자가 참가자와 상호작용하는 데 일관성이 없으면 표준화가 손상될 수 있다. 역할연기자의 비일관성은 두 가지 유형이다. 첫째, 역할연기자는 시간이 지남에 따라 참가자 간에 다르게 행동할 수 있다. 둘째, 한 역할연기자는 다른 역할연기자와 다르게 행동할 수 있다. 역할연기자에게 예상되는 많은 상황에 대한 지침을 제공하고, 역할연기자를 철저히 훈련함으로써 일관성을 극대화할 수 있다. 훈련에는 모든 역할연기자가 서로가 다양한 상황을 연기하는 것을 볼 수 있는 기회가 포함되어야 한다. 역할연기자를 피로하거나 스트레스를 받지 않도록 하는 것이 시간에 따른 일관성을 유지하는 데 도움이 된다.

그룹 간 및 그룹 내 시뮬레이션에서 다른 참가자의 행동도 표준화를 손상시키는 원인이 될 수 있다. 소극적인 참가자는 조용하고 표현력이 부족한 동료 그룹에서는 다소 공개적으로 행동하지만, 시끄럽고 자기주장적인 동료 그룹 내에서는 말이 없을 수 있다. 참가자를 그룹에 무작위로 배정하면 그룹 구성에서 다양성과 균형을 맞출 수 있다. 또한 각 참가자에게 공개 토론 전에 자신의 생각을 말하도록 요구할 수 있다. 이 과정은 표준화 위협을 다소 완화할 수 있지만, 매우 논쟁적이고 소송이 많은 조직의 경우라면 다양한 참가자 그룹의 내재된 차이(및 이러한 차이가 초래할 수 있는 법적 문제)로 인해 그룹 토론을 사용하지 않을 수 있다.

비표준화의 마지막 원인은 조직이 대체 시뮬레이션 형식('병렬' 시뮬레이션이라고도 함. 시뮬레이션의 내용은 다르지만 평가되는 차원, 필요한 작업의 특성, 시뮬레이션의 난이도는 동일하다고 가정)을 사용할 때 발생할 수 있다. 대체 시뮬레이션 활용은 시간 차이를 두고 대규모 검사가 실시되는 경우(예: 1년에 한두 번 대규모 검사가 있는 공무원 선발), 이전 참가자가 나중에 평가되는 참가자에게 평가 내용을 공유하는 것을 방지하기 위해 필요할 수 있다. 대체 시뮬레이션은 참가자가 시뮬레이션에 참여하고 피드백을 받고 일정 기간 동안 개발 목표를 향해 노력한 다음 얼마 후에 다시 평가하는 개발 맥락에서도 유용할 수 있다. 이 경우(다른 예와 마찬가지로) 목표는 동일한 수준의 난이도를 가진 시뮬레이션을 생성하여 유사한 행동적 단서와 평가 차원 관련 행동을 드러낼 수 있는 유사한 기회를 제공하는 것이다. 이를 통해 시간이 지남에 따른 차원 숙련도 향상을 보다 의미 있게 측정할 수 있다. 대체 시뮬레이션을 구성하기 위한 지침은 연구 문헌(Brummel, Rupp, & Spain, 2009)에서 제안되었다. 이는 〈표 14-1〉에 자세히 설명되어 있다. 이 과정은 제2장과 이 책 전체에서 이미 다룬 많은 시뮬레이션 개발 단계를 따르는 것으로 시작된다. 대체 시뮬레이션은 원 시뮬레이션으로부터 구축할 수 있는데, 전문가 협의와 사전 검사를 거친(행동을 표현할 수 있는 기회가 동등한지 확인하기 위함) 상세한 시뮬레이션 사양을 사용한다. 대체 시뮬레이션을 실시한 후 차원 점수의 평균과 표준 편차를 비교하고, 다른 분산 원인을 조사하고, 비교 계산을 수행한다. 이러한 통계적 분석을 사용하여 병렬성이 강하지 않은 경우 대체 시뮬레이션의 점수를 조정할 수 있다.

표준화는 조직에서 행정적 또는 법적 문제가 발생할 가능성이 있는 경우에 특히 중요하다. 예를 들어, 일부 경찰 조직은 선발 및 승진 프로그램에 법적 분쟁의 경험이 있다. 일반적인 비난 중 하나는 후보자들이 공정하게 취급받지 못했다는 것이다. 이는 선발 과정의 표준화 문제인 경우가 많다. 진행자가 다른 지침을 제공하거나 평가자, 역할연기자 또는 자원 담당자가 질문에 약간 다른 방식으로 답하는 경우, 그 차이가 사소하고 중요하지 않더라도 차별적 대우라는 주장을 반박하기 어렵다.

〈표 14-1〉 **Brummel 등(2009)의 대체 시뮬레이션 구성 지침**

1단계: 상세한 시뮬레이션 사양으로 시작	• 원 시뮬레이션의 사양이 구체적이지 않은 경우, 추가 세부 정보를 포함하도록 수정한다.
2단계: 대체 시뮬레이션 형식 구성	• 상세한 사양을 사용하여 대체 양식을 만든다. • 원 시뮬레이션은 중요한 참조로 사용할 수 있다. • 시뮬레이션 전문가가 대체 양식에서 행동을 표현할 기회가 원 시뮬레이션과 동등한지 평가한다. • 동등성 확인을 위해 대체 양식을 사전 검사한다.
3단계: 대체 시뮬레이션 형식 동등화	• 대체 시뮬레이션을 실시한다. • 차원 점수의 모집단 평균과 표준 편차를 비교한다. • 난이도 차이 이외에 대체 형식에서 나타날 수 있는 분산의 원인을 검증한다. • 병렬성 메트릭스와 기법들(평행 모형, 타우-동등성, 본질적 타우-동등성, 공변 모형)을 사용하여 대체 형식 간의 관계를 확인한다. • 시뮬레이션에서 평가된 모든 차원에 대한 검사 동등화 함수(test equating functions)를 추정한다. • 필요한 경우 동등화 함수를 사용하여 대체 시뮬레이션을 수행하는 표본의 점수를 조정한다.

출처: Brummel, Rupp, & Spain (2009)에서 수정.

신뢰도

지필 검사의 신뢰도를 평가하는 전통적인 방법 중 일부는 시뮬레이션에 적합하지 않다. 시뮬레이션에는 난이도 및 능력 수준을 변별하기 위해 통계적으로 분석할 수 있는 개별 '문항들'이 없다. 따라서 내적 일관성 신뢰도를 검증하는 기법들을 적용할 수 없다. 또한 검사-재검사 신뢰도 기법도 부적절한데, 동일한 조건에서 참가자를 다른 시간에 두 번 검사하기 어렵기 때문이다. 예를 들어, 리더 없는 그룹 토론의 참가자는 동일한 주제에 대한 두 번의 토론에서 비슷하게 행동하지 않을 수 있으며, 그룹은 이전 세션에서 논의된 아이디어를 기억하고 관련 문제에 대해 새로운 이해를 바탕으로 토론을 시작할 것이다. In-Box 및 대인관계 시뮬레이션의 내용은 대개 고유하므로 참가자는 선택된 문제를 처리하기 위해 취한 조치를 기억할 수 있다. 대체 시뮬레이션의 동등성 연구는 검사-재검사 신뢰도를 평가하는 하나의 전략이 될 수 있다. 그러나 시뮬레이션의 대체형을 개발하는 것은 매우 대규모의 작업이므로, 실제 운영 환경에서 대체형이 필요한 경우에만 수행될 가능성이 높다. 또 다른 문제는 대부분의 시뮬레이션은 너무 많은 시간이 걸리기 때문에 신뢰도를 분석하기 위해 적절한 참가자 표본에서 충분한 데이터를 수집하는 것이 현실적으로 불가능할 수 있다는 것이다.

그렇다면 평가 과정의 신뢰도 확보를 위해 어떤 수단을 사용할 수 있는가? 대부분의 시뮬레이션에서 평가 과정은 평가자가 행동 관찰을 기록하고, 행동을 차원으로 분류한 다음, 각 차원에 대한 능숙도 평가를 제공한다는 점을 기억해야 한다. 최종 '점수'는 평가자가 작성한 차원 능숙도 평가(대개는 시뮬레이션별 각 평가자들의 점수의 합)이다. 따라서 평가자가 이러한 기능을 일관되게 수행할 수 있다는 증거는 곧 신뢰도의 증거이다. 평가자 교육 프로그램에서 평가자가 행동을 관찰, 분류 및 평가하는 데 있어 표준 수준의 능숙도에 도달했는지 여부를 판단할 수 있다. 이러한 표준은 교육 프로그램에서 일련의 '검증'을 거쳐 '인증'함으로써 충족할 수 있다. 평가자는 다음을 수행할 수 있어야 한다.

- 시뮬레이션에서의 수행에 대한 진술이 판단적 진술이 아닌 행동적 진술인지 알 수 있다.
- 행동을 글로 기록한다(예: 비디오 녹화 참가자가 시뮬레이션 자극에 반응하는 것을 시청하여 기록)
- 행동을 적절한 차원적 범주로 분류한다.
- 평가된 차원에 대한 능숙도를 평정한다.

여러 차원의 행동 진술 목록을 평가자에게 제시하여 행동을 적절한 범주로 분류하도록 함으로써 분류의 정확성을 검증할 수 있다. 마지막으로, 여러 평가자의 차원 평정 점수를 서로 비교하고, 전문가의 '실제 점수'와 비교해 볼 수 있다. 후자의 검사는 타당도의 증거로도 간주될 수 있으며, 이는 이후 절에서 논의된다.

평가자 간 일치도를 비공식적으로 연구하는 것은 비교적 쉬운데도 많은 조직이 그렇게 하지 않는다. 초기 조사(Spychalski, Quinnones, Gaugler, & Pohley, 1997)에 따르면, 응답자의 약 절반만이 평가자 간 일치도를 조사하여 신뢰도를 평가했다. 최근 조사(Hughes, Riley, Shalfrooshan, Gibbons, & Thornton, 2012)에 따르면, 평가자의 역량이 어떤 일치도 준거를 충족하는지를 평가한 응답자는 14%에 불과했다.

평가자 간 신뢰도 및 평가자 간 일치도

평가자 간 신뢰도와 평가자 간 일치도에 대한 공식적이고 통계적인 증거도 수집할 수 있다. 평가자 간 신뢰도와 평가자 간 일치도는 비슷하지만 다른 개념이다. 평가자 간 신뢰도는 두 명 이상의 평가자가 동일한 평가대상자에 부여한 점수간의 상관관계를 의미하는 반면, 평가자 간 일치도는 평가 점수의 절대적 수준에서 일치하는 정도를 말한다.

〈표 14–2〉에서 패턴 A는 5명의 후보자를 평가한 두 평가자가 높은 상관관계를 보이나 일치도는 낮고, 패턴 B는 상관관계와 일치도가 모두 높다.

〈표 14–2〉 **두 평가자에 의한 5명의 후보자 평가 패턴**

후보자	패턴 A		패턴 B	
	평가자 A	평가자 B	평가자 A	평가자 B
1	7	5	7	7
2	6	4	6	6
3	4	3	5	5
4	4	2	4	4
5	3	1	3	3

평가자 간 신뢰도는 평가의 일관성과 합의를 나타낸다. 이것은 평가자 간 순위의 유사성을 확인하는 과정이다. 두 평가자 쌍이 하나의 후보자 집합에 부여한 점수 간의 피어슨 적률 상관계수를 계산하거나, 셋 이상의 평가자 집합의 평가 점수에 대한 급내 상관계수를 계산하여 산출한다(Putka & Sackett, 2010). 이 과정은 검사 문항 간 일관성을 조사하기 위해 알파 값을 계산하는 것과 비슷하다. 보다 복잡한 방법으로 일반화

연구(generalizability study)를 사용하여 평가자 간 신뢰도를 산출할 수 있다(DeShon, 2002; Putka & Sackett, 2010). 사실, 「교육 및 심리학 검사의 표준(Standards for Educational and Psychological Testing)」(AERA, APA, & NCME, 2014)은 검사 점수가 평가자의 판단에 의존하는 경우, 일반화 연구를 수행할 것을 강조한다. 이 지침서에서는 평가자들 간의 차이, 다양한 과제 또는 측정 시점에 따른 분산을 추정하는 데 일반화 연구가 유용하다고 주장한다. 일반화 연구를 수행하는 방법은 이 책의 범위를 벗어나므로, 관심 있는 독자는 다른 자료(DeShon, 2002; Putka & Sackett, 2010)를 참조하라.

타당도

스태프 채용에 사용하는 평가 도구를 사용하는 조직은 그것이 타당하고 직무와 관련이 있으며 차별이 없다는 증거를 제시해야 한다. 또한 해당 도구의 사용이 절차상 필요하다는 것을 입증해야 하며, 이러한 입증은 때로는 복잡한 법적 절차가 될 수 있다. 타당도 증거는 시뮬레이션 점수에서 추론하는 내용에 따라 다양한 형태로 제공될 수 있다. 예를 들어, 시뮬레이션의 목적이 선발 및 승진을 위한 것이라면, 조직은 평가 점수가 미래의 직무 수행이나 작업 결과를 예측한다고 추론할 수 있어야 한다.

「교육 및 심리학 검사의 표준」에 타당도에 대한 현대적이고 통합된 관점이 제시돼 있다. 다양한 유형의 증거가 검사 점수에서 도출된 추론의 타당성을 뒷받침할 수 있다. 증거로는 평가기법에 대한 과거 연구, 기법이 과학적으로 개발되었다는 문서, 점수가 일관되게 도출된다는 증거, 기법이 관련 속성을 측정한다는 증거, 시뮬레이션 점수와 다른 평가 점수 및 직무 성과 간의 상관관계 등이 있다.

준거 타당도

평가 점수와 실제 직무 준거 점수(예: 직무 수행) 간의 통계적 상관관계는 타당도의 궁극적인 증거이다. 이상적으로는 시뮬레이션 점수의 준거 타당도가 입증되어야 하며, 시뮬레이션은 타당도에 대한 연구로 지지되어 왔다(Thornton, 1992; Thornton & Byham, 1982; Thornton & Rupp, 2006; Thornton, Rupp, & Hoffman, 2015). 그러나 조직이 자체 시뮬레이션에 대한 준거 타당도를 직접 평가하는 것은 비합리적일 수 있다. 그러한 연구를 수행하는 데 필요한 충분히 큰 표본과 적절한 성과 데이터를 얻기 어렵기 때문이다. 이러한 이유로 관계 기관(예: Equal Employment Opportunity Commission 또는 Office of Federal Contract Compliance Office)이나 고용 차별 소송을 심리하는 판사가 준거 타당도 증거를 요구할 가능성은 낮다. 내용타당도와 같은 다른 종류의 타당성 증거로 대체 가능하다.

내용 타당도

내용 타당도는 시뮬레이션의 내용이 필수적인 직무 과제를 반영하는지를 말한다. 이러한 증거는 일반적으로 시뮬레이션 내용이 철저한 직무분석으로 수집된 데이터와 일치하는지 또는 직무 내용과 일치한다는 주제 전문가(SME)의 판단을 통해 제시된다. 내용 타당도만으로 선발 및 승진 목적의 시뮬레이션을 검증하기에 충분한지에 대해 일부 논쟁이 있었지만, 대개 내용 타당도가 EEOC「Uniform Guideline」 및 기타 전문적 표준을 충족하므로 충분하다고 본다.「Uniform Guideline」은 다음과 같이 명시하고 있다.

> 무슨 용어를 사용하든, 실제로 관찰 가능한 작업 행동을 기반으로 조작적으로 정의된다면, 이러한 행동을 측정하는 선발 절차는 내용 타당도에 의해 적절히 지지될 수 있다.
>
> (공식 질의응답 75호)

따라서 시뮬레이션에서 평가할 차원을 조작적으로 정의하는 것은 시뮬레이션의 타당성 요구를 충족하기 위한 중요한 단계이다.

실제로 시뮬레이션의 대상 직무에 대한 내용 대표성의 증거는 시뮬레이션 활동의 직무 관련성을 뒷받침하는 데 가장 자주 인용되는 수단이다. 제2장 및 이후 장에서 자세히 논의된 시뮬레이션 개발 과정은 내용 타당도를 확보할 수 있는 여러 방법을 강조한다. 시뮬레이션의 내용 타당도에 대한 증거는 다음을 통해 보여 줄 수 있다.

- 직무 및 조직적 맥락을 철저히 분석
- 시뮬레이션 내용을 직무에서 발생한 문제와 유사하게 개발
- 관찰할 차원을 조작적 · 행동적으로 정의
- 평가자용 도구 개발
- 평가자 교육 및 인증

이러한 모든 절차는 시뮬레이션에서 제시된 과제(및 이러한 과제를 충족하는 데 필요한 차원/역량)가 대상 직무의 중요한 요소와 유사한 본질과

난이도 수준을 가지고 있음을 뒷받침하기 위한 것이다. 이 절에서는 시뮬레이션의 전문적·법적 기준에 적합한 구체적이고 내용 지향적인 증거의 일부를 더 자세히 살펴본다.

[그림 14-1]은 콘텐츠 검증 과정에서 확립할 수 있는 관계의 모델을 나타낸다. 다섯 가지 중요한 연결이 표시되어 있으며, 각 연결을 지지할 증거가 제시되어야 한다. 연결 1, 2, 3은 시뮬레이션이 구축되고 파일럿 테스트가 진행되는 분석·설계·개발 단계에서 설정되며, 연결 4와 5는 구현 및 평가 단계에서 설정된다.

연결 1은 시뮬레이션의 내용이 대상 직무에서 직면하는 중요한 상황과 문제를 대표하도록 설정되었을 때 지지된다. 연결 2는 직무 분석 및 역량 모델링 데이터로 설정된다. 직무 전문가는 특정 속성/차원/역량이 현재와 미래의 효과적인 직무 수행에 중요하다는 것을 입증하는 정보를 제공해야 한다. 연결 3은 시뮬레이션에서 어떤 행동이 평가 차원에서 효과적인 수행인지를 구체화하는 과정을 통해 설정된다. 행동 체크리스트 또는 행동 기준 평정척도를 개발하는 과정이 연결 3을 설정하는 단계이다. 평가자가 지정된 차원에서 시뮬레이션 참가자의 행동을 신뢰롭게 관찰하고 평가할 수 있음을 인증하면 연결 3을 지지하는 추가 증거가 된다.

연결 4와 5는 주제 전문가(SME)에게 시뮬레이션에서 문제, 상황, 과제가 직무와 관련이 있는지에 대한 판단(연결 4)과 평가 차원이 효과적인 직무 수행에 중요한지에 대한 판단(연결 5)을 요청하여 지지할 수 있다. 여기서 주제 전문가는 평가자 교육을 받은 경험이 풍부한 관리자가 될 수 있다. 주제 전문가의 판단이 신뢰할 수 있는 증거가 되려면 주제 전문가는 해당 직무에 대한 경험과 시뮬레이션에서 측정하는 내용에 대한 지식을 모두 가지고 있어야 한다. 따라서 이러한 판단을 요청하는

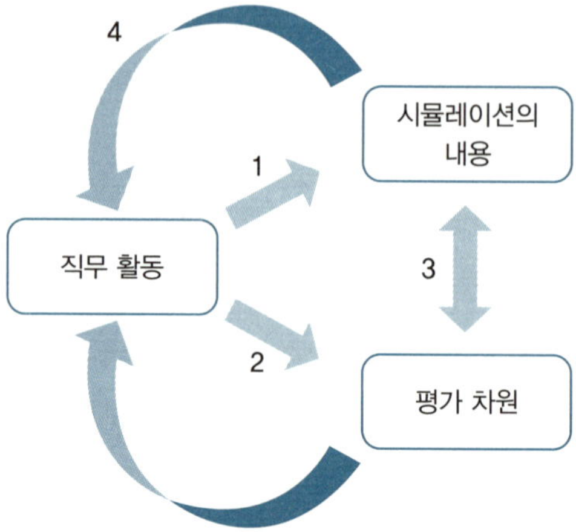

[그림 14-1] **시뮬레이션의 내용 타당도 증거 모델**

것은 주제 전문가에게 평가자 교육을 실시한 후에 해야 할 수도 있다. 최소한, 직무에 대한 지식이 있는 사람을 대상으로 시뮬레이션에 대해 철저히 브리핑을 하고, 가능하면 참가자가 시뮬레이션을 완료하는 모습을 관찰하게 해야 한다.

주제 전문가는 시뮬레이션 내용과 대상 직무에서 수행되는 작업의 관련성을 판단하도록 요청받을 수 있다. 이 증거를 체계적으로 수집하는 한 가지 방법은 주제 전문가에게 직무 기술서의 어떤 작업이나 책임이 시뮬레이션의 문제에 표현되어 있는지 표시하도록 요청하는 것이다. 〈표 14-3〉은 대상 직무의 공식 직무 기술서에서 추출한 작업 샘플과 주제 전문가가 작성한 설문지의 일부이다. 표시된 예에서 주제 전문가는 시뮬레이션 내용이 작업 1, 2, 3 및 5와 매우 유사하다고 판단했다.

둘째, 주제 전문가에게 시뮬레이션에서 평가된 차원과 효과적인 직무 수행에 필요한 속성 간의 관련성을 판단하도록 요청할 수 있다. 〈표 14-4〉는 이러한 증거를 얻기 위해 설계된 설문 조사의 일부이다. 차원 1, 3, 4는 매우 중요하거나 필수적인 것으로 판단되었다.

〈표 14-3〉 **중소기업의 콘텐츠 유사성 판단 예시**

작업 샘플	유사도 평가				
	유사하지 않음		다소 유사함		매우 유사함
1. 양조 과정에서 허용 오차를 벗어난 값 인식	1	2	3	4	5x
2. 설비 관리자와 협력하여 조정	1	2	3	4	5x
3. 제품 수요를 충족하기 위한 인력 계획	1	2	3	4	5x
4. 품질 보고서 작성	1	2x	3x	4	5
5. 변경 사항을 알리기 위해 운영자와 소통	1	2	3	4	5x

* 다른 작업과의 유사성은 실제 프로젝트에서 평가되었다.

〈표 14-4〉 **차원 관련성에 대한 주제 전문가 판단의 예시**

차원	중요도 평가				
	필수적임	매우 중요함	중요함	약간 중요함	중요하지 않음
1. 문제 분석	5x	4	3	2	1
2. 대인 민감성	5	4	3x	2	1
3. 팀워크	5	4x	3	2	1
4. 구두 의사소통	5x	4	3	2	1

* 다른 차원의 유사성은 실제 프로젝트에서 평가되었다.

내용 타당도 증거를 확보하는 과정은 쉽지 않다. 선발 및 승진과 같은 인사 결정에 사용되는 시뮬레이션 평가에 대한 내용 타당도의 가치는 매우 논쟁적이다. 반대 주장 중 하나는 직무 관련성 증거가 지식 및 특정 기술과 같은 구체적인 특성을 측정하는 매우 객관적인 형태의 검사(예: 객관식 형식)에만 관련이 있다는 것이다. 찬성 주장은 측정되는 속성이 구체적으로 정의될 수 있고, 효과적인 수행과 비효과적인 수행을 나타내는 행동을 관찰할 수 있으며, 수행 차원을 신뢰할 수 있게 평가할 수 있다면, 이 증거는 어떤 측정에도 관련이 있다는 것이다. 이 책의 입장은, 앞에서 설명한 시뮬레이션 개발 단계를 따르고, 신뢰할 수 있는 주제 전문가들로부터 체계적인 판단을 수집함으로써 직무 관련성에 대한 증거를 수집할 수 있다는 것이다.

구성 타당도

구성 타당도 증거는 시뮬레이션이 측정하려는 구성 요소를 실제로 측정하는지에 대한 축적된 증거를 의미한다. 시뮬레이션의 맥락에서는 평가자가 정의된 차원상의 수행과 관련된 적절한 수의 행동을 관찰할 수 있다는 증거로 나타날 수 있다. 일반적으로 조직은 자사의 검사와 평가를 검증하기 위해 구성 타당도 연구를 수행하지 않는다. 그 이유는 대부분의 조직이 복잡한 구성 타당도 연구를 수행할 시간, 자원 또는 검사 응답자 표본을 보유하고 있지 않기 때문이다. 그럼에도 불구하고, 이 책은 시뮬레이션의 효과적인 사용을 학생들과 연구자들에게 소개하는 것을 목표로 하고 있으므로 연구 증거에 대해 좀 더 설명한다.

첫 번째로 주목해야 할 중요한 점은 구성 타당도가 평가 센터(AC) 연구에서 논쟁적인 주제라는 것이다. 이 연구는 여러 시뮬레이션과 여러 차원, 여러 평가자가 평가하는 평가 프로그램에서 평가자 평정치의 내부 구조에 중점을 둔다. 여기서 복잡한 데이터 행렬이 형성되어 복잡한 데이터 분석 기법이 필요하다. 이 분야 연구에 대해 더 알고 싶은 독자들은 Thornton 등(2015)의 제9장을 참조하라. 이 책의 초점은 시뮬레이션에 있지만, 시뮬레이션의 사용이 반드시 평가 센터 내에서만 국한되지 않음을 강조한다. 시뮬레이션은 독립적으로 사용될 수도, 다른 유형의 검사 및 측정 도구와 결합될 수도 있다.

지금까지 수행된 연구에 근거하여, 앞서 검토한 바와 같이, 우리는 시뮬레이션 참가자의 행동을 관찰하는 (잘 훈련된) 평가자가 내린 차원 평가가 현대 심리측정학의 구성 타당도의 다양한 증거라고 주장한다 (AERA et al., 2014). 구체적으로 다음과 같다.

- 분석 결과, 시뮬레이션 참가자를 관찰하는 평가자들이 평정한 차원 평가가 의도된 구조를 지지하였다.
- 연구에 따르면, 시뮬레이션 참가자를 관찰한 평가자들의 차원 평가는, ① 유사한 구성 개념을 측정하는 검사 및 다른 평가 기법들과 관련이 있으며, ② 상이한 구성 개념을 측정하도록 설계된 검사 및 평가 기법들과는 관련성이 약했다.
- 앞서 검토한 바와 같이, 구성 타당도에 대한 통합적·전체적인 관점을 지지하는 연구는 시뮬레이션이 직무와 매우 관련이 높고, 직무 수행 및 기타 중요한 준거를 예측하는지를 평가할 수 있는 신뢰성·일관성 있는 평가자들을 활용함을 보여 주었다.

요약

평가 점수의 타당도를 확보하려면 다양한 증거를 수집해야 한다. 시뮬레이션의 타당도 증거에는 다음이 포함된다.

- 대상 직무를 분석하는 모든 단계를 문서화한다.
- 시뮬레이션에서 자극 자료를 신중하게 구성한다.
- 명확한 관찰 및 평가 도구를 준비한다.
- 평가자를 철저히 교육하고 역량을 인증한다.
- 표준화된 방식으로 과정을 진행한다.

- 사용되는 시뮬레이션 유형에 대한 과거 연구의 역사적 증거를 축적한다.
- 동일한 분야에서 이전 시뮬레이션과 유사한 새로운 시뮬레이션을 구축하면 이전 타당도 연구의 축적된 증거를 사용하여 새로운 시뮬레이션의 타당도를 뒷받침할 수 있다.

사회적 타당도

평가 프로그램의 '사회적 타당도'는 참가자와 관련 이해관계자에게 미치는 광범위한 영향력의 관점에서 보는 타당도이다(Messick, 1995). 여기서는 시뮬레이션이 공정하고, 편견이 없으며, 차별적이지 않은지를 평가하는 방법을 다룬다. 이는 다음의 관점에서 생각할 수 있다.

- 평가 과정을 거치는 동안 참가자들이 공정하게 대우받았다고 느끼는 정도
- 평가 과정이 기회의 평등과 관련된 법률 및 규정을 준수하는지 여부
- 평가 과정이 의도치 않게 다른 집단에 대한 편견을 조성하는지 여부

다음에서 볼 수 있듯이, 이들 문제는 서로 연관되어 있다.

공정성

시뮬레이션 참가자는 시뮬레이션 진행자와 기업이 윤리적 행동 규범에 따라 행동했는지 판단하여 공정성을 개별적으로 평가한다. 참가자

는 다음을 평가할 수 있다.

- 평가 자료(이것들이 어떤 방식으로도 불쾌감을 주지 않는가? 문화적으로 적절한가?)
- 평가 과정(모든 사람이 일관되고 표준화된 방식으로 대우받았는가?)
- 평가자 패널(다양하게 구성되었고 충분히 훈련된 평가자들인가?)
- 채점 과정(가중치 배정 방식이 공정한가?)
- 평가 결과(일부 그룹이 평균적으로 다른 그룹보다 더 높은 점수를 받았는가?)
- 참가자들이 과정 중 어떻게 대우받았는가? (존중받았는가? 절차와 결정 과정을 충분히 설명 들었는가? 시뮬레이션에 대한 사전정보나 오리엔테이션을 충분히 제공받았는가?)

시뮬레이션 설계자/진행자는 참가자가 시뮬레이션을 어떻게 보는지에 관심을 가져야 한다. 참가자를 공정하게 대하는 것이 윤리적으로 올바른 일이며, 그리고 이러한 인식이 평가 프로그램과 조직 전체의 효과성에 영향을 미칠 수 있기 때문이다. 연구에 따르면, 지원자와 스태프의 공정성 인식은 조직에 대한 태도(Rupp, Shao, Jones, & Liao, 2014) 및 선발 과정에서 최상의 지원자를 모집하는 데 영향을 미친다(Hausknecht, Day, & Thomas, 2004). 또한 불공정성 지각은 성과 저하, 스트레스 증가, 역효과적인 업무 행동과 관련이 있는 것으로 나타났다(Rupp et al., 2014). 이것의 의미는 두 가지이다. 첫째, 참가자가 평가 프로그램을 불공정하다고 보는 경우 시뮬레이션에서의 수행에 부정적인 영향을 미칠 수 있으며, 개인의 진정한 능력을 평가하는 데 오염원이 될 수 있다. 둘째, 평가 프로그램이 개발을 위한 것이라면, 프로그램이 공정하지 않다는 인식은 참가자의 학습, 피드백에 대한 반응, 후속 활동 참여 정도에 영향을 미칠 가능성이 높다(Kudisch, Lundquist, & Smith, 2002; Poteet & Kudisch, 2003).

일반적으로 시뮬레이션은 인지능력, 성격 및 정직성 검사보다 더 호의적으로 인식된다(Anderson, Salgado, & Hülsheger, 2010). 그러나 시뮬레이션은 실시 과정에 의도치 않게 불공정한 측면이 포함되지 않았는지를 확인하기 위한 검토를 거쳐야 한다(Zicky, 2013). 이러한 검토에는 다음이 필요한다.

- 다양한 그룹에 대한 정치적 편견을 파악하기 위해 SME의 도움을 받아 시뮬레이션 콘텐츠를 체계적으로 검토한다.
- 자극 자료에서 노동조합, 여성, 소수 민족과 같은 부정적인 의미를 내포할 수 있는 문장을 선별한다.
- 특정 후보자 그룹에게 부당한 이익을 줄 수 있는 불필요한 전문 용어나 기술적('내부적') 언어를 찾는다. 여기에는 대상 직무와 관련이 없지만 일부 또는 모든 후보자에게 과도한 스트레스를 줄 수 있는 주제(예: 정치적 문제, 논란의 여지가 있는 문제, 질병 및 사망에 대한 언급)도 포함될 수 있다. 목표는 대상 직무에 적합할 뿐만 아니라 모든 후보자에게 동등한 경쟁 환경을 제공하는 스트레스와 난이도 수준을 갖춘 직무 관련 콘텐츠를 개발하는 것이다.
- 인구통계적 다양성과 전문성 측면에서 평가자, 역할연기자, 피드백 제공자가 다양하게 구성되었는지, 모든 참가자를 표준화되고 존중하는 방식으로 대우하는지를 검토한다.

차별

차별은 긍정적일 수도 부정적일 수도 있다. 긍정적인 측면에서의 차별은 시뮬레이션에서 평가자가 대상 직무에서 잘할 사람과 그렇지 않을 사람을 구별하는 것이다. 평가자는 직무와 관련이 없는 참가자의 다른 특성(예: 인종이나 민족)을 기준으로 평가해서는 안 된다. 성, 연령, 장애, 인종, 종교, 민족 및 국적과 같은 특성은 미국(Gutman, Koppes, & Vodanovich, 2011)뿐 아니라 다른 많은 국가(Myors et al., 2008 참조)에서 법으로 보호된다. 따라서 이러한 특성을 기준으로 개인을 선별하는 것(의도하든 안 하든)은 불공정하고 불법적인 차별이다.

기회균등법은 이러한 보다 체계적인(종종 의도하지 않은) 차별을 부정적 효과의 관점에서 계량화하는 경향이 있다. 부정적 효과는 선발 또는 승진에 사용된 평가 점수가 특정 계층에서 통계적으로 유의미하게 낮을 때 존재한다(Outtz, 2010). 부정적 효과를 평가하는 여러 가지 기법이 있는데, 분석 표본의 특성에 따라 적절한 기법이 있으며, 법원에서 상대적으로 더 선호되는 기법이 있는 것으로 나타났다. 관심 있는 독자는 Bobko와 Roth(2010)를 참조하라.

여기서는 다음의 질문에 대해 설명한다.

1. 과거에 시뮬레이션을 통해 부정적 효과에 기여하는 점수가 나온 적이 있는가?
2. 시뮬레이션이 부정적 효과에 기여할 가능성을 줄이기 위해 무엇을 할 수 있는가?

첫 번째 질문과 관련하여 많은 연구에서 조직 시뮬레이션과 같은 행동 기반 평가 과정의 점수가 일부 부정적 효과를 초래하지만 인지능력검사와 같은 다른 형태의 평가의 효과보다 작다는 것을 보여 주었다. 그러나 부정적 효과 분석의 결과는 사용된 기법 및 비교 집단에 따라 달라질 수 있다. 통계적으로, 인지능력검사의 *d* 값(집단 간 검사 점수의 차이를 평균과 표준편차로 나타낸 값)은 백인과 흑인 간 차이(1.00 대 0.50) 및 백인과 히스패닉 간 차이(0.50 대 0.28)가 시뮬레이션의 값보다 큰 경향이 있다(Thornton et al., 2015). 일반적으로 시뮬레이션은 하위 집단간 점수 차이가 더 작은 경향이 있으므로 실제로 부정적 효과가 적다.

부정적 효과는 중요한 문제이며, 반드시 평가 기법에 문제가 있다는 것을 의미하지는 않는다. 부정적 효과가 나타나면 개발자는 시뮬레이션의 모든 요소를 검토하여 차별적 부분을 밝혀내야 한다. 집단 간 차이가 나타났다고 해서 그것이 반드시 시뮬레이션에 편향된 내용이 내재되어 있다는 것을 의미하지는 않는다. 차이가 발생하는 다른 요인들이 있을 수 있으며, 그중 하나는 평가 과정에서 측정된 능력의 실제 차이일 수 있다. 또 다른 요인은 평가자가 예를 들어, 자신과 동일한 인종을 선호하는 '유사성' 편향을 갖고 있을 수 있다. 이러한 편향을 검토하는 유일한 방법은, 예를 들어 백인 대 흑인 후보자 간 평균 점수의 차이뿐 아니라 백인과 흑인 평가자가 주는 평균 점수의 차이를 비교하는 것이다. 더 중요한 것은 후보자의 인종과 평가자의 인종 간 상호작용을 비교하는 것이다. 세 개의 행동 시뮬레이션 평가 결과를 분석한 연구에서는 인종적 유사성 편견의 증거가 발견되지 않았다(Gibbons, Vanhove, & Thornton, 2011; Thornton, Rupp, Gibbons, & Vanhove, 2017).

두 번째 질문에 대해, 많은 연구에서 행동 평가 프로그램에 대한 법적 도전을 검토하여 소송 위험을 최소화하기 위해 실제로 무엇을 할 수 있는지 파악했다(Thornton, 1992; Thornton & Byham, 1982; Thornton &

Rupp, 2006; Thornton et al., 2015; Thornton, Wilson, Johnson, & Rogers, 2009). 이 연구들은 전체적으로 다음과 같은 방안을 제안한다.

- 표준화된 절차를 사용한다.
- 그룹 시뮬레이션, 역할연기 및 개인 특수적인 후속 질문을 사용할 때 표준화에 대한 잠재적인 위협 요인이 있는지 고려하라.
- 모든 참가자에게 시간 할당 및 시뮬레이션 진행을 동일하게 한다.
- 참가자와 모든 평가스태프(예: 진행자, 평가자, 역할연기자)가 누가 누구와 상호작용할지를 검토하여 개인적 또는 전문 분야 이해 상충 문제가 발생하지 않도록 한다.
- 평가자 풀이 인구 통계적으로 다양하고(최소한 인적구성 및 지원자 풀만큼) 평가자-평가대상자 배정이 인구 통계적으로 균형을 이루거나 무작위로 배정되도록 한다[이와 관련된 상충 관계에 대해서는 Thornton et al.(2015)의 제5장 참조].
- 평가자 훈련 방법과 그들의 지속적인 성과 모니터링 및 평가 방식을 문서화한다.
- 평가자가 내린 평가의 타당성을 뒷받침하는 모든 증거와 평가에 근거한 추론(예: 평가자 간 일치도/신뢰도, 내용 타당도, 준거 타당도)을 문서화한다.
- 정기적으로 평가 데이터, 기준 점수, 이후 인사 결정을 검토하여 법적으로 보호되는 집단에 대한 부정적 효과를 확인한다(부정적 효과를 평가하기 위한 여러 지표 사용). 부정적 효과가 감지되면 직무 관련성/내용 타당도 증거를 사용하여 방어해야 한다.

정확한 진단 및 실질적 개발의 증거

지금까지의 논의는 행동 평가 프로그램의 심리측정론적 타당화에 대한 전통적인 접근법 그리고 불공정성과 차별을 최소화할 수 있는 방법에 초점을 두었다. 이는 특히 선발 및 승진 맥락에서 매우 중요하다. 그러나 앞서 언급했듯이, 시뮬레이션은 교육 및 개발 요구 사항을 진단하는 맥락에서 사용될 수도 있고 그 자체로 교육 도구로 사용될 수도 있다. 이 경우에도 지금까지 검토한 모든 이슈가 관련된다. 즉, 평가자의 평정은 신뢰할 수 있어야 하고, 평가된 차원은 직무와 관련이 있고 차원들은 서로 구별되어야 하며, 평가 과정와 절차는 공정하고 편견이 없어야 한다. 시뮬레이션을 진단 및 개발에 사용하는 경우 다음과 같은 추가 고려 사항이 있다.

진단

시뮬레이션을 진단에 사용하는 경우 평가 총점은 별로 중요하지 않다. 주요 관심사는 후보자의 평가 차원별 강점과 개발 요구 패턴이다. 이 경우 다음과 같은 여러 요소가 중요하다.

- 차원의 직무 관련성
- 차원과 관련된 행동을 이끌어 내는 시뮬레이션의 능력
- 평가자의 차원에 대한 깊은 이해와 공통된 참조 틀
- 차원 평가 도구의 질(예: BARS 및 행동 체크리스트)

이러한 문제 외에도 진단 시뮬레이션은 참가자에게 풍부하고 상세한 피드백을 제공하고 후속 개발 활동 계획에 필요한 행동을 양적 · 질적으로 이끌어 내는 것이 특히 중요하다. 이러한 이유로 평가자 평정의 내부 구성 요소 그리고 차원과 유사한/비유사한 외부 구성 요소 간의 상호 관계를 면밀히 모니터링해야 한다.

또한 시뮬레이션 결과로 산출된 피드백 보고서는 세부 사항의 깊이와 의사소통의 질에 대해 평가해야 한다. 연구에 따르면, 스태프 개발은 종종 피드백이 얼마나 즉각적이고 구체적인지 그리고 목표가 얼마나 구체적이고 도전적인지에 달려 있다(Locke & Latham, 1990; London & McFarland, 2010). 피드백과 코칭을 제공하는 사람들의 효과성도 지속적으로 모니터링해야 한다.

개발

시뮬레이션이 그 자체로 훈련 도구로 사용되는 경우, 시뮬레이션은 참가자들이 수행 중에 행동에 대한 즉각적인 피드백을 받고 이 피드백에 따라 새로운 행동을 시도할 수 있는 학습 환경을 제공하도록 설계된다. 시뮬레이션 종료 후의 종합 피드백은 프로그램 진행 중에 나타난 개선 사항과 지속적인 학습 및 개발을 위한 목표 설정을 포함한다. 그 결과, 개발 시뮬레이션에서 핵심적인 차원들은 개발 가능해야 할 뿐만 아니라(즉, 참가자가 해당 차원에서 자신을 향상시킬 수 있다고 기대할 수 있어야 하며), 이들 차원의 숙련도가 프로그램의 제한 시간 내에 개선될 수 있어야 한다(학습과 변화가 제한 시간 내에 가능한 경우). 이러한 맥락에 적합한 차원들은 제한적이며(예: 구두 의사소통), 단기간에 개선이 어려운 더 안정적이고 개발이 어려운 차원들(예: 문제 해결)은 제외될 수 있다.

이러한 프로그램은 학습 및 개발을 위한 긍정적인 환경을 조성하는지에 대해 평가받아야 하며, 여기에는 참가자들이 핵심 차원에서 자신을 개선할 수 있다는 효능감을 높이기 위한 노력도 포함된다(Rupp, Snyder, Gibbons, & Thornton, 2006).

개발 시뮬레이션을 평가하는 두 번째 주요 방법은 그것이 실제로 차원에 대한 숙련도를 증가시키는지 여부이다. 이러한 평가에는 다음과 같은 전통적인 훈련 기준이 통합될 수 있다.

- 반응 준거: 참가자들은 프로그램 참여가 이롭다고 생각했는가? 참가자들은 프로그램에 참여하고 피드백을 내면화하고 향상을 위해 노력할 의지를 보였는가?
- 학습 준거: 참가자들은 직무 성공에 중요한 역량에 대해 더 이해했는가?(〈글상자 14-2〉 참조). 프로그램 내에서 능동적 학습의 증거가 있는가? 참가자들은 새로운 행동과 기술을 실험했는가? 피드백 후 행동 변화의 징후가 있는가?
- 행동 준거: 참가자들은 평가 프로그램에서 배운 것을 업무 맥락으로 전이한 증거를 보이는가? 시간이 지남에 따라 수행된 측정(예: 다중 소스 평가, 반복 평가)에서 차원에 대한 숙련도 증가의 증거가 나타나는가?
- 결과 준거: 훈련으로서 평가 프로그램이 조직 효과성에 지속적인 영향을 미쳤는가? (예: 시간이 지남에 따라 스태프 관여도 향상, 매출 증가)

글상자 14-2 개념적 이해 평가

많은 교육훈련 프로그램이 기대하는 바람직한 결과는 효과적인 직무 수행의 기초가 되는 개념을 더 잘 이해하는 것이다. 연구에 따르면, 개인은 개발 시뮬레이션에 참여함으로써 직무 수행의 기초가 되는 개념을 더 잘 이해할 수 있다. 또한 개발 가능한 차원 숙련도의 범위에 대해 인식하고, 나아가 자신을 더 나은 방향으로 개선할 수 있는 능력을 갖추게 된다(Brodersen & Thornton, 2011).

단일 프로그램 내에서 이러한 다양한 유형의 정보를 모두 얻는 것은 불가능할 수도 있다. 중요한 것은 조직이 최선을 다해 프로그램을 통해 참가자가 학습하고 자신과 다른 사람이 보기에 차원 능숙도를 향상시킬 수 있는지, 그리고 이러한 학습이 후속 직무 수행에 긍정적인 영향을 미칠 수 있는지 여부를 판단하는 것이다.

결론

시뮬레이션을 개발하고 구현하는 모든 과정을 거치고 나면 그것이 원래의 목표를 충족시키고 조직에 가치가 있는지 확인할 필요가 있다. 조직이 인적 자원 관리 프로그램을 평가하지 않는 경우가 너무 많다. 목표로 한 효과를 확인하거나 개선 지침을 제공할 증거를 수집하는 것이 가능하기 때문에 이는 안타까운 일이다. 이 장에서는 조직 시뮬레이션의 효과성에 대한 증거를 수집하는 방법을 설명했다.

시뮬레이션의 가치를 고려할 때, 지금은 매우 운 좋은 상황이다. 잘 개발된 시뮬레이션은 타당해 보이고, 연구 조사에서 효과적이라는 것이 밝혀졌으며, 고용 차별 소송에서 법적 방어가 가능한 것으로 나타났으며, 참가자, 평가자 및 이해관계자가 호의적인 반응을 보였다. 그러나 이와 같은 안면 타당도와 과거의 성공은 좋은 출발점일 뿐이다.

새로운 시뮬레이션을 평가할 때 심리검사와 같은 다른 평가 기법에 비해 더 효과적이라는 더 많은 증거가 필요하다. 새로운 시뮬레이션을 개발할 때마다 시뮬레이션의 많은 측면이 고유하기 때문이다. 시뮬레이션의 내용, 평가자 및 그들의 훈련, 역할연기자가 행동하는 방식, 관찰이 이루어지고 평가되는 방식은 모두 시뮬레이션의 질에 영향을 미친다.

시뮬레이션이 표준화되어 있고, 신뢰도와 타당도를 갖추고 있으며, 사회적 가치가 있는지 검토하기 위해 합리적인 방법을 적용하는 것은 충분히 가능하다. 이러한 방법 중 다수가 이 장에서 설명되었다.

참고문헌

AERA (American Educational Research Association), American Psychological Association(APA), & National Council on Measurement in Education (NCME). (2014). *Standards for educational and psychological tests*. American Psychological Association.

Anderson, N, Salgado, J. E, & Hülsheger, U. R. (2010). Applicant reactions in selection: Comprehensive meta-analysis into reaction generalization versus situational specificity. *International Journal of Selection and Assessment, 18*, 291-304.

Bobko, P., & Roth, P. L. (2010). An analysis of the methods for assessing and indexing adverse impact: A disconnect between the academic literature and some practice. In Outtz, J. L. (Ed.), *Adverse impact: Implications for organizational staffing and high stakes selection* (pp.

29-49). Routledge.

Brodersen, D. A., & Thornton, G. C., III (2011). An investigation of alpha, beta, and gamma change in developmental assessment center participants. *Performance Improvement Quarterly, 24*, 25-48.

Brummel, B. J., Rupp, D. E., & Spain, S. (2009). Constructing parallel simulation exercises for assessment centers and other forms of behavioral assessment. *Personnel Psychology, 62*, 137-170.

DeShon, R. P. (2002). Generalizability theory. In E Drasgow & N. Schmitt (Eds.), *Measuring and analyzing behavior in organizations* (pp.189 220). Jossey-Bass.

Gibbons, A., Vanhove, A. J., & Thornton, G. C., III (2011, May 13-14). *Potential biases in assessment center ratings: Examination of main effects and interactions of rater and ratee*. Plenarysession at " Organizational Psychology: People and Risks," Proceedings of the 2nd Russian-American Scientific Conference, Saratov State University, Saratov, Russia.

Gutman, A., Koppes, L. L., & Vodanovich, S. J. (2011). *EEO law and personnel practices* (3rd ed.). Routledge.

Hausknecht, J. P., Day, D.V., & Thomas, S. C. (2004). Applicant reactions to selection procedures: An updated model and meta-analysis. *Personnel Psychology, 57*, 639-683.

Hughes, D., Riley, P., Shalfrooshan, A., Gibbons, A., & Thornton, G. C., III (2012). *A global survey of assessment centre practices*. Assessment & Development Consultants. Retrieved from http://www.adc.uk.com/resources/library/?resources_page=1&cat[]=16

Kudisch, J., Lundquist, C., & Smith, A. F. R. (2002, October). *Reactions to dual-purpose assessment center feedback: What does it take to get participants to buy into and actually do something with their feedback*. Presentation at the 29th International Congress on Assessment Center

Methods, Frankfurt, Germany.

Locke, E. A., & Latham, G. P. (1990). *A theory ofgoal setting & task performance*. Prentice-Hall, Inc.

London, M., & McFarland, L. A. (2010). Assessment feedback. In J. L. Farr & N. T. Tippins (lids.), *Handbook of employee selection* (pp. 417-436). Routledge.

Messick, S. (1995). Standards of validity and the validity of standards in performance assessment. *Educational Measurement: Issues and Practices, 14*, 5-8.

Myors, B., Shen,W, & Sackett, P. R. (2008). International perspectives on the legal environment for selection. *Industrial and Organizational Psychology, 1*, 206-246.

Outtz, J. L. (Ed.). (2010). *Adverse impact: Implications for organizational staffing and high stakes selection*. Routledge.

Poteet, M. L., & Kudisch, J. D. (2003, October). *Straight from the horse's mouth: Strategies for increasing feedback acceptance*. Paper presented at The 31st International Congress on Assessment Center Methods, Atlanta.

Putka, D. J., & Sackett, P. R. (2010). Reliability and validity. In Farr, J. L. & Tippins, N. T. (Eds.), *Handbook of employee selection* (pp. 9-49). Routledge.

Rupp, D. E., Shao, R., Jones, K., & Liao, H. (2014). The utility of a multifoci approach to the study of organizational justice: A meta-analytic investigation into the consideration of normative rules, moral accountability, bandwidth-fidelity, and social exchange. *Organizational Behavior and Human Decision Processes, 123*, 159-185.

Rupp, D. E., Snyder, L. A., Gibbons, A. M., & Thornton, G. C. III. (2006). What should developmental assessment centers be developing? *Psychologist-Manager Journal, 9*, 75-98.

Spychalski, A. C., Quinnones, M. A., Gaugler, B. B., & Pohley, K. (1997). A survey of assessment center practices in the United States. *Personnel Psychology, 15*, 1-10.

Thornton, G. C., III (1992). *Assessment centers in human resource management*. Addison-Wesley.

Thornton, G. C., III, & Byham, W. C. (1982). *Assessment centers and managerial performance*. Academic Press.

Thornton, G. C., III, & Rupp, D. E. (2006). *Assessment centers in human resource management: Strategies for prediction, diagnosis, and development*. Lawrence Erlbaum.

Thornton, G. C., III, Rupp, D. E., Gibbons, A., & Vanhove, A. J. (2017). *Same gender and same-race bias in assessment center ratings: Practical importance and statistical significance*. Colorado State University.

Thornton, G. C., III, Rupp, D. E., & Hoffman, B. J. (2015). *Assessment center perspectives for talent management strategies* (2nd ed.). Routledge.

Thornton, G. C., III, Wilson, C. L., Johnson, R. M., & Rogers, D. A. (2009). Managing assessment center practices in the context of employment discrimination litigation. *The Psychologist Manager, 12*, 175-186.

Zicky, M. J. (2013). Fairness review in assessment. In K. E Geisinger (Editor in Chief), *APA handbook of testing and assessment: Vol. 1. Test theory and testing and assessment in industrial and organizational psychology* (pp. 293-302). American Psychological Association.

제15장

법령, 규정, 표준 및 지침 준수

시뮬레이션은 개인의 고용 상태에 영향을 미치는 모든 인적 자원 관리 절차와 마찬가지로 다양한 법률, 행정 규정, 전문적 표준 및 지침을 준수해야 한다. 이러한 지침은 출처에 따라 권한과 효력 수준이 다르다. 법령은 입법부에서 제정되며 벌금과 벌칙을 부과할 수 있다. 행정 명령과 규정은 행정 기관에서 제정하며, 일반적으로 법률을 명확히 하고 시행에 필요한 세부 사항을 지정한다. 표준은 전문 협회에서 제시하며 이를 위반하면 제재를 받을 수 있다. 지침은 종종 해당 분야의 전문 지식이 있는 그룹에서 제공하지만 시행 권한은 없다. 이들 문서는 법적 판례에서 강하게 지지된다. 두 가지 예로는 『Uniform Guidelines on Employee Selection Procedures』(EEOC et al., 1978)이 있는데, 이는 수많은 법원 판결에서 인정받았고, 『Guidelines and Ethical Considerations for Assessment Center Operations』(International Taskforce, 2015)은 고용 차별 소송에서 상당한 권위를 가진 문서로 인용되었다. 평가 센터 가이드라인은 특히 시뮬레이션 사용과 관련이 있으므로 이 책 전체에 걸쳐 언급되어 있다.

이 장에서는 많은 지침 출처를 인용하고 시뮬레이션 개발 및 구현과 가장 관련성이 높은 주요 절의 개요를 제공한다. 시뮬레이션과 특히 관련이 있는 몇 개의 출처에 대해서는 세부 정보를 살펴본다. 「고용평등법(EEO)」에 대한 자세한 내용은 Gutman, Koppes와 Vodanovich(2011)에서 확인할 수 있다. 전 세계적으로 일하는 사람은 이 책에서 다루지 않는 다른 출처가 필요할 수 있다. Myors 등(2008)과 Sackett, Shen과 Myors(2010)는 전 세계 여러 국가의 인사 선발을 위한 법적 환경에 대한 정보를 제공한다. 전 세계적으로 일할 때 고려해야 할 특별한 문제로는 '보호 계층'이 무엇인지, 지원자/스태프에 대한 책임이 어떻게 다른지, 불이행에 대한 처벌이 무엇인지 등이 있다.

미국 연방 법령

법령(statutes)은 '법(law)'의 한 형태로, 사람들이 일반적으로 법이라는 단어를 사용할 때 의미하는 것이다. 여기서는 미국 연방 법령만 설명한다. 주와 도시의 법령도 인적 자원 관리에 영향을 미칠 수 있다. 다른 형태의 법으로 행정부가 발행한 행정법과 법원 판결에서 나온 판례법이 있다. 이 절에서는 여러 연방 법령, 행정 명령 및 지침을 설명한다.

「1964년 민권법」 제7조, 「1972년 고용평등법」, 「1991년 민권법」(제7조 및 CRA-91)

앞에 나열된 민권법은 15명 이상의 스태프가 있는 조직(예: 사설, 주, 지방 및 연방)에 고용된 여러 보호 계층(예: 인종, 종교, 성별 및 국적)에 적용된다. 고용, 배치 및 보복 측면에서 차별을 금지한다. 조직의 차별적 대우, 차별적 고용 관행 또는 차별의 통계적 증거는 법 위반으로 간주될 수 있다. 조직은 직무 자격이나 연공서열제를 근거로 방어할 수 있다. 조직은 평가 결과가 직무와 관련이 있고 비즈니스의 필수적 요구를 충족하는 경우 시뮬레이션을 사용할 수 있다. 선발 과정에 대한 검증 절차는 이 장 후반부에서 설명될 「Uniform Guidelines」에 포함되어 있다. CRA-91의 제106조 1항은 인구 통계학적 조정을 금지하며, 이는 "인종, 피부색, 종교, 성별 또는 출신 국가를 근거로 고용 관련 검사의 점수를 조정하거나, 다른 기준 점수를 사용하거나, 그 결과를 수정하는 것"으로 정의된다. 이 법은 고용평등위원회(EEOC)가 시행한다.

「1967년 고용상 연령차별금지법(ADEA)」

ADEA는 40세 이상의 개인에 대한 차별을 금지하며, 20인 이상 사업체의 고용주에게 적용된다. 이 법률의 고용 규정은 제7조 및 확장된 법률에서 다루는 규정과 동일하다. 즉, 고용 조건, 배치 및 보복이다. 구체적으로, 의무적 퇴직 연령을 정할 수 없고 예외적으로 경찰관과 소방관이 55세에 의무 퇴직하며, 특정 임원 65세, 정책 결정 고위직 선출 공무원은 70세가 퇴직 연령이다. 또한 경찰과 소방관의 최대 시작 연령은 35세이다. ADEA는 부당 해고 관련 소송에서 자주 인용된다. 차별 혐의에 대한 방어로 정당한 직무 자격, 연공서열제 또는 복리후생 계획 등이 활용된다. 이외에 상당한 이유가 있거나 연령 이외의 다른 요인으로 인한 해고가 포함된다.

「1990년 장애인법(ADA)」, 「2008년 ADA 개정안(ADAA)」

ADA와 ADAA의 조항은 복잡하나 많은 규정과 법적 판결은 명확하다. 즉 모든 고용 분야에서 장애인에 대한 차별을 금지한다. 15명 이상의 근로자를 고용하는 고용주에게 적용되며, EEOC에서 시행한다. ADAA의 제정으로 보호를 원하는 근로자가 ADA 정의 내에서 장애를 입증하기가 더 쉬워졌다.

장애인은 하나 이상의 주요 생활 활동을 크게 제한하는 신체적 · 정신적 장애가 있거나, 그러한 장애의 기록이 있거나, 그러한 장애가 있는 것으로 간주되는 사람으로 정의된다. 신체적 장애는 '신경, 근골격, 특수 감각 기관, 호흡(언어 기관 포함), 심혈관, 생식, 소화, 비뇨생식기, 면역, 순환, 혈액, 림프, 피부 및 내분비 등 하나 이상의 신체 시스템에 영향을 미치는 모든 생리적 장애 또는 상태, 미용적 변형 또는 해부학적 손실'이다. 정신 장애에는 '지적 장애, 뇌 증후군, 정서적 또는 정신적 질환 및 특정 학습 장애'를 포함한 모든 정신적 또는 심리적 장애가 포함된다[Section 1630.2(h)].

조직은 장애인을 위해 환경을 정비해야 한다. 장애인으로 간주되려면 해당 개인은 직무 관련 요건을 충족해야 하며, 환경이 갖추어지든 아니든 직무의 필수 기능을 수행할 수 있어야 한다. 조직은 과도하게 어려운 경우 환경 정비를 면제받는다. 환경 정비에 관한 절대적인 지침은 없다. 한 조직에 합리적인 것이 다른 조직에 합리적이지 않을 수 있다. 예를 들어, 작업의 특성상 빠른 대응이 중요하지 않은 경우 In-Box 시뮬레이션을 완료하는 데 추가 시간을 제공하는 것이 적절할 수 있다. 그러나 평가해야 할 핵심 차원이 대응 속도인 경우, 한 참가자에게만 무제한으로 시간을 허용하고 그 외 다른 사람에게는 엄격한 시간 제한을 적용하는 것은 합리적이지 않을 수 있다. 특정 신체 장애가 있는 사람이 검사 시설에 접근할 수 있도록 정교한 구조물을 설치하는 것은 많은 사람을 고용하는 대형 제조 회사의 경우 합리적일 수 있지만, 두세 명만 고용하는 소규모 지점 사무실의 경우 합리적이지 않을 수 있다.

시뮬레이션을 사용하는 조직은 시뮬레이션의 요구 사항이 장애인의 수행을 불공정하게 방해하지 않는지를 고려해야 한다. 고용주는 선발, 개발 또는 교육을 위한 검사를 실시할 때, ADA에 따라 장애인을 위해 합리적으로 조정해야 한다. 대부분의 조정은 구현하기가 비교적 쉽고 비용이 많이 들지 않는다. 다음은 시뮬레이션에 대한 몇 가지 일반적인 조정 목록이다.

- 전화 시뮬레이션에서 청각 장애가 있는 개인을 위해 TTY(텍스트 전화)를 사용한다. 또는 인스턴트 메시지나 음성 대신 텍스트로 소통하는 채팅 기능을 사용하여 시뮬레이션을 진행할 수 있다.
- 리더 없는 그룹 토론 또는 대인관계 시뮬레이션에서 수화 통역사를 사용한다. 조직에 고용되어 있는 통역사가 없을 때, 시간당 비교적 적은 비용으로 고용할 수 있다.
- 시각 장애가 있는 개인을 위한 컴퓨터 화면의 텍스트를 음성으로 읽어 주는 화면 판독기를 사용한다. 필요한 경우 가독성을 높이기 위해 글꼴 크기나 색상을 조정한다.
- 비디오 및 오디오 녹음에 자막을 사용한다.
- 시각 장애가 있는 개인을 위한 지침 및 기타 자료의 오디오 녹음. 녹음의 품질이 좋아야 한다.
- 사례 연구 또는 In-Box와 같은 시간 제한 시뮬레이션에서 학습 장애가 있는 개인을 위한 특별 조건을 제공한다. 이러한 조건에는 추가 시간 또는 별도의 방해없는 검사 장소가 포함될 수 있다.
- 휠체어 사용자가 검사 시설을 이용할 수 있도록 한다. 검사 시설에 접근할 수 없는 경우 다른 장소로 이전할 수 있다.

- 음성 인식 소프트웨어를 사용하여 시각 또는 신체 장애자들의 응답을 문서화한다.

「1973년 재활법」 제508조

ADA가 1973년 재활법의 많은 측면을 대체했지만, 이 법 제508조는 여전히 효력이 크다. 장애 여부에 관계없이 모든 사용자가 전자 및 정보 기술에 액세스할 수 있어야 한다. 이 법은 연방 기관 및 연방 자금을 받는 조직에 적용된다. 많은 조직이 자발적으로 요구 사항을 준수한다. 요구 사항은 조직이 소프트웨어 및 운영 체제, 웹사이트, 양식 및 문서, 비디오 및 멀티미디어, e러닝, 컴퓨터 및 랩톱과 같은 하드웨어에 대한 액세스를 장애인에게 제공해야 함을 의미한다. 이 법은 연방 정부가 개발·구매·유지 관리 또는 사용하는 전자 및 정보 기술을 장애인이 액세스할 수 있도록 요구한다.

「1986년 이민 개혁 및 통제법」

「이민 개혁 및 통제법」은 외국인 취업 지원자(예: '외국인처럼 보이는' 지원자)에 대한 고의적 차별을 금지한다. 그러나 이 법은 고의적 차별에만 적용되며, 부정적 효과는 이 법에 포함되어 있지 않다. 동등한 자격을 갖춘 미국 시민에 대한 우대 조치도 불법으로 간주되지 않는다. 반면, 이 법은 미국에서 일할 권한이 없는 사람을 고의로 고용한 경우 민사적·형사적으로 제재한다. 조직은 지원자의 근로 허가를 확인해야 한다. 그러나 '개인이 제출한 문서가 표면적으로 진짜인 것처럼 보이는 경우' 회사는 요구 사항을 준수하는 것으로 간주된다. 이 법은 스태프가

4명 이상인 모든 고용주에게 적용되며, 법무부에서 관리한다.

행정 규정

미국 대통령은 연방 고용 및 연방 자금을 받는 기관의 고용 관행을 관리하는 행정 명령(EO)을 발동할 수 있다. EO는 정부와 일정 금액의 사업을 하고 규정된 최소한의 스태프를 고용하는 계약자에게 적용된다. 계약자는 적극적 조치 계획을 세우고 고용 데이터 보고서를 제출해야 한다. EO는 연방 계약 준수 프로그램 사무국(OFCCP)에서 시행한다.

- EO 11246(1965)은 제7조 및 그 확장과 동일한 차별적 관행을 금지한다.
- EO 11478(1969)은 EEO 정책을 연방 정부에 고용된 민간인에게 적용한다.
- EO 13087(1998)은 연방 스태프의 종류에 성적 지향을 추가한다.
- EO 13672(2014)는 연방 스태프 및 계약자의 종류에 성 정체성을 추가한다.

EEOC 가이드라인

「EEOC Uniform Guidelines」은 '가이드라인'이라는 명칭이 붙어 있지만 높은 수준의 권한을 갖는다. 그동안 수많은 법적 판례에서 크게 존중받았다. 가이드라인은 고용평등법을 시행할 권한이 있는 기관, 즉 고용평등위원회(EEOC), 공무원협회, 노동부, 법무부의 공동 성명이다.

EEOC 가이드라인은 고용평등 사례에서 어떤 증거가 고려되는지, 고용주가 어떻게 선발 절차를 방어할 수 있는지 설명한다. 이 가이드라인은 부정적 효과(불공정성) 판별, 선발 방법의 종류, 선발 프로그램에 대한 방어, 선발 요구 사항 및 결과, 타당도 입증에 사용하는 직무 수행 측정, 기록 보관 규정 등을 다룬다.

수년 동안, EEOC 가이드라인의 노후화에 대한 논란이 거세졌다. 이 가이드라인이 발행된 지 거의 40년 동안, 선발 연구자, 산업 조직 심리학자, 인적 자원 관리 전문가들에 의해 많은 발전이 이루어졌다. 이 가이드라인은 통계 분석, 심리측정 원리, 신뢰도 평가, 타당도 및 사업적 필요성을 확립하는 방법에서 최신의 기법을 반영하지 못한다고 주장한다. 선발 연구 및 시뮬레이션 평가와 관련된 최근의 기법으로는 신뢰도를 평가하는 새로운 방법과 지역적 준거 타당도 연구(통계적 파워가 부족할 수 있음) 대신 사용되는 타당도 일반화(메타 분석)가 있다.

연방 계약 준수 프로그램 사무국(OFCCP) 인터넷 검사 지침

OFCCP는 조직이 지원자의 인구통계 정보를 기록하여 고용평등 요건을 준수하고 있음을 보여 줄 것을 요구한다. 많은 사람이 인터넷에서 일자리를 검색하지만 실제로는 일자리에 거의 지원하지 않기 때문에 실제 지원자를 명확히 할 필요가 있었다. 따라서 OFCCP는 '인터넷 지원자'에 대한 정의를 발표했다. 어떤 사람이 (전자적으로) 조직에 채용에 대해 문의한 경우, 실제 지원자로 간주되기 위해서는 다음 조건이 충족되어야 한다.

- 조직은 해당 개인을 특정 직무에 대해 고용할 것을 고려해야 한다.

- 해당 개인이 특정 직무에 대한 관심을 표현할 때, 그 직무에 필요한 기본 자격을 가지고 있다는 것을 알려야 한다.
- 해당 개인이 선발 과정 중에 포기하거나 그 직무에 더 이상 관심이 없다고 표시하지 않아야 한다.

전문적 표준

교육 및 심리검사 표준

「교육 및 심리검사 표준(Standards for Educational and Psychological Tests)」은 검사에 대한 전문 지식을 갖춘 세 개의 전문 학회, 즉 미국교육연구학회(American Educational Research Association), 미국심리학회(American Psychological Association), 전국교육평가위원회(National Council on Measurement in Education)에서 작성했다. 이 문서는 다양한 환경에서의 검사 표준을 다루므로 시뮬레이션을 교육 및 연구에 적용하는 것과 조직 내의 평가에도 관련된다. 이 표준은 사람, 사물, 프로그램의 특성을 평가하기 위한 검사의 구성, 평가, 문서화, 공정성 및 적용을 다룬다. 타당도 검증을 위한 자료로는 검사 내용, 응답 과정, 내적 구조, 다른 검사 및 성과 준거와의 관계 등이 있다.

인사 선발 절차의 검증 및 사용을 위한 원칙

미국 산업 및 조직심리학회(Society for Industrial and Organizational Psychology)는 과학적 인사 선발 원칙(2003)을 명시하고 있다. 이는 직

장 성과와 관련된 요인을 평가하기 위한 절차의 개발 및 검증을 다룬다. 즉, 선발 및 타당화 연구, 선발 절차, 타당화 연구를 승인하고 평가하기 위한 지침 등이다.

이 원칙은 시뮬레이션을 조직이 선발 결정을 내리는 데 도움을 주는 절차 중 하나로 포함하고 있다. 원칙에서 규정하는 타당화 절차는 검사 점수로부터의 추론을 지지하는 증거를 제공하도록 설계되었으므로 「교육 및 심리검사 표준」과 호환된다. 타당도 증거는 표준에 제시되어 있다(앞에서 설명함). 그러나 원칙은 표준보다 더 나아가 선발 검사의 타당화를 세부적으로 자세히 설명한다. 즉, 적절한 연구를 수행할 가능성, 연구 설계, 준거 개발, 평가 방법 선택, 타당도 연구에 참여해야 하는 사람 및 데이터 분석 방법 등을 포함한다. 추가 절에서는 타당도 증거를 일반화하는 방법인 이동성(transportability), 합성 타당도(synthetic validity) 그리고 메타 분석(meta-analysis) 등을 다룬다. 또한 공정한 고용 관행의 중요성과 관련하여 공정성과 편견을 연구하는 절차, 실시 및 보고를 위한 테크니컬 매뉴얼에 대해서도 다룬다.

평가 센터 가이드라인

「평가 센터 운영을 위한 지침 및 윤리적 고려 사항(Guidelines and Ethical Considerations for Assessment Center Operations(International Taskforce on Assessment Center Guidelines, 2015)」은 평가 센터의 핵심이 시뮬레이션이라는 점에서 시뮬레이션 구성과 직접적으로 관련이 있다. 이 문서는 지난 40년 동안 조직 내 인력 선발 및 개발을 위해 시뮬레이션 및 기타 평가 방법을 설계하고 구현하는 방법을 제시해왔다. 시뮬레이션의 특성, 평가자 선발 및 교육, 외현적 행동 관찰, 기록 및 평가 절차, 표준화의 중요성 등이 설명되어 있으며, 평가자 및 기타 스태프 교육에 대한 절은 특히 이 책 제13장의 기초 자료로 사용되었다. 또한 테크놀로지와 법적 · 윤리적 · 문화적 우려 사항을 설명한다. 전 세계적으로 활동하는 사용자에게는 6개국의 국제 수준의 평가 센터 지침을 기술하는 절이 도움될 것이다.

테크놀로지 관련 이슈

제5장에서 검토한 대로, 시뮬레이션 콘텐츠와 평가점수를 전달하는 데 인터넷을 사용할 때 고려해야 할 전문적 · 법적 · 윤리적 문제가 있다. 이러한 문제 중 다수는 앞에서 검토한 「평가 센터 운영을 위한 지침 및 윤리적 고려 사항」에 설명되어 있으며, 이 외에 국제검사위원회(International Test Commission)의 「컴퓨터 및 인터넷 기반 검사의 국제 가이드라인(International Guidelines on Computer-Based and Internet-Delivered Testing」(2006)도 참조하라. 다양한 지침, 표준 및 법률은 전체적으로 다음과 같은 고려 사항을 제안한다.

- 평가대상자의 신원을 확인하는 과정을 설정한다.
- 안전한 데이터를 수집하고 저장하는 과정을 설정한다.
- 정보 보안 정책을 수립한다.
- 장애인의 접근성을 보장한다.
- 하드웨어의 품질과 실시 조건을 포함하여 검사 제공 조건을 표준화한다.
- 테크놀로지 사용이 시뮬레이션이 측정하는 내용의 타당도를 오염

시키는지를 고려한다(예: 컴퓨터 활용 능력이 대상 직무와 관련이 없는 경우).

글상자 15-1 시뮬레이션이 실패하는 이유: 문서화 실패

평가 도구의 개발 및 평가 과정에 대해서 문서화를 하지 않음으로써 정부 담당자로부터 부적격하다고 판정받은 사례이다. 개발팀은 모든 단계를 올바르게 수행했지만, 상황 분석의 여러 단계(예: 주제 전문가의 이름과 자격), 시뮬레이션 개발(예: 시뮬레이션 내용이 직무 활동과 어떻게 일치하는지), 평가자 교육(예: 평가자가 유능하도록 교육 및 인증을 주는 방법) 및 관찰 내용을 기록하고 채점한 방법(예: 참가자를 평가함으로써 생성되는 문서 자료)에 대한 기록을 작성하지 않았다. 조직은 이러한 모든 개발 과정을 다시 구성할 수 없었기 때문에 효과적일 수 있었던 운영을 포기해야 했다.

결론

조직 시뮬레이션의 점수가 개인의 고용 상태를 결정하는 데 사용되는 경우, 해당 절차는 다양한 법률, 규정 및 지침을 준수해야 한다. 이러한 규정의 요구 사항이 까다로울 수 있지만, 다양한 증거로 규정을 준수하고 있음을 증명할 수 있다. 핵심은 실무에서 시뮬레이션을 개발하고 구현하는 모든 단계를 동시에 문서화하는 것이다. 〈글상자 15-1〉은 문서화에 실패한 경우의 결과를 보여 주고 있다. 이러한 지침들은 법적 준수뿐만 아니라 절차의 공정성과 효과성 증명에도 유용하다. 주요 출처는 연방 · 주 · 지방의 법률, 행정 명령, 연방과 국제 및 전문 표준 및 지침 등이다. 이러한 출처 중 다수는 법으로 보호되는 계층에 대한 불공정한 고용 관행을 방지하기 위한 것이다. 그 외 검사 및 평가의 설계 및 구현에서 데이터 보안 및 전문적 역량도 관련이 있다.

참고문헌

American Educational Research Association, American Psychological Association, & American Council on Measurement in Education. (2014). *Standards for educational and psychological tests.* American Psychological Association.

Equal Employment Opportunity Commission, Civil Rights Commission, Department of Labor, & Department of Justice. (1978). Uniform guidelines on employee selection procedures. *Federal Register, 43*(166), 38290-38309.

Gutman, A., Koppes, L. L., & Vodanovich, S. J. (2011). *EEO law and personnel practices* (3rd ed.). Routledge.

International Taskforce on Assessment Center Guidelines. (2015). Guidelines and ethical considerations for assessment center operations. *Journal of Management, 41*, 1-30.

International Test Commission. (2006). International guidelines on computer-based and internet-delivered testing. *International Journal of Testing, 6*, 143-171.

Myors, B., Lievens, E, Schollaert, E., Van Hoye, G., Cronshaw, S. E, Mladinic, A., & Sackett, P. R. (2008). International perspectives on the legal environment for selection. *Industrial and Organizational Psychology, 1*, 206-246.

Sackett, P. R., Shen, W., & Myors, B. (2010). Perspectives from twenty-two countries on the legal environment for selection. In J. L. Farr & N. T. Tippins (Eds.), *Handbook of employee selection* (pp. 651-676).

Routledge.

Society for Industrial and Organizational Psychology. (2003). *Principles for the validation and use of personnel selection procedures* (4th ed.). College Park, MD.

제16장

조직 시뮬레이션에 대한 요약 및 결론

시뮬레이션을 개발하는 것은 도전적이기도 하고 보람도 있을 수 있다. 여기에는 심리학, 측정 및 평가의 많은 원리를 적용해야 한다. 도전적이고 실제적이며 공정한 흥미로운 상황을 생각해 내는 상당한 창의성이 필요하다. 그리고 참가자와 스태프를 위한 자료를 만드는 등 많은 세부 사항을 처리하는 성실성이 요구된다. 이 책은 인적 자원 관리의 이 흥미로운 측면을 수행하는 개인과 조직에 지침을 제공한다.

시뮬레이션 개발의 핵심 원칙은 참가자의 행동을 이끌어 내고, 차원 또는 역량에 따라 구성되며, 내상 조직 내에서 수행되는 내상 직무의 효과성과 관련된 상황을 만드는 것이다. 개발자는 지정된 성과 차원과 관련된 행동을 이끌어 내는 상황을 만들어야 하지만, 동시에 해당 차원과 관련이 없는 행동의 유발을 통제해야 한다. 예를 들어, 서면 의사소통 기술이 직무수행과 관련이 없다면 시뮬레이션은 참가자에게 서면으로 의사소통할 것을 요구해서는 안 된다. 마찬가지로 직무가 시간적 압박을 가하지 않는다면, 시뮬레이션은 너무 빨라서는 안 된다.

시뮬레이션은 다른 평가 방법에 비해 많은 이점을 제공한다. 인사 선발 및 승진과 같은 고위험 의사결정에 사용될 때, 시뮬레이션은 능력검사, 성격검사 및 면접을 보완한다. 연구에 따르면, 시뮬레이션은 여러 성과 준거를 더 정확하게 예측할 수 있게 한다. 역량 개발 도구로 사용될 때 시뮬레이션은 기존 교육 기법을 보완하고, 참가자가 새로운 기술을 시도할 수 있도록 하며, 교육에서 배운 지식과 기술을 직무 맥락에서 활용하는 데 도움이 된다. 시뮬레이션은 교육생이 복잡한 행동을 보여주고 피드백을 받고 수행을 향상시킬 수 있는 기회를 제공한다. 연구에 사용될 때 시뮬레이션은 연구자가 현실적인 직무환경을 만들면서도 실험실 실험의 특징인 표준화, 통제 및 엄밀성을 유지할 수 있도록 한다.

이 책에 설명된 모델과 단계는 개발자가 효과적인 조직 시뮬레이션을 구축하는 데 도움이 된다. 그러나 잘 개발된 시뮬레이션이라도 결과를 사용하는 조직과 결과에 영향을 받는 다양한 이해관계자, 특히 참가자의 요구를 충족하지 못하면 쓸모가 없다. 따라서 개발자는 처음부터 목적을 정의하고, 원하는 결과를 설정하고, 프로그램에 대한 행정 및 재정적 통제권을 가진 사람들과 개발 · 실시 · 평가 단계를 개략적으로 논의하는 것이 좋다.

개발자는 시뮬레이션할 상황, 직무 및 요구 사항, 조직의 환경 및 문화를 포함하여 철저한 분석을 수행할 것이다. 개발자는 이러한 중요한 단계를 소홀히 하지 말고 처음부터 광범위한 정보를 수집할 것을 권장한다. 실제 시뮬레이션 자료를 만들기 전에 개발자는 시뮬레이션 사양을 설계하고 문서화하고 중요한 이해관계자의 동의를 얻어야 한다. 사양에는 평가할 속성, 시뮬레이션의 유형 및 난이도, 사용하거나 사용해서는 안 되는, 또는 설치가 필요한 테크놀로지 유형이 포함되어야 한다.

이러한 기본 사항에 대해 합의한 이후에 시뮬레이션 자료를 준비해야 한다. 실제 자극 자료는 참가자가 직면한 복잡한 상황의 일부에 불과하다. 시뮬레이션의 다른 많은 측면, 즉 진행자의 지침, 평가자의 의견 및 행동, 역할연기자 또는 자원 담당자의 행동, 후속 단계에서 제공한 수행 피드백 및 코칭 등이 결과에 영향을 미칠 수 있다.

사회심리학, 인지심리학, 학습이론, 심리측정학, 게임/컴퓨터과학의 이론 기반 원리는 시뮬레이션을 구성하는 방법에 대한 실제적 의미를 갖는다. 이들 이론은 관심있는 성과 차원과 관련된 행동을 이끌어 내는 것을 목표로 하는 시뮬레이션 자료의 구성에 대한 지침을 제공한다. 모든 자료와 지침은 명확하고 간결해야 한다. 특정 그룹에 이익을 주거나, 다른 사람을 불쾌하게 할 수 있거나, 어떤 식으로든 편향되어 있는 것처럼 보이는(또는 실제로 편향되어 있는) 주제, 자료 및 기술은 피해야 한다. 이론 기반 원리는 또한 평가자가 행동을 관찰하고 판단하는 데에 대한 지침을 제공한다. 평가자가 수행하는 통제된 인지 과정은 매우 복잡하다. 몇 가지 이론은 관찰을 날카롭게 하고 평가자 판단에 의도치 않게 영향을 미칠 수 있는 일반적인 오류와 편향을 피하기 위한 절차에 정보를 제공할 수 있다.

시뮬레이션 사용자는 조직의 관행이나 편의성으로 인하여 쉽게 사용할 수 있는 특정 유형의 시뮬레이션을 피하는 것이 좋다. 개발자는 실제 직무 요구 사항을 가장 잘 반영하고 직무 관련 역량을 가장 잘 평가하는 시뮬레이션을 선택해야 한다. 개인 시뮬레이션은 정보를 분석하고 대인 관계 갈등을 처리하는 조직의 과제를 반영할 수 있다. 그룹 시뮬레이션은 팀이 복잡한 비즈니스 과제를 처리하거나 다른 그룹과 상호작용해야 하는 상황을 반영할 수 있다. 상황 판단 검사 및 상황/행동 인터뷰와 같은 저충실도 시뮬레이션은 고충실도 시뮬레이션과 함께 사용되거나 고충실도 시뮬레이션에 앞서 실시하는 방식으로 효과적일 수 있다. 이러한 저충실도 시뮬레이션은 매우 복잡한 상황을 제시하거나 복잡한 행동 반응을 요구하지 않지만 평가자의 판단에 중요한 통찰을 제공한다.

파일럿 테스트는 개발한 시뮬레이션이 잘 작동하는지 확인하는 필수적인 과정이다. 최소한 모든 자료는 해당 주제 전문가가 검토해야 하며, 해당 주제 전문가는 직무 관련성, 현실성, 적절성, 사용 용이성 등에 대한 피드백을 제공해야 한다. 가능하다면 파일럿 테스트는 시뮬레이션이 의도한 대상과 유사한 사람들에게 시도해야 한다. 물론 시뮬레이션의 내용이 보안일 경우는 불가능하다.

시뮬레이션의 과정와 결과는 법적 · 전문적 요구 사항과 관련하여 향후에 문제가 될 수 있음을 명심하라. 따라서 조직과 모든 참가자를 보호하기 위해 과정의 표준화, 신뢰도 및 타당도 평가를 실시해야 한다. 평가자는 시뮬레이션의 성공에 중요하므로 신중하게 선정하고, 철저히 교육하고, 책임을 수행하는 능력에 대해 평가해야 한다. 시뮬레이션의 가치를 확보하는 데는 여러 방법이 있다. 조직이 후보자 점수를 토대로 중요한 고용 문제를 결정한 추론을 지지하는 강력한 타당도 증거가 있어야 한다.

모든 도전에 대한 방어의 일부는 시뮬레이션 개발 및 구현에 관련된 모든 활동을 철저히 문서화하는 것이다. 즉, 그 과정에서 누가 협의했는지, 누가 자료를 만들었는지, 평가자가 어떻게 교육받았는지, 누가 검증에 참여했는지 등이다. 문서화하고, 문서화하고, 또 문서화하라.

제2장에 설명된 엄격한 과정와 이 책 전체에서 제공된 이론, 팁 및 기타 지침을 활용하면 시뮬레이션 개발자는 사용자의 목표(선발/승진, 교육/개발 또는 연구)를 충족하는 시뮬레이션을 만들 수 있으며, 동시에 법적 조사를 견딜 수 있는 공정하고 인간적인 과정을 만들 수 있다.

찾아보기

인명

내용

저자 소개

George C. Thornton III

미국 콜로라도 주립대학교 심리학과의 명예 교수이다. 평가 센터 및 인사 심리학의 고용평등법 전문가이며, 『Assessment Center Perspectives for Talent Management Strategies』의 주 저자이다.

Rose A. Mueller-Hanson

미국 Community Interface Services의 부국장/CFO이다. 인재관리 프로그램 개발과 구현의 전문가로, 인재관리의 다양한 주제에 대한 수많은 논문을 발표했다.

Deborah E. Rupp

미국 퍼듀 대학교의 산업-조직심리학 교수이자 William C. Byham 의장이다. 직장 행동평가에 관련된 심리측정적 · 기술적 · 다문화적 · 법적 및 윤리적 문제의 전문가이며 조직 정의와 윤리, 기업의 사회적 책임 및 인도주의적 직업심리학 분야에서 컨설팅 및 연구를 수행하고 있다.

역자 소개

이요행(LEE YOHAENG)

중앙대학교에서 산업 및 조직심리학으로 박사학위를 취득하고 고용노동부 산하 한국고용정보원에서 선임연구위원으로 재직하였다. 직업적성검사, 직업흥미검사, 중장년직업역량검사 등 고용노동부에서 사용하는 심리검사를 개발하였으며, 전직지원 프로그램, 업종별 채용 트렌드 변화, 한국인의 직업이동 등에 관해 연구를 수행하였다. 『인간행동과 심리학(4판)』(공저, 학지사, 2015), 『직무수행관리』(공역, 학지사, 2009) 이외 『근로자의 직업이동』(한국고용정보원), 『업종별 채용트렌드 변화 연구』(한국고용정보원) 등 다수의 연구보고서가 있다. 현재는 ㈜어쎄스데이에서 공공기관의 선발 및 승진평가 도구 개발을 수행하고 있다.

이현용(LEE HYUN YONG)

한국외국어대학교 행정학과를 졸업하고 쌍용정보통신㈜, ㈜씽크프리코리아에서 HR Manager로 활동하였다. 이후 ㈜스카우트, 나인스텝컨설팅㈜ 대표 컨설턴트로서 외국계기업, 국내 대기업, 공공기관의 직무분석, 역량모델링, 역량평가(AC 및 DC) 프로젝트들을 수행하고 인사혁신처 고위공무원단 역량평가 평가위원으로 활동하였다. 현재는 ㈜어쎄스데이에서 공공기관 선발평가 도구 개발을 수행하고 있다.

역량 평가와 인재 선발을 위한 조직 시뮬레이션
–설계와 활용–

Developing Organizational Simulations, 2nd Edition:
A Guide for Practitioners, Students, and Researchers

2026년 1월 5일 1판 1쇄 인쇄
2026년 1월 10일 1판 1쇄 발행

지은이 • George C. Thornton III, Rose A. Mueller-Hanson, Deborah E. Rupp
옮긴이 • 이요행 · 이현용
펴낸이 • 김진환
펴낸곳 • ㈜ 학지사
04031 서울특별시 마포구 양화로 15길 20 마인드월드빌딩
대표전화 • 02-330-5114 팩스 • 02-324-2345
등록번호 • 제313-2006-000265호

홈페이지 • http://www.hakjisa.co.kr
인스타그램 • https://www.instagram.com/hakjisabook

ISBN 978-89-997-3592-9 03320

정가 20,000원